囚犯的兩難

賽局理論與數學天才馮紐曼的故事

Prisoner's Dilemma

John von Neumann, Game Theory, and the Puzzle of the Bomb

威廉・龐士東（William Poundstone） 著

葉家興 譯

Contents

導讀　無所不在的賽局理論

林繼文

　　賽局理論在社會科學用的最多，不過是在數學家手上發展出來的。賽局理論可以幫助我們分析最佳策略，也能幫我們找出問題的答案。雖然這個理論在上世紀才正式成型，然而更早之前，就已經有學者開始思索人類的決策是否能以數理模型來表現。

　　十九世紀初，法國學者庫爾諾曾經提出「雙占理論」，解釋兩間公司壟斷市場的情況，後來的人證明此種狀況處於「納許均衡」。雙占理論出現之前，古典經濟學常援引亞當·斯密的「完全競爭」，認為公司的定價策略取決於市場上的價格，與對方的產品定價無關。在完全競爭模型裡面，兩間公司都沒有大到能夠用自己的定價去撼動市場價格。庫爾諾的雙占理論則不同，他要討論的是公司定價足以影響市價的情況。這個時候，如果其中一間公司想獲得最多

利潤，就不得不考慮對方的定價策略。也就是說在這場賽局當中，我們可以令 A 公司的利潤為 x，B 公司的利潤為 y，x 的極大值取決於 y，但 y 的極大值也取決於 x。這就是賽局的基本概念。

本書主角馮紐曼對這類想法很有興趣，他曾在德國哥廷根大學接受希爾伯特的指導，這位偉大的數學家致力於利用數學上的少數基本事實（定理），廣泛推導出某一領域中的所有狀況。馮紐曼繼承了希爾伯特這股雄心，他希望找出確實存在的定理，描述利益衝突的雙方如何利用理性做決策，使策略選擇立基於穩固的基礎之上。二十世紀初物理學驚天動地的大改變，無疑也啟發了馮紐曼的賽局理論。量子力學、測不準原理相繼出爐，從此以後，當物理學家觀測這個世界，再也不能將自己從這個世界的脈絡中剝離，必須考慮觀測行為如何影響外在環境。同樣地，如果要在賽局當中找出對自己最有利的策略，就不能只想自己該如何行動，還要設身處地想像另一方會如何行動，此外也不能忽略對方一定會考慮你的行動，再決定他如何行動才對他最有利。

舉一個電影中的例子，《蝙蝠俠：黑暗騎士》的後半段講到有兩艘逃生船都被安裝了炸彈，兩艘船分別握有對方船上炸彈的引爆器。小丑用廣播告訴兩艘船上的乘客，一旦到了午夜十二點，兩艘船都會自動爆炸。現在還有半小時才到午夜十二點，在這段期間，只要一艘船上的人按下引爆器，另一艘船就會爆炸，而選擇按下引爆器的這艘船則會逃過一劫。如果船上的人相信小丑沒說謊，他們全部都會開始思考兩個問題：第一，對方會按下引爆器嗎？第二，如果對方決定按下引爆器，那什麼時候會按？要是兩艘船上的人都

把對方看成跟自己一樣理性，他們很快就會得到結論：不但要引爆對方的船，而且愈快愈好。賽局理論的精髓正是隨時都考慮「我的理性抉擇，取決於別人的理性抉擇，反之亦然」。因此情況變得複雜：假設你是其中一艘船上的一個乘客，根據上面的思路，你最好立刻站起來親手按下引爆器。可是等等，親手引爆另一艘船，代表你往後要揹負巨大的罪惡感。還是讓其他同船乘客去按吧，他們一定也知道該引爆另一艘船，愈快愈好。

讓我們看看常被拿出來討論的兩個雙人困境：

（1）囚犯的兩難

		局中人二	
		合作	背叛
局中人一	合作	3, 3	1, 4
	背叛	4, 1	2, 2

局中人一可以選擇合作或背叛，局中人二也是，而表格中的阿拉伯數字代表雙方在每種狀況下所得的報酬。例如：若局中人一選擇背叛，局中人二選擇合作，則局中人一得 4 分，局中人二得 1 分。仔細看看這個表格，你會發現對這兩個局中人來說，無論對方要合作還是背叛，反正自己背叛好過合作；用術語來說，在這種賽局裡面背叛對兩個局中人都是「最上策」。從個人層次來看，背叛的結果一定最好，因此雙方都會選擇背叛，各得 2 分。吊詭之處是

對兩個局中人而言，彼此背叛在所有的結果裡面是第二糟糕的（2分），僅優於自己合作而對方背叛（1分）。而且如果他們不彼此背叛反而選擇彼此合作，雙方的報酬都不減反增，至於其他三個組合則不然——它們都是所謂的「帕雷托最適解集合」，也就是把這個策略組合拿去跟其他策略組合比較，如果要使其中一個局中人得到更多報酬，就會折損另一個局中人的報酬。例如：局中人一背叛而局中人二合作，則一得4分，二得1分。跟其他組合相比，如果要提高局中人二的報酬，就一定要減少局中人一的報酬。所以，在四個策略組合中，只有「相互背叛」不在帕雷托最適解集合中，而這卻是均衡。

（2）比膽遊戲

		局中人二	
		合作	背叛
局中人一	合作	3, 3	2, 4
	背叛	4, 2	1, 1

比膽遊戲曾經出現在美國早年的電影裡面，譬如說兩個男生想追同一個女生，彼此看不順眼，於是就相約從某個地方開車上山坡，看誰能先到達。問題是上山的路在某處突然變窄，只能走一輛車，如果兩人都硬要通過就會撞在一起，但是輸了遊戲又會被笑是膽小鬼。最好的策略是什麼呢？要是你看對方蠻怕死的樣子，當然

應該直接衝上去（4分 > 3分）；不過如果對方看起來兇霸霸，絕對不會讓你，你最好還是讓他過去（2分 > 1分）。當然你也知道對方會這樣推理，於是你就必須裝模作樣一番，讓他相信你真的是狠角色；相對地，你看到對方擺出逞兇鬥狠的姿態，也會想想他是不是在唬你。在比膽遊戲裡面，雙方都沒有最上策，哪一種選擇比較有利，得看對方的選擇而定。

總而言之，賽局理論是一門「互動式的」數學，能夠用來解釋許多不同種類的決策，重要的元素包括：局中人（選擇如何行動的個體，數量不限）、策略、互動結果、報酬、均衡點。接著，我們來談一談名字最常跟均衡點連在一起的數學家，納許。

納許對賽局理論最重要的貢獻，是他證明了只要賽局的策略是有限的，這個賽局就一定有「均衡點」，此時所有的局中人都不會願意改變自己的策略。馮紐曼與摩根斯坦合著的先驅之作《賽局理論與經濟行為》已說明雙人零和賽局都有均衡點，納許則用普林斯頓大學的學位論文將這條原則應用的範圍擴大，證明所有賽局都有均衡點。

不過納許初入普林斯頓時對賽局理論並沒有興趣。馮紐曼認為他只是個普通的年輕人，使得納許頗為挫折。當時所有喜愛數學的學生都想進普林斯頓，因為裡面聚集太多優秀學者了，馮紐曼更被稱為真正的天才，是納許等年輕學子的偶像，他不但提出賽局理

論、參與曼哈頓計畫，在社交場合也十分活躍（或許就是因為馮紐曼這樣忙碌，他沒什麼時間去得諾貝爾獎吧）。

本書詳細介紹了「蘭德機構」，這是冷戰時期美國的重要智庫，對賽局理論的研究和應用有很大的貢獻，許多偉大的數學家曾任職於此。冷戰之後，仍然一直有重要的理論家投入賽局理論，例如諾貝爾經濟學獎得主謝林，利用賽局理論精闢解析「衝突的策略」。

另一方面，哈桑尼則特別致力於探討「訊息不完全」的賽局，也就是將訊息的確實程度視作賽局裡面的一個參數。在訊息不完全且不對稱的賽局裡面，有些局內人無法肯定他所瞭解的情況是否確實，而其他局中人就可以利用這一點來裝強或裝弱，試圖影響這個局中人的策略，使得他做出對自己比較有力的選擇。許多難以分析的賽局都牽涉到訊息不對稱。

賽局理論能夠解釋的不只人類行為，它目前最突出的應用領域之一是分析生物的演化策略。因為只要賽局的局中人有目的取向的行為（雖然局中人未必有有意識到他的目的），我們就能估算各種不同結果對局中人的報酬是多少，而在天擇過程裡，基因的目的再清楚不過了：複製相同的基因，愈多愈好。例如癌症的治療方式當中有一種叫標靶治療，讓藥物認出癌細胞的特殊表面標記，殺死它所辨識出來的癌細胞。然而癌細胞分裂得快，藥物完全消滅癌細胞之前，還是有些細胞可能變形轉移至其他器官。已經有不少學者利

用賽局理論來分析癌細胞與標靶藥物的攻防戰，希望能找出最有效的治療策略。

至於個體經濟學，從 1980 年代起，幾乎所有教科書都納入了賽局理論的數學模型。事實上，賽局理論可說是個體經濟學的基礎。古典經濟學家往往認為，只要每個人都追求自己的最大利益，加起來的情況就是總體的最大利益。而囚犯兩難的困境說明了情況可能剛好相反！每個人都追求自己利益的結果，可能對整體而言是不利的。透過自由市場來促進人類福祉的想望也就破滅了。

在所有的人類行為當中，賽局理論對於政治學有很好的應用。如果說經濟學探討的是「如何對有限資源作最好的運用」，政治學研究的就是「如何對**別人**有限的資源作最好的運用」。什麼才是最好？政治學必然牽涉正當性和正義的問題。一旦我們明白何謂正義，賽局理論就能告訴我們要用什麼樣的策略來求取我們想要的正義。除此之外，政治現象的「表象」和「實在」常常有差距，賽局理論更能幫我們釐清政治人物常見的虛張聲勢與蓄意欺騙。

舉個例子，在政治的領域裡面你最容易被誰欺騙？答案是你所支持的政治人物。因為你最相信這個人，所以你不會用仔細而嚴苛的標準去審視他提供給你的資訊。對政治人物而言，欺騙自己的支持者是最容易的，所需要付出的代價最少。

再來看看多黨政治的選舉策略。在 2012 年大選的時候，選民總共得投三張票：一張總統選票、一張區域立委選票、一張區域政黨選票，而以台灣的政治生態而言，總統候選人幾乎可以肯定是兩大黨對決。對一個小黨來說，最好的情況是自己推出的候選人能當

選總統，但是這不太可能發生。退而求其次，如果能夠在立法院裡面佔到足夠的席次，或至少讓大黨席次不過半，使得不管誰當選總統都必須跟這個小黨合作，對它來說已經是很好的結果，這也是小黨比較實際的期望。

目前也有人嘗試用賽局理論來分析民主政治是不是最好的政治體系。民主政治當中，不同的政黨總是互相批評。往好處想，這會使得政治人物更加謹慎小心，不再犯下同樣的錯誤，因此長遠來看民主政治應該會使社會愈來愈進步。往壞處想，互相批評的政黨是否會淪為「比爛」，將資源全部用來揭對手的瘡疤，而非處理實質的問題？選民說，我可以不要投票給爛黨。結果可能是政黨更爛，因為政黨只要得到支持者的選票就可以了。這和選舉制度有關，也和選民的策略有關。學者希望能釐清這個賽局的策略和規則，但目前的研究仍然不夠成熟，還有很大的努力空間。

01
Chapter

兩難的困境。

有個男人和母親、妻子一起過河，突然一隻長頸鹿出現在對岸，男人立即舉槍瞄準牠，卻聽到長頸鹿說話了：「如果你開槍，你的母親就會沒命；如果你不開槍，你的妻子就會沒命。」他該怎麼辦呢？

這則經典的兩難故事源於達荷美的波波族。類似這種古怪而令人難以決斷的情節，在非洲民間傳說中頗為常見，其中許多被西方的作家和哲學家借用過。在這個波波族的故事中，你得要相信長頸鹿會說人話，而且牠所言不假。當然，我們也可以用比較西式和專業的術語來重述這個兩難困境：你、你的母親和配偶被幾個瘋狂科學家綁架，關在一個房間裡，被綁在椅子上動彈不得。房子裡有一架古怪的機器，而你正好可以觸及上面的一個按鈕。一挺機關槍正對著你的配偶和母親。牆上掛著一只鐘，滴滴答答走著，在陰森森的空氣中發出令人恐怖的聲音。其中一個科學家宣稱，如果你按動

前面的按鈕，那麼機關槍將瞄準並擊斃你的母親；相反的，如果你在六十分鐘內不按鈕，那麼機關槍將會瞄準你的配偶開火。你仔細端詳這架殘酷的機器，確信它真會執行科學家所說的殺人步驟。這時你該怎麼辦呢？

類似這樣的兩難問題有時會在大學的倫理學課程中進行討論，當然永遠難有令人滿意的答案。如果你堅持認為在如此情況下只能什麼也不做（不去按那個按鈕，從而讓機關槍擊斃你的配偶），理由是什麼也沒做就不能被判為「有罪」，這顯然是很牽強的推託之詞。你唯一可以選擇的是，確定你到底更愛你的配偶還是更愛母親，從而確定要保住誰的性命。

在某些兩難困境中，有另外一個人也同時進行選擇，從而使決定更加困難。在這種情況下，結局將取決於雙方所做的選擇。在史塔克的《答案，在你心中》，有一則類似但更具有挑戰性的兩難問題：「你和深愛的人被分別關在兩個房間中，兩人身邊各有一個按鈕，並且都知道，除非兩人中有一個在規定的六十分鐘內按下按鈕，否則兩個人都要被處死；而先按下按鈕的人雖然會立刻被處死，卻可以保住對方的性命。你想你應該怎麼辦呢？」

兩個人都要估量他們所處的困境，並獨立做出選擇。不管誰按下按鈕，都是生死攸關的決定。最棘手的在於做出犧牲的時間點。這個兩難困境強迫你在自己和心上人的性命做出抉擇。究竟誰應該活下來？

在許多情境下，有人可能選擇犧牲自己去保護另一個人，例如，父母親可能為保護孩子而慷慨赴死，因為孩子顯然有更長的路

要走。但不管應用什麼準則（當然沒有理由相信當事雙方會應用同一個準則），這種性命攸關的抉擇都存在以下三種可能結局。

情況一最不令人困擾：雙方對誰應犧牲、誰應活下去的問題有共識。這時，該犧牲的人應該按下按鈕，犧牲自己以挽救對方。

第二種可能性是雙方都決定保護對方：母親決定保護女兒，因為女兒會活得更久一些；而女兒決定保護母親，因為母親賜給她生命。在這種情況下，結局取決於誰先按下按鈕。

最令人困擾的情形是：雙方都認為自己應該活下去。因此，沒有人願意按下按鈕，而時鐘還在滴滴答答走下去……

想像一下這第三種情景：時間已經過了五十九分鐘，你沒有按下按鈕，希望你所愛的人會這麼做，但她（或他）卻沒有按（我們假定當另一方按了按鈕後，倖存者會立刻得到通知）。你曾有時間把各種可能性都仔細考慮一遍。有人也許會思考整整一個小時才能決定誰該活下來，或者乾脆鼓起勇氣去按鈕。但整整五十九分鐘過去了，卻沒有任何動靜，那你就應該開始想想，是否你所愛的人認為應該由你犧牲。

即使到了最後一秒鐘，發誓決不去按鈕也毫無意義。不管你怎麼自我中心，你也沒有能力拯救自己。總有人要死，這是這個兩難困境的必然結局。如果你所愛的人不願意犧牲，你最好成全她（或他）。記住，你是真的愛著對方。

在理想情況下，到了最後關頭你會願意按下按鈕。而你心愛的人可能也想這麼做。這就是你拖延直到最後關頭來臨的全部理由。你想給對方在最後關頭按下按鈕的機會，但她（或他）卻沒有這麼

做，於是，僅僅在這種情況下，你才去按下按鈕。當然，你心愛的人可能也有同樣的打算。

還有兩個因素使雙方都企圖拖到最後一秒才做決定的情況更加複雜，那就是反應時間和時鐘精度。那架該死的機器是不會有一絲一毫同情心的，一到時間如果沒有人按鈕，兩人就會立刻被擊斃。因此，必須有人搶在發生這種結局之前，確實做出犧牲的決定並迅速按鈕。此外，沒有人清楚牆上的時鐘是否與機器精確同步。瘋子科學家當然說是如此，但因為他是瘋子，說的未必可信。為安全起見，為了確保你是在規定時限內按鈕，實際上你必須提前一點點。因此，在採取「等到最後一刻才決定」的策略中，最棘手的一件事就是，你不能等待到最後一刻！

你所愛的人也在拖延時間，而如果雙方都只在最後時刻來臨才下定決心，後果將難以預料。也許，其中一個人正好在期限到來之前的千鈞一髮片刻，比另一人搶先一步按鈕；也許，雙方都錯過了時限而同時被擊斃。事實上，結果可能是隨機的，偶然性勝過理性。

在古怪的房間裡下絕望的決定，這類問題在哲學文獻中比比皆是，從而贏得了「問題箱」的名稱。這類兩難問題為什麼如此引起人們的興趣？部分是因為這種異乎尋常的困境使人感到新奇、刺激。但是，如果它們只是一些智力測驗的難題，與我們的個人經歷沒有共鳴，是不會引起這麼大興趣的。

當然了，現實生活中的兩難不是由發瘋的科學家製造出來，而是由於我們個人的利益與其他人利益發生牴觸，或者與社會利益發

生衝突，因而以各式各樣的方式形成兩難問題。我們每天都面臨著舉棋不定的選擇：有時候，做出選擇的方式與我們期望的方式很不一樣。兩難的困境引發了一個簡單卻令人困惑的本質問題：是否在每一種情況下都存在合情合理的行動呢？

核子武器的兩難

一九四九年八月，蘇聯在西伯利亞第一次成功試爆原子彈，打破了美國對核子武器的壟斷地位。世界上出現了兩個核武大國的局面，比西方觀察家預期的要早得多。

蘇聯的原子彈激發了核武競賽，而這種競賽的某些後果是容易預見的。每個國家都希望盡可能武裝，以能夠發動核子武器來快速擊敗對手為目的。許多人意識到，這會導致令人難以接受的兩難困境。世界歷史上首次出現了這種可能，只要一次閃電式的核武攻擊就可以使敵國從地球上消失。在危機之際，按動核武按鈕的誘惑幾乎不可抗拒。同樣重要的是，每個國家都害怕自己成為他國突襲的犧牲品。

一九五〇年代，美國和西歐有許多人主張對蘇聯發動一次直接、毋須任何理由的核武攻擊。它有一個委婉的名稱，叫做「預防性戰爭」。懷抱這種想法的人認為，美國應該抓住時機，透過核武脅迫或突然襲擊，以建立一個世界政府。你也許認為只有極端份子才會支持這種計畫。事實上，當時許多十分優秀的知識份子也廣為支持預防性戰爭，包括當代兩個最出色的數學家：羅素和馮紐曼。

通常數學家不會由於其政治主張或對世界的看法而聞名於世；況且，從很多方面來看，羅素和馮紐曼都是兩個完全不同的人。然而，對於世界上不應該有兩個核武強權共存的這一觀點，他們的見解恰恰相同。

羅素是預防性戰爭運動的主要推動者，他強調具有核武摧毀能力的蘇聯是個最終的威脅，除非蘇聯同意美國在世界的主導地位。一九四七年，羅素在一次演講中說：「我傾向認為俄羅斯人會默認美國主導世界的狀態；否則，世界將經歷一場戰爭，而出現獨一無二的政府，因為這是世界所需。」

馮紐曼的態度更加強硬，贊成出其不意用核武做第一擊。《生活》雜誌曾經引用他的言論：「如果你問為什麼明天不用原子彈去轟炸他們，我要問為什麼不今天就去轟炸呢？如果你說今天五點鐘去轟炸，那我要問為什麼不今天一點鐘就去轟炸呢？」

他們兩個人都對蘇聯沒有任何感情。他們相信預防性戰爭是邏輯的必然，是避免核武擴散的唯一合理方案。在一九四八年一月號的《新聯邦》雜誌中，羅素在一篇鼓吹預防性戰爭的文章裡寫道：「我提出的理由就像數學證明一樣，是如此明白無誤和不可避免。」然而邏輯本身也會出錯。預防性戰爭這場異乎尋常的鬧劇的真實含意是什麼呢？恐怕說得最清楚的是當時的美國海軍部長馬修斯：一九五〇年，他不經意地使用歐威爾式的語言[01]來極力鼓吹美國要「為和平而侵略」！

---

01 編注：作家歐威爾著有寓言小說《一九八四》以諷刺極權政府。

今天，隨著東西兩方緊張關係的解凍，預防性戰爭看來就像冷戰思維的一種奇特變形。然而我們此刻仍然面臨許多這一類的問題：當某個國家的安全與整個人類的利益發生衝突時，它應該怎麼辦呢？當一個人的利益與公共利益發生衝突時，他應該怎麼辦呢？

約翰・馮紐曼

恐怕誰也比不上約翰・馮紐曼那樣能說明原子彈的兩難是如何折磨人了。這個名字對於大多數人來說並沒有多大的意義。這位聲名卓著的數學家幾乎屬於一個不存在的物種。知道這個名字的少數圈外人則大多會把他看成電子數位電腦的先驅，或者是為「曼哈頓計畫」效力的傑出科學家。還有少數人把他視作庫柏力克的電影《奇愛博士》中的科學家；話說回來，馮紐曼確實曾坐在輪椅上參加原子能委員會的會議。

馮紐曼的主要著作是在純數學和數理物理學領域，這些令普通人難以親近的研究，很早就為他贏得天才的聲譽。也許有人會預期他一生的理論工作使他遠離俗事。然而，他卻對應用數學有同樣特別的熱情。電腦和原子彈兩者都是馮紐曼的業餘項目，它們都十分典型地反映了他對於數學應用的興趣。

馮紐曼是個撲克牌玩家，雖然不是頂尖高手，但他敏銳的思維能捕捉到遊戲中的一些要素。他對採用騙術、虛張聲勢、猜測對方意圖等等在規則允許內人們企圖誤導對方的種種手法都特別感興趣。以數學的術語來說，這些都是「非瑣碎的」。

從一九二〇年代中到一九四〇年代，馮紐曼以研究撲克牌和其他遊戲的數學結構自娛。當研究成形時，他發覺這套理論可以應用到經濟學、政治學、外交政策等各種領域。一九四四年，馮紐曼和普林斯頓大學的經濟學家摩根斯坦以《賽局理論與經濟行為》這本書發表了他們的分析報告。

要認識馮紐曼的「賽局／遊戲理論」，首先要認清它與一般人理解的遊戲沒有太多關係。賽局理論研究的其實是大家通常說的「策略」。在二次大戰期間與馮紐曼並肩工作的科學家布羅諾斯基在《人之躍昇》書中回憶，有一次在倫敦的計程車上，他和馮紐曼談起賽局：

……因為我對下棋很著迷，因此很自然對他說：「你的意思是，賽局理論像下棋？」「不，」他說，「下棋不屬於賽局理論。下棋是定義得十分完善的一種計算。你也許無法算出答案，但是理論上，任何棋局必然有一個解，也就是有一個正確的過程。而真正的賽局完全不是這個樣子的。實際生活也不是這個樣子。實際生活中包括虛張聲勢、一些騙人的小策略，互相揣測對方以便應對等等。我的賽局理論研究的就是這些內容。」

賽局理論是研究有思想的、可能會去騙人的對手之間的衝突。這也許使賽局理論聽起來更像心理學的一個分支，而不是數學的分支。其實並不盡然，因為賽局參與者被假設是完全有理性的，因此賽局理論容許精確的分析。更確切地說，賽局理論是數理邏輯學的

分支，以並非總是理性的人們之間的衝突為研究課題。

　　許多科學中的重大進展是源於具有洞察能力的人，在看似不相關的事物中找到一些共同的要素。賽局理論也是如此。馮紐曼發覺在客廳玩的遊戲中蘊含著基本的衝突。隱藏在撲克牌、棋子、骰子背後的這些衝突深深吸引了馮紐曼，他在經濟學、政治學、日常生活以及戰爭中也觀察到類似的衝突。

　　在馮紐曼的術語中，「賽局」就是一種衝突的態勢，在這種態勢下，一個人必須做出某種選擇，並且知道對方也在做選擇，由所有選擇將決定衝突的結果。有些賽局簡單而易於分析；有些賽局則因為參與者不斷做猜測而很難分析。馮紐曼想知道賽局（尤其是有許多虛張聲勢和相互猜測的那類賽局）是否總是存在一種理性的玩法，而這正是賽局理論的基本問題之一。

　　你可能會天真地以為每一種賽局必然有一種理性的玩法。一定是這樣嗎？馮紐曼想弄清楚這一點。世界並不總是合乎邏輯，我們的日常生活中充斥著那麼多的非理性。更有甚者，像撲克牌遊戲一樣，相互猜測可能引發無窮盡的循環推理。理性的玩家對於如何進行遊戲，也不一定有明顯的結論。

　　缺乏天才的數學家或許也能發現上述問題，但只能無能為力嘆口氣，重新退回做「嚴肅的」研究。馮紐曼則不然，他抓住這個問題不放，以數學的嚴密性去對付它，終於獲得了非凡的證明。

　　馮紐曼從數學證明了在雙人賽局中，只要彼此的利益完全對立，就永遠存在一個理性的行動方針。這一證明被稱為「大中取小定理」。這個定理所涵蓋的賽局種類包括簡單的井字○╳遊戲到非

常複雜的棋類遊戲，它適用於所有一輸一贏的兩人遊戲（這是符合賽局雙方利益「完全對立」要求的最簡單情況）。馮紐曼證明在這樣的賽局中，總有一種「正確的」玩法，或者更確切地說「最佳的」玩法。

如果大中取小定理就是上面所說的這一些，那麼它最多就是對「娛樂數學」的一個挺不錯的貢獻罷了。實際上，馮紐曼看出了其中蘊含的更深意義。他意圖把大中取小定理作為基礎，延伸到包含所有其他類型賽局的賽局理論，例如兩人以上的賽局、參與者利益部分重疊的賽局等等。經過這樣擴充以後，賽局理論就可以適用於所有類型的人世衝突。

馮紐曼和摩根斯坦把賽局理論當作經濟學的數學基礎。在他們眼中，不同的經濟衝突可以看成各種「賽局」，以賽局理論的定理來分析。競標一項工程的兩個承包商，或者在拍賣會上競相出價的一群買主，都纏繞在互相猜測的微妙賽局之中，值得做嚴密的分析。

賽局理論幾乎從一開始就被視為一個重要的新領域而受到推崇。對馮紐曼和摩根斯坦的著作，《美國數學學會學報》有一篇書評預言：「我們的子孫會把這本書當作二十世紀前半葉最重要的科學成就之一，因為該書的作者們已經成功創建了一門真正的新科學——經濟科學。」在《賽局理論與經濟行為》出版以後，賽局理論及其術語成為經濟學家、社會科學家和軍事戰略家口中十分流行的行話。

蘭德機構是最早接受並應用賽局理論的地方之一。蘭德是二次

大戰結束後不久根據美國空軍的要求而建立的智庫,最初目的是完成洲際核武戰爭的戰略研究。蘭德聘用了許多戰時從事國防工作的科學家,逐漸發展為擁有眾多顯赫思想家的著名諮詢機構。

聘請馮紐曼為顧問的蘭德機構對賽局理論極為重視,投入極大的力量,不僅研究賽局理論的軍事應用,也對賽局理論本身進行基礎研究。在一九四〇年代末和一九五〇年代初,馮紐曼是位於加州聖塔莫尼卡的蘭德機構總部的常客。

囚犯的兩難困境

一九五〇年,蘭德機構的兩位科學家佛拉德和德萊歇提出了賽局理論問世以來影響最大、看似簡單卻難解的一種賽局,也就是「囚犯的兩難」,這幾乎動搖了賽局理論的部分基礎。「囚犯的兩難」這個名稱是蘭德機構的顧問塔克所取的,因為塔克為了說明這種賽局而描述出一個有關囚犯的故事。對此我們將在後面詳細介紹(第六章)。暫時我們只要知道它是極難思索的衝突處境,至今仍使我們困惑不已。

研究民間傳說的人知道,兩難困境的故事中會出現難以決斷的局面,讓聽故事的人苦思該怎麼辦。囚犯困境也是這一類故事,它的結局是留給聽故事的人或讀者一個解不開的難題。囚犯困境發明以後並沒有立即公開,在一九五〇年代只是在科學界口頭傳播,但它確實滿足民間傳說的研究者對兩難故事所下的定義。

當然,囚犯困境不只是一個故事,它既是一個精確的數學結

構，也是現實生活中的一個問題。從一九五○年囚犯困境「被發現」的時代背景來說，它其實沒有看起來的那樣神祕，因為當時大家正嚴重關切核武擴散和軍備競賽。事實上，早期核武時代的緊張形勢正是出現囚犯困境這種賽局的原因。

以犧牲共同利益為代價而使一方獲得安全的這般苦惱問題，並非核武時代的新問題。自有戰爭開始，這樣的問題就存在了。但核武攻擊的突發和毀滅性使這個問題更加凸顯。我們可以毫不誇張地說，囚犯困境是國防的核心問題，而每個人對此的反應都不能被證明對錯，但可以從這些反應中看出誰是保守派、誰是自由派。

本書並不是談軍事策略的書。囚犯困境是一個普遍的概念，理論家們現在已經體認，它會發生在生物學、心理學、社會學、經濟學、法律等領域。只要有利益衝突的地方，就會有囚犯困境，而利益衝突並非只發生在有感知能力的生物之間。對於動物和人類社會為什麼呈現目前的社會組織型態，囚犯困境的研究有很強的解釋能力。這是二十世紀所出現的最偉大思想之一，它簡單得任何人都可以掌握，又具有極大的重要性。

在馮紐曼生命的最後幾年裡，他看到現實戰爭變得愈來愈像虛構的兩難困境，或者說像他的理論中的抽象賽局。核武時代的危機常常被歸咎於「技術進步超越道德進步」。這一結論使人沮喪，使人懷疑道德進步是否還存在，以及原子彈越做越大，人類是否還能如以往存活。囚犯困境已成為當代最基本的哲學和科學課題，它和我們的生存緊密相關。

當代賽局理論的應用者試圖創造一種道德進展。有沒有什麼

方法可以在囚犯困境的賽局中促成共同的利益呢？試圖回答這個問題，是我們這個時代最重大的知識挑戰之一。

02
Chapter

約翰・馮紐曼。

　　一九〇三年十二月二十八日，約翰・馮紐曼生於匈牙利的布達佩斯。「約翰」是他的名字雅諾斯（Janos）的英文化。在匈牙利，他被暱稱為揚西（Jancsi）；到了美國，揚西自然變成了強尼（Johnny，約翰的暱稱）。強尼是麥克斯・紐曼三個兒子中的老大。老紐曼是成功的銀行家，一家人生活在一間舒適的三樓公寓房裡，房屋所有人是馮紐曼的外祖父雅卡布・卡恩。卡恩的四個女兒和她們的家都在這裡，因此馮紐曼有許多表兄弟姊妹。這個大家庭雇了德國和法國的保母，以幫助孩子們流利地說德語和法語，這對於在匈牙利社會中功成名就是十分必要的。一九二〇年代初，馮紐曼的父親在布達佩斯郊區買了另一棟房子，於是每年夏天，他們一家就去郊區住。

　　紐曼家族是猶太人。猶太人在以馬扎爾人為主要民族的匈牙利雖然遭受迫害，卻常常成為事業成功的局外人。布羅諾斯基在他的

《人之躍昇》書中這樣斷言馮紐曼：「如果他早生一百年，我們也許絕不會知道這個人。他很可能像父親和祖父一樣成為猶太法學博士。」

　　事實上，紐曼家族對宗教的態度很不一致。族長雅卡布・卡恩對猶太教的虔誠並沒有被同一屋頂下的大多數人繼承。麥克斯・紐曼一家就信奉基督教，過著聖誕節，每逢節日互相交換禮物，孩子們跟著德國保母唱聖誕頌歌。但這不影響他們按慣例同樣慶祝主要的猶太節日。有一次，強尼的弟弟麥可問父親，既然他們並不嚴格遵守猶太教，為什麼還把自己看做猶太人呢？麥克斯・紐曼的回答很簡單：「傳統。」

　　這種宗教上的混亂陪伴著馮紐曼的一生，包括他第一次結婚時名義上轉信天主教。在他成年以後的大部分時間裡，他基本上是個不可知論者，以至他去世前不久，雖然因身為原子能委員會的委員而為人所知，《猶太前鋒日報》的一個編輯還寫信問馮紐曼把他說成猶太人是否正確。

　　麥克斯・紐曼飽讀詩書，深富文化涵養。他是業餘詩人，會用匈牙利文和德文兩種文字寫詩。他也是開明的商人，認為經商除了作為財源，也應該考慮社會的需要和希望。他和孩子在餐桌上交談時，常常觸及銀行家的社會責任這個問題。他試圖讓兒子們對銀行業產生興趣，因此常把他銀行所支持的企業贈送的紀念品帶回家。馮紐曼的另一個弟弟尼古拉斯推測，馮紐曼發想的電腦穿孔卡片的概念，就是起源於家庭討論中經常提到的傑魁德紡織廠，這家紡織廠就是麥克斯的銀行提供資金支持的。

在一次大戰中，缺乏資金的奧匈帝國皇帝法蘭茲‧約瑟夫向富有的資產階級出賣貴族爵位，於是麥克斯也在一九一三年買了一個 margittai 頭銜。許多人有了爵位以後便把名字改了，但麥克斯卻不自稱「margittai Neumann」。馮紐曼在蘇黎世和柏林念大學時，喜歡在簽名中以日耳曼方式帶上貴族頭銜：「Johann Neumann von Margitta」。按照德文習慣，他的姓氏就縮寫成「von Neumann」，其中不出現頭銜，但隱含著貴族身分，這就是馮紐曼這個姓氏的由來。

神童

　　馮紐曼從孩提時代就有過目不忘的天賦。六歲時，他就能用古希臘語與父親互相開玩笑。紐曼家有時會讓他展示記電話號碼的才能來娛樂客人：讓客人隨便指定電話號碼簿的某頁某欄，小強尼讀它幾遍後把簿子交給客人，然後他可以回答任何問題，諸如誰有什麼號碼，或者按順序背誦姓名、地址、電話號碼。

　　紐曼家的環境對於孩子智力的發展是很有利的。麥克斯‧紐曼在一次遺產拍賣會買下了一個圖書館的藏書，然後騰出一間房，雇了一個木工做了許多高達天花板的書櫃來擺設這些書。強尼在這個小家庭圖書館裡度過許多時光，讀了許多書，包括曾經名噪一時的德國歷史學家昂肯所編的世界百科史。馮紐曼一卷又一卷讀完，甚至會拒絕母親叫他去理髮的要求，除非母親同意他帶著一本昂肯的書。當一次大戰爆發時，他已經讀完了這部世界史，可以對當前發

生的事件和歷史上某個事件做出對比，討論兩者的軍事理論和政治策略。當時他只有十歲。

紐曼家有一個親戚叫費倫奇，是心理學家佛洛伊德的信徒。透過這位親戚，馮紐曼也接觸過心理學。從很小年紀時，馮紐曼就對歐洲文學和音樂發生濃厚的興趣。弟弟尼古拉斯曾經回憶，他對於藝術作品的哲學理論基礎有極大的好奇心。義大利劇作家皮蘭德婁的話劇《六個尋找作者的劇中人》雖然脫離現實而荒誕，但對他極有感染力。巴哈的〈賦格的藝術〉由於有若干音調未規定用什麼樂器演奏，也讓他留下了深刻的印象；尼古拉斯相信，這是他產生電腦儲存程式概念的一個來源。

對科學發生最初的興趣以後，強尼會在家中做起實驗。他和弟弟麥可有次搞到了一小片金屬鈉，放進水裡觀察它的反應，等鈉溶解以後（產生有腐蝕性的氫氧化鈉），還品嘗水的味道。著急不已的家人只好立刻去請醫生。

一九一一到一九二一年，馮紐曼在卓有聲譽的路德中學上學。學校雖然有路德教的背景，卻能接納各種不同宗教信仰的學生，並且提供適當的宗教訓練。馮紐曼在中學的第一個數學老師是萊茲，這位教授很快就發現了馮紐曼的數學天才，並把父親麥克斯找來討論。萊茲推薦了一個專門的數學學習計畫給馮紐曼，並且親自主持。

馮紐曼有時也會使老師生氣。對於不感興趣的科目，他有時會不去完成白天指定的作業，而寧願參加自己感興趣的討論。數學和其他大多數學科，他的成績都是 A，但體育課只得 C。

馮紐曼這一代匈牙利人產生了異常多的天才，其中幾個是馮紐曼的同學。在中學裡，他比後來成為著名物理學家的威格納[01]低一屆。威格納成年後說過，他發覺與馮紐曼相比，自己只能成為二流的數學家，因此轉到物理學領域。一九二五年，馮紐曼認識了愛德華・泰勒[02]，當時他們兩人都師從著名的李普特・費爾。同時代出名的匈牙利人還有雷射技術先驅丹尼斯・嘉柏，以及由醫生轉為生物學家的里歐・席拉德。

庫恩統治時代的匈牙利

　　雖然馮紐曼有安穩的家庭生活，處於有利智力發展的環境，世界大戰的驚恐也沒有太影響他，但他成年以前還是飽嘗了艱難困苦和受迫害的滋味。這裡將提一下馮紐曼在庫恩統治時期的經歷，因為這或許能解釋他在政治上的保守主義以及對蘇聯的不信任。

　　貝拉・庫恩是烏托邦社會主義者，曾經領導混亂的匈牙利共產主義政府五個月。他有猶太匈牙利人的血統，曾當過律師和記者。在一次大戰中，他被徵召加入奧匈帝國的軍隊，並被俄國人俘虜。傳說他在獄中接受了洗腦，其實他在戰前就信仰社會主義，但我們無法得知獄中經歷如何影響他的政治信仰。總之，庫恩回到祖國時已是堅定的共產主義者。他按照蘇聯的模式在布達佩斯組織了共產黨，很快地發展起來。

---

01 譯注：Eugene Wigner，一九六三年諾貝爾物理學獎得主。
02 編注：Edward Teller，氫彈之父。

當時，卡羅伊伯爵領導的政府正陷入困境。為了保住權力，卡羅伊竟孤注一擲，求助庫恩帶頭的強大共產黨。這使卡羅伊的保守選民們十分憤怒，從而使他的地位更加不穩。一九一九年三月二十一日，卡羅伊不得不接受現實，宣布辭職，庫恩乘機奪取了權力，成為這個工農國家的領袖。此年，馮紐曼十五歲。

但是庫恩缺乏領導能力，經常做出錯誤的判斷。他是一個教條主義者，生搬硬套馬克思和列寧說過的話。當不切實際的行動沒有產生所許諾的烏托邦時，庫恩只會重複革命口號。在他領導下，匈牙利變成了錯誤管理的集大成者。

庫恩的首要行動之一是頒布一項法令，讓土地、企業和生產工具歸無產者所有。這讓幾個世紀以來統治階級的權力一夜之間化為烏有。重要的崗位都被沒有經驗的社會主義者或投機分子占據。傳說新的財政部長甚至不知道怎樣在支票上背書，要別人教他才會。這個故事當然不足採信，卻說明了這場悲劇兼鬧劇處於何等尷尬的境地。

經濟也停止了正常運作。窮人缺乏誘因為國家工作。農民拒絕把農產品賣給國家，使商店的貨架變得一無所有。為了獲得糧食，城鎮居民只好長途跋涉到農村與農民私下交易。有奇貨可居的人只接受被宣布為非法的藍色錢幣，而不要庫恩政府發行的白色紙幣。

銀行職員被關在銀行門外。還有工作的富裕人士也不敢上班。因此，在庫恩取得權力以後約一個月，麥克斯·紐曼就帶著全家逃到奧地利。他們離鄉背井的生活比想像中好多了，有時候住在維也納，有時候住在亞德里亞海濱的旅遊勝地奧帕蒂亞。

布達佩斯成了危險的城市。被稱為「列寧的孩子」的年輕人把動盪作為暴力和破壞的藉口。他們破門闖進富裕的鄰居家，毆打反抗的人。在一些孤立的地區，保守派的反抗更加劇了這種緊張形勢。「賣國賊」被逮捕，有的被槍決。

　　庫恩政權在一九一九年八月垮台。霍希上將在逃離祖國的貴族和激進的軍中勢力（後來很快被叫做法西斯）支持下奪取政權。但是匈牙利的麻煩並沒有結束。在保守的霍希統治下，「白色恐怖」席捲整個匈牙利。

　　庫恩的十一個人民委員中有八個是猶太人，因此，庫恩政權的混亂立刻被歸罪於猶太人和知識份子。白色恐怖是不講道理的，甚至像紐曼家族這樣曾經反對庫恩統治、成為犧牲品的猶太人也遭受了打擊。大約五千人慘遭殺戮，多數是被暴徒私刑處死，根本不受政府管束。據估計有十萬人左右因此逃離匈牙利。

早年生涯

　　大批猶太知識份子離開匈牙利到德國，然後又到美國，約翰‧馮紐曼正是其中一個。他快要上大學時想攻讀數學，因為十八歲那年，他已經和老師合作發表過第一篇數學論文了。但是父親不同意，認為當數學家賺不了足夠的錢養家。麥克斯請工程學家馮卡門與兒子溝通，希望他選擇經商。最後折衷的結果是，馮卡門建議他讀化學，父子雙方都接受了。

　　強尼申請上布達佩斯大學。當時匈牙利政府規定大學招收猶太

人必須按照其人口比例，使教育程度較好的猶太人的錄取條件異乎尋常的高。當然，因為馮紐曼有出色的記錄，這不成為問題，因此他被錄取了。

馮紐曼上大學後的經歷卻很複雜，橫跨了三個國家。一九二一年他在布達佩斯大學註冊，但沒有上過任何課，只在考試時現身，並且取得優異成績。他同時在柏林大學註冊，攻讀化學到一九二三年。之後他進了蘇黎世的瑞士聯邦理工學院，讀化學工程，一九二五年取得學位。最後，一九二六年他在布達佩斯大學獲得數學博士，副修物理和化學。從大學到博士學位，他只花了五年時間。

取得博士學位之後，他在柏林大學任私人講師，相當於美國的助理教授。有報告指出馮紐曼是歷來這個職務中最年輕的一位。他在此職位上待到一九二九年，然後去了漢堡，仍然保有這個頭銜直到一九三〇年。

這時候，馮紐曼獲得洛克菲勒基金會的資助，到哥廷根大學去做博士後研究。在那裡，他在偉大的數學家希爾伯特的指導下進行研究（一九二六到一九二七年）。希爾伯特手下匯聚著許多最出色的數學天才，包括歐本海默，馮紐曼第一次遇見他就是在哥廷根。

二十多歲時，馮紐曼的名字就已經在全球數學界傳開了。在學術會議上，他被誇為青年天才。年輕的馮紐曼曾輕率地斷言人們的數學能力一過二十六歲就會下降，只有靠著經驗，才能掩蓋這種下降趨勢——但也只能掩蓋一時而已。不過另一位數學家、他長期的朋友烏拉姆指出，隨著馮紐曼年紀增長，二十六歲這個關卡就被他

提高了。

　　一九二九年，馮紐曼到達了他所謂的二十六歲分水嶺。但就在這一年，他被邀請到普林斯頓講授一個學期的量子理論課程。在接獲此職位時，他決定與女友瑪麗埃特·柯維茜結婚，因此他回信給普林斯頓的維伯倫說，在接受邀請前，自己先要處理一些私人事務。隨後，馮紐曼就返回布達佩斯求婚去了。

　　他的未婚妻是布達佩斯一個醫生的女兒，答應在十二月和他結婚。瑪麗埃特是天主教徒，因此，為了結婚，馮紐曼接受了他妻子對宗教的忠誠而改信天主教。但許多證據表明，他並不把改信這件事當真。在布倫伯格和歐文合著的《能源和衝突》一書中，愛德華·泰勒說，每當馮紐曼被惹得要咒罵時，他都會強忍住，然後開玩笑說：「這樣我將來在煉獄中就可以少受兩百年的罪了。」

　　婚後，馮紐曼接受了普林斯頓的聘任，而且他在那裡的短期講學很快就升為永久性的職位。他的教學生涯不長，只從一九三○年持續到一九三三年，頭銜是訪問教授。馮紐曼被形容為一個冷漠的教師。天賦不高的學生很難跟上他敏捷的思維。在普林斯頓時，他經常在黑板僅剩的一小角急速寫出連串方程式，卻又在學生還來不及抄下就擦掉，因此名聲惡劣。

　　一九三○到一九三六年的暑假，馮紐曼在歐洲度過並工作。一九三三年納粹掌權之後，馮紐曼才放棄了他在德國的教授地位。可以預期的是，馮紐曼從納粹一出現就反對它。一九三三年，他在致維伯倫的一封信中預言：「這些傢伙只要再這樣繼續折騰兩年（不幸這很有可能），就會毀掉至少整整一代的德國科學發展。」

在馮紐曼的移民過程裡，反猶太的因素不應該被過分強調。後來他堅持認為自己離開匈牙利到德國，以及離開德國到美國的動機，都是為了在事業上有更多的機會。他抱怨德國的數學家太多，而全職教授的職位卻不足。

普林斯頓高等研究所

一九三三年，普林斯頓高等研究所成立的時候，馮紐曼被聘為教授。他再次成為一個出色團體中的最年輕學者。由於普林斯頓高等研究所並非教學機構，馮紐曼的正式教書生涯就此結束（客氣地說，他大概也只指導過一篇博士論文）。

普林斯頓高等研究所的總部是一棟不起眼的建築物，但是新到此處工作的成員往往要經歷一個「心理衝擊」階段，因為他們發現，這裡大多數看來普普通通的人也非常有名（對於專家而言）。一九八四年，數學家勞爾·博特在一次演說中回憶自己剛進普林斯頓研究所的情形說：「在碰見名人時，我們常常要捏自己一下，確信不是在作夢而是真的。想像一下這麼一個地方吧，你會看到一個像流浪漢一樣十分可疑的人，警察想逮他卻發現他是尚·勒瑞[03]；每天大約上午十一點鐘，你可以很容易和愛因斯坦聊起一些重大的問題，諸如天氣變化或者郵件來得太晚；還有，在一群年輕用餐者的喧鬧聲中，旁邊安詳而微笑坐著用餐的竟是狄拉克[04]。如此等等。」

---

03 編注：Jean Leray，法國數學家，拓撲學研究先驅。
04 譯注：P. A. M. Dirac，一九三三年諾貝爾物理學獎得主。

馮紐曼與愛因斯坦兩人的辦公室十分接近。雖然許多廣泛流傳的文章都積極說明馮紐曼的地位，有時還解釋他是愛因斯坦這位更聰明的天才的「研究合作者」，但其實兩人從來就不熟。馮紐曼的弟弟尼古拉斯告訴筆者，強尼以一種寬容的（同時也是精確的）懷疑態度看待愛因斯坦關於「統一場論」的著作。愛因斯坦發表狹義相對論時正好二十六歲！之後他至少還有十年的輝煌時期，因為廣義相對論是十一年後推出的。《生活》雜誌引用研究所一個成員的話說：「愛因斯坦想問題比較慢條斯理，有些問題他會想上幾年。強尼正好相反，他思維敏捷，有如閃電般驚人。如果你給他一個問題，他要不是馬上解出來，就是根本不解。如果他必須想很長時間，他會覺得無聊而喪失了興趣。強尼除非專心致力什麼問題，否則他的思維是不會閃光的。」

　　一九三五年，瑪麗埃特生下了女兒瑪麗娜，也是馮紐曼唯一的孩子。兩年以後，瑪麗埃特離開馮紐曼，她愛上了物理學家庫波。

　　證據顯示馮紐曼那時已經完全成熟了，因此對於分手的事，他處理得非常優雅和開明。庫波在布魯克海汶國家實驗室工作，馮紐曼的朋友們描寫他是一個「非常出色的青年」，「深深愛上了瑪麗埃特」。後來瑪麗埃特帶著瑪麗娜搬到庫波那兒去。一九三七年末，她在雷諾市定居，以便根據內華達州的法律提出離婚。她提出的離婚理由是馮紐曼「極端殘忍」。這顯然是一個法律上的藉口，因為即使在此後，強尼仍然維持和她的良好關係。一九三八年馮紐曼到歐洲旅行時，幾乎每天打電話給瑪麗埃特。離婚手續終於完成以後，瑪麗埃特和庫波結婚並定居於紐約市。

根據分手時的協議，馮紐曼並不給瑪麗埃特生活費，只為瑪麗娜提供養育費；瑪麗娜只和媽媽生活到十二歲，然後將和爸爸生活到十八歲。一九七二年瑪麗娜在接受《生活》雜誌採訪時說：「我媽媽非常強烈地認為，只要是約翰‧馮紐曼的女兒，她就應該了解約翰‧馮紐曼。經過非常仔細的設想，他們讓我能在我十幾歲夠懂事時，和父親生活在一起。」

克拉拉

離婚不到一年，馮紐曼愛上了已婚女子克拉拉‧丹。克拉拉本來是他早年的情人，一次歐洲旅途中的邂逅使他們重燃了愛苗。

和馮紐曼一樣，小名克拉莉的克拉拉也來自布達佩斯一個富裕而舒適的家庭。在一九五六年一次採訪中，克拉拉形容自己是一個「被寵壞的大小姐，過著奢華的歐洲生活。我在英國和里維耶拉海岸區過著歡樂的日子。我有過妙不可言的時光，但我真的一點也不懂『科學』這個名詞的意義。」

克拉拉願意與丈夫離婚。一九三八年秋季，馮紐曼推掉了普林斯頓高等研究所的工作。表面上的理由是為了幫助克拉拉處理離婚手續，實際上，他仍忙於講學。馮紐曼不顧戰爭的陰霾已經密布，到瑞典和波蘭講學，並拜訪幾個「聰明透頂的朋友」（克拉拉對他們的稱呼），包括哥本哈根的物理學家尼爾斯‧玻耳，他可比「聰明」更厲害得多。因此，馮紐曼和克拉拉及布達佩斯家人的相處時間其實很少。

原先由克拉拉保存、現存檔在美國國會圖書館的馮紐曼信件，記錄了他和克拉拉之間長年來如暴風雨般的熱烈感情。以二十世紀中葉的標準來看，這些信件為數頗多，因為不單在那段時間，即使在婚後，馮紐曼也經常到歐洲旅行。

在求婚期間，強尼寫給克拉拉許多情書。他大肆讚揚克拉拉是天地間最出類拔萃的女人，宣稱他們的愛情是世上絕無僅有的，將會轟動一時。而克拉拉寫給馮紐曼的信中，則幾乎沒有這種熱情奔放的筆調。克拉拉是個潑辣的女人。從她的信裡很難做出別的結論：即使是在雙方感情最濃時寫的最初幾封信，也充滿著威脅和不祥的口氣。如果說馮紐曼是世上最不容易相處的，那麼克拉拉也是這種人。

在一封一九三八年八月二十八日寫於義大利蒙地卡堤尼的豪華旅館的信中，克拉拉坦率自稱是一個有許多毛病且愛虛榮的女人。她非常重視求婚者是否有穩固的社會地位。在同一封信中，她像往後每封信一樣臭罵強尼。她吹毛求疵說強尼不成熟、可怕，有點天分就想飛黃騰達。她指責馮紐曼不關心她或別人的心情。

克拉拉經常會長時間地感到憂鬱。一九三八年九月寫的一連串信件中明白顯露了這點：九月九日，克拉拉抱怨身體虛弱；九月十五日，她甚至不能忍受見人和稍微說幾句話──在她眼裡，其他人都是令人作嘔的樂觀主義者；九月十九日，她再次抱怨感到憂鬱，而且覺得永無好轉的機會。

令人難以置信的是，強尼在此時期寫的一封信中，有一個很長的信尾附言，說克拉拉的信寫得一次比一次甜蜜兩倍！

克拉拉有足夠的理由煩惱。當戰爭的威脅和納粹與法西斯的恐怖越來越逼近，她發現馮紐曼不但是她可能接受的丈夫，還是她到美國去的敲門磚。在一封說了真心話的信中，克拉拉告訴馮紐曼，她的一生將在他的掌握中。她希望要的一切就是到美國去，過著正常的婚姻生活。克拉拉在飽經令人折磨的拖延之後，和前夫的離婚案終於在一九三八年十月二十九日成為定局。同年十一月十七日，她和強尼結婚，沒多久就乘坐瑪麗皇后號輪船赴紐約。

婚後他們住在威斯考特路二十六號，這是普林斯頓最大的房子之一，價值三萬美元，其中兩萬五千美元的貸款是來自普林斯頓高等研究所（一九四一年，馮紐曼在研究所的年薪是一萬兩千五百美元，當時對於一個學者來說是很高的）。

克拉拉用最新潮的家具布置房子，但馮紐曼並不喜歡這種風格，至於家裡其他地方，倒是充滿古色古香的情調。屋簷下先是有兩代人，然後是三代同堂（馮紐曼的母親和他們住在一起，後來瑪麗娜十二歲以後搬來共住），同時也雇了幾個傭人。強尼和克拉拉主要用匈牙利語交談。他們的信混著匈牙利文和英文，有時在一個句子中間就會出現語言的轉換。

克拉拉和強尼沒有生孩子。他們對瑪麗娜關懷備至，還非常寵愛一隻叫「英孚士」的大型混種狗。

個性

《好管家》雜誌在一九五六年的一篇文章中說：「馮紐曼博士

的外表並沒有因為他是科學家而有什麼古怪之處。」馮紐曼身高五英尺九英寸，從來不運動，二十多歲時身材瘦長，中年以後有些發福。他的髮線退到頭頂，因此臉部看起來像一輪滿月。愛森史達拍攝了一張他參加普林斯頓茶會的照片刊登在《生活》雜誌上，看來就像一個漫畫裡親切、膽小的大叔。他的衣著是整潔而老式的。克拉拉常常陪強尼出去，幫他挑選衣服，他不太反對購買兜售的便宜貨。他通常穿一身拘謹的套裝，口袋中裝著白色手帕，如此穿著常被別人打趣。同事們問他：「你的衣服上怎麼不像我們那樣落些粉筆灰呢？」據說他口袋中很少裝什麼東西，只有安全憑證和中國九連環遊戲。

　　馮紐曼的英語說得很好，匈牙利語、德語和法語當然也不錯。他的英語重音暴露出他是中歐人，語調非常迷人，絕無刺耳的感覺。但是他在「th」和「r」的發音上有些麻煩，說 integer（整數）這個字時，「g」的音很重，這是馮紐曼特有的。他幼時學的希臘語和拉丁語仍然掌握得很好。傳說馮紐曼所掌握的七種語言，每一種他都說得很好，比大多數只會一種語言的人說得還流利。

　　人們對數學家的刻板印象是害羞又說話不清，但馮紐曼完全不屬於這類數學家。他熱情奔放，喜歡社交派對。派對和夜生活對馮紐曼特別有吸引力。在德國教書時，他是柏林一家酒吧的常客。這方面的愛好貫穿了他的一生。強尼和克拉拉有時自己舉辦這種活動，以介紹作客訪問的學者讓研究所的同事認識。他們差不多每個禮拜都有派對，形成了一種沙龍。一九五二年，克拉拉甚至為一個派對做了普林斯頓電腦的冰雕模型，以慶祝這台電腦開始使用。

《生活》雜誌如此描寫馮紐曼：「當夜總會節目表演或熱鬧的派對進行到中場時，他常常開始用筆在紙上胡亂塗抹，他的妻子則會說『愈鬧，愈好』。」

馮紐曼利用他非凡的記憶力在腦中建了一個笑話庫，有機會就要表現一下。一九四七年，原子能委員會委員史特勞斯想在自己的演說中加入一些風趣的內容，曾請馮紐曼提供過幾則有關原子彈的笑話（可惜沒有記錄下來）。馮紐曼也喜歡做五行打油詩。在寫給克拉拉的信中，有以下幾個例子：

> 有個姑娘來自林恩，
> 認為愛情是種罪惡，
> 她看來嚴肅緊張，
> 但似乎無傷大雅，
> 大家忙替她把酒斟！

> 有個小伙子大喊：快跑！
> 世界末日已經來到！
> 可惡的神聖幽靈，
> 那就是我的最懼。
> 讓我對付那父子。
> （一個不知名的五行詩作者寫於二十一世紀初）

以現代標準來看，馮紐曼大多數的幽默都帶有性別歧視色彩。

在寫給克拉拉的一封信中，他用《花花公子》式的輕浮語氣，將「強姦」定義為「為了取悅而侵犯」。他還有一則賣弄小聰明的故事是，一個婦女拿了一張五美元紙幣到商店購物，店員告訴他那是假鈔，於是婦女喊道：「我被強姦了。」克拉拉對她丈夫的玩笑有何反應呢？從馮紐曼的一封信中可以看出端倪，他引用了小說家沃德豪斯的一句話：「女人必須學會忍受她們心愛男人所講的軼事。這是夏娃的咒語。」

馮紐曼的某些政治笑話比較高明一點。史特勞斯認為下面這則就是馮紐曼創作的：「一個匈牙利人在你身後進入旋轉門，卻比你先出來。」馮紐曼最喜歡的笑話之一是一次大戰時他在柏林創作的：一個人站在街角大喊：「皇帝是個笨蛋！」警察過來要以謀反罪逮捕他，他說：「你不能逮捕我，我說的是奧地利皇帝。」警察說：「你騙不了我們，我們知道誰是笨蛋。」

馮紐曼的惡作劇也是出了名的。佛拉德回憶起有一次愛因斯坦要去紐約，馮紐曼自告奮勇開車送他去普林斯頓火車站，卻故意把他送上一列駛往相反方向的火車。另一次，佛拉德在早上看見馮紐曼的眼睛有些紅腫，問他是怎麼回事，他回答得很簡單：「我哭過。」但佛拉德又說：「你不會想問馮紐曼為什麼哭的。」這真是令人難以置信，佛拉德竟以為這也是馮紐曼的惡作劇：在自己的眼中故意揉進東西，然後讓別人來問他。

當然，說笑話或惡作劇跟有幽默感並不是同一回事。馮紐曼身上的幽默常常帶有諷刺。有一次在火車上，他請列車長叫來餐飲服務生。不勝其煩的列車長回答，如果我看見他，我會跟他說

的。馮紐曼聽後調皮地問：「這列火車是一直線的，對吧？」[05]他的幽默感就是這樣，機智、詼諧，但在某些場合下，他的直言卻很不顧別人感受。以克拉拉和同事為笑柄的玩笑有時就很殘忍。數學家哥爾斯廷回憶，他和馮紐曼曾經參加一個無趣的講座，演講者有個口頭禪「真遺憾！」，他們就記錄他說這個詞的次數，並且每當他說「真遺憾！」時，他們就高舉雙手，以手指表示次數。

他的性格中還有異想天開的成分。馮紐曼曾和一個同事花了一個晚上，尋找他們生活中如電話號碼、街道地址等數字中的質數。他喜歡聽奇聞軼事，也愛傳播奇聞軼事。關於這一點，烏拉姆曾經說過：「你常會覺得馮紐曼的頭腦中收藏了許多人間奇聞，好像要做統計學研究一樣。」

馮紐曼在政治上是保守的，但不是動輒發作的反動派。他會幫助歐本海默反駁別人的批評。當物理學家勞倫斯和阿爾瓦雷斯試圖說服愛德華・泰勒在利物摩爾建立實驗室的時候，馮紐曼對泰勒說：「愛德華，別跟這些人攪和在一起——他們太反動了。」

馮紐曼欣賞奢侈品。用大學教授的標準來看，他家裡的瓷器和銀具相當昂貴。馮紐曼開最新型的凱迪拉克敞篷車，還有一輛史蒂倍克。一九四〇年代，當汽車第一次出現自動清洗擋風玻璃的小裝置時，馮紐曼是第一批購買的人，他還在普林斯頓開車到處向朋友展示。

---

05 譯注：火車當然是直線的，換言之，列車長當然能夠見到服務生。

這位賽局理論的奠基者喜歡遊戲和玩具——雖然此一說法是報刊為了炒新聞而過分誇大。前文提過的《好管家》文章說：「馮紐曼博士非常喜愛兒童智力玩具。他過生日時，朋友們會送他各種各樣的玩具禮物，部分是和他鬧著玩的，部分是因為他們知道他真的很喜歡。有人曾經看見他一臉認真和一個五歲孩子爭論誰能優先玩一套新的組合式積木。他從來不對孩子施恩……」他最喜歡的一件生日禮物是一個只要用手指按一下就會嘰嘰喳喳唱起「祝你生日快樂」的玩具！

馮紐曼最感興趣的理論問題之一是：機器能不能自我複製？他買了一箱「修補工」玩具以著手研究，但他造不出能自己複製的修補玩具，最後只好放棄，把它送給摩根斯坦的兒子卡爾。

馮紐曼是個美食家。《好管家》的文章嘲弄他：「他什麼都會算，就是不會算卡路里。」他偏愛的飲食是早餐吃優酪乳、熟雞蛋，其他時間想吃什麼就吃什麼。文章還說：「馮紐曼喜歡甜食和富含脂肪、蛋白的食物，尤其喜歡加上主要是奶油做的有極高營養價值的調味食物。他喜歡墨西哥菜。當他為原子彈計畫而常住羅沙拉摩斯時，他會開一百二十英里的車到一家他喜愛的墨西哥餐廳吃晚飯。」其他時候他會訂一份白蘭地加漢堡牛排。

有些故事把馮紐曼描寫成一個偶爾會飲酒過量的人。從他身上多數的特質來看，我們很難用通常的標準去衡量他。喝酒是普林斯頓環境的一部分。勞爾・博特曾經提過，普林斯頓研究所的人有這樣一個信念：酒精對於疲倦數學家的心智有「治療作用」。歐本海默夫婦的家有「波旁莊園」的綽號。喝酒在馮紐曼家也是常事，主

人喝得一點也不比客人少。他家中有一隻玻璃做的鳥，會固定在一段時間把尖嘴伸到玻璃杯的水裡。在一次派對上，馮紐曼規定，每次玻璃鳥做這個動作時，每個人都要喝一杯酒。

馮紐曼的弟弟尼古拉斯曾經在普林斯頓他哥哥家住過幾年。他告訴筆者，強尼經常假裝喝醉酒以表明和同事「相處融洽」。還有些故事比馮紐曼喜愛宴會交際的說法更誇張，例如他能在一個小時內喝一夸脫的黑麥威士忌，然後還可以開車！當然這也許是誇大其詞。不過沒有文字資料，也沒有人對我說過馮紐曼曾經因喝酒而耽誤工作。

馮紐曼開起車來橫衝直撞、十分魯莽。他大約一年就會毀掉一部車。普林斯頓有個十字路口便被取了綽號叫「馮紐曼路口」，因為他的交通事故都發生在那兒。事故記錄和超速拘留通知單被夾在他的論文裡留著。一九五〇年十一月十六日，馮紐曼因為交通事故動了一次小手術；一九五一年十月二十三日，他因交通違規被罰款十美元；一九五三年五月十九日，他在紐約西高速公路上超速而被拘留，同年七月十五日，在前次拘留後不到兩個月，他在聖塔莫尼卡撞壞一輛路邊車子的門。

雖然有人懷疑是酒精造成了這些事故，但並沒有證據。當年擔任 IBM 應用科學部主任的赫德告訴筆者，馮紐曼的問題不在酒後開車，而在於開車時唱歌！他會隨音樂前後搖擺，轉動方向盤。當馮紐曼驅車到 IBM 位在紐約州波啟夕的分公司時，經常會在紐約市因違規行駛而得到一張罰單，然後他會把罰單交給 IBM，因為 IBM 在市政府旁也有一間曼哈頓分公司。

馮紐曼的魅力來自他的矛盾性格。他很溫和可愛，一方面懷疑人類會被技術的誤用而毀滅，另一方面又想發動一場核子戰爭。曾有人為了確切發掘他的黑暗人際關係的確切證據，而做了長期艱苦的調查，但一無所獲，因為認識他的人絕大多數都對他極為欽佩。歷史學家蘿拉·費米，也就是物理學家恩里柯·費米的妻子，在《傑出移民》一書中寫道：「馮紐曼是極少數我聽過沒有任何批評加身的人。一個並無突出外表的人擁有非凡的冷靜和智慧，這頗令人驚訝。」

關於馮紐曼的善良和慷慨，有許多小故事。一九四六年，馮紐曼得知他以前的老師費爾遭逢財務困難，寄了二十美元給他。一九五四年，他請研究所把他名下的三千五百美元轉給來訪的日本數學家安齋博忠。

馮紐曼和數學家維納曾有小小的不愉快。有一次維納演講時，馮紐曼坐在前排故意大聲念《紐約時報》。但他們並非仇敵。維納曾經試圖幫助馮紐曼夫婦取得訪問中國的邀請。在麻省理工學院的檔案中，有一封維納給中國清華大學李煜榮教授的信，日期為一九三七年五月四日，信中他用讚譽的言詞介紹馮紐曼：「馮紐曼是世界上兩三個頂尖數學家之一，完全沒有國家或種族偏見，對於激勵年輕人從事研究工作具有極大的魅力……馮紐曼夫婦也是社交能手。你知道，普林斯頓的生活節奏比較快，是『雞尾酒會式』的。此外，馮紐曼絕不是自以為了不起的人，年輕的大學生很容易接近他。」

在物理學家理查·費曼一九八五年出版的暢銷書《別鬧了，費

曼先生！》中，有一個乍看輕率而令人不解的評論。費曼說：「馮紐曼教會了我一個很有趣的想法：你不需要為身處的世界負任何責任。由於馮紐曼這一忠告，使我形成了強烈的社會不負責任感，也從此變得非常快樂自在。我會積極地不負責任，全是馮紐曼在我心中播下的種子而起！」

馮紐曼的第二次婚姻一直持續到他過世。但夫妻兩人爭吵不斷，顯然雙方都有過錯。強尼在一封信中說：「我希望你原諒我在一些小事上欺騙你。」另一封信則說：「我們兩個脾氣都不好，但讓我們盡量少爭吵吧。我真的愛你，而且，在我糟糕透頂的本質裡面，我其實真的很想使你幸福——盡可能接近幸福，盡可能有更多的幸福時光。」

馮紐曼「糟糕透頂的本質」是什麼呢？一九八〇年出版的《馮紐曼和維納》書中披露，威格納在與作者海姆斯的一次談話中說：「強尼信奉性愛，信奉愉悅，但不信奉感情的牽掛。他對瞬間的愉悅感興趣，但對相互關係中的情感卻少有了解。他大多數時候只看重女人的肉體。」威格納認為馮紐曼真正熱愛的是他母親。馮紐曼的母親名叫「吉圖許」，在許多方面都是馮紐曼家的中心人物。海姆斯進一步寫道：「馮紐曼進入辦公室時，如果有個漂亮的女祕書在工作，他會習慣彎過去看看她的裙子，令他的一些同事很尷尬。」

很難判斷以上種種說法是否誇大，但家庭不和有個根源卻是無庸置疑的。馮紐曼是極端的工作狂，跟愛迪生一樣晚上只睡幾個小時，醒著時總是工作。在《一個數學家的回憶錄》書中，烏拉姆提到馮紐曼「也許不是一個容易共同生活的人——他不會投入足夠時

間在普通的家務事上……他總是如此繁忙……他甚至可能不是一個體貼入微的『正常』丈夫。這可能就是他的家庭生活不太美滿的部分原因。」

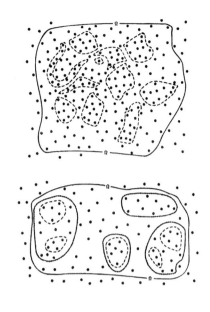

當馮紐曼和摩根斯坦從早到晚、馬拉松一般準備他們的賽局理論著作時,克拉拉變得惱怒萬分,她說不想和賽局理論扯上任何關係,除非它「裡面有一隻大象」。果然,在《賽局理論與經濟行為》第六十四頁中,就出現了一隻隱藏在神祕圖中的大象,如右圖所示。

狂飆突進時期

「對馮紐曼而言,成功之路是一條多線道的高速公路,車流少,也沒有時速限制。」這是《生活》雜誌紀念馮紐曼逝世文章裡的描述。另外,在《科學家傳記辭典》中,作者狄多涅生動地把馮紐曼從一九二五到一九四○年間的十五年歲月稱為他的狂飆突進時期。在這段時期,他一篇又一篇快速發表了許多原創性論文,領域涉及邏輯學、集合論、群論、遍歷理論以及算子理論。馮紐曼死後不久,哥爾斯廷和威格納在《科學》雜誌發表了一篇文章,認為馮

紐曼對數學的每一個分支都做出了重大貢獻（只有拓撲學和數論例外）。

綜觀馮紐曼的一生，他傾向研究應用數學，或者是可以看出有應用前景的純數學。在詹姆士‧紐曼編輯的《數學世界》書中，有篇馮紐曼題為〈數學家〉的短文，說出了他個人對數學的看法：他對數學最關心的是其哲學基礎。文中，馮紐曼使用了一個奇妙的對比，而他不斷使用的詞彙是「美學的」。他用畫家惠斯勒的術語定義數學，並且有意識地把它與美術做對比。馮紐曼舉出一個好的數學證明需要具有如下的品質：

人們希望（一個數學證明）在結構上是「優美的」。所謂優美指問題表述得很清楚，但解決它卻很難；在證明過程中突然出現令人意想不到的轉折，使整個證明或證明的一部分變得容易了，如此等等。此外，如果推導很長、很複雜，那麼應該包括一些簡單的一般原則，用以「解釋」複雜性和迂迴性，把明顯的任意性壓縮為少數幾個簡單、有引導性的規律，如此等等。這些準則顯然是所有創造性藝術都要遵守的，同樣也存在於某些經驗和世俗作品的主題背景之中。隨著美學的發展，這些準則變得越來越重要，從而出現了各種錯綜複雜的變化形式。這與藝術的情形十分類似，其相似程度遠大於經驗科學之於藝術。

同時，他堅持認為最好的數學通常是在實際問題的刺激下產生。下面這段文字可說是為賽局理論辯護，因為有些數學家輕視它

為一個應用的領域。馮紐曼警告說：

「純」數學變得愈來愈純粹的唯美主義，愈來愈純粹地「為藝術而藝術」。這倒不一定是壞事，如果該領域被一些相關科目所圍繞，而這些科目仍然與經驗有很緊密的關係，或者受有極深刻體驗的人影響的話。但是，純數學存在著極大的危險，那就是沿著阻力最小的路線發展。學科的潮流一旦離開它的源頭，就將分成許多無意義的分支，學科也將變成由大量細節和複雜東西互不相關地堆砌在一起的大雜燴。換句話說，一個數學科目如果遠離其經驗性的源泉，或者使自己限於「抽象的」狹隘範圍之內，那麼就有退化的危險。任何數學科目在開端，其風格通常是經典的；當它開始顯露奇異的風格時，危險的信號就升起了。這樣的例子舉不勝舉：從特定的演變出發，風格愈變愈怪異……

可惜，不深入他的大量深奧的數學，是不可能說清楚馮紐曼眼中數學美學的意義，但他所有著作對於非數學家來說極難理解，本書的討論也無法深入這個問題。無論如何，如果不稍微提一下他在數學上的某些造詣，又是不負責任的。馮紐曼很早就建立了學術聲譽，因此為後來賽局理論的廣泛接受鋪下了坦途。

他最早的興趣之一是集合論。馮紐曼在二十歲就提出了序數的定義，到今天還被使用：一個序數是所有較小序數的集合。

在哥廷根，希爾伯特把對物理學的興趣和數學的公理化方式傳給了馮紐曼。希爾伯特很佩服古代（大約西元前三百年）的一本

幾何書：歐幾里得的《幾何原本》。歐幾里得關於幾何的陳述，既非他個人對幾何的意見，也不是對幾何圖形進行細心測量的經驗結果。他給出的是「定理」，其結果是由一系列邏輯推理所證明。歐幾里得的著作以一種簡潔而吸引人的方式提出了數學證明的概念。

在今日，數學期刊中的定理證明比歐幾里得的證明嚴格多了，但他們的基本方法並無二致。不管要證明什麼，不可能沒有某個出發點。而且，必然有一些事實是無可爭議的，可作為基礎來證明更有爭議的陳述。歐幾里得把這些無可爭議的事實稱為「公理」。

當今數學家對公理的看法比歐幾里得更加廣泛。在歐幾里得看來，公理是明顯的，因此必然是一個真的陳述。現代人常常採納的公理則不見得能用於眼見為實的世界，只要能用它們來證明些什麼就行。但無論取何種觀點，證明都強調利用盡可能少的公理。在歐幾里得的《幾何原本》書中，所有的幾何原理都是從僅僅五條公理中推導出來。在其他領域中，公理的數目一般也很少。

數個世紀以來，歐幾里得的公理化方法吸引了許多領域的思想家。在一九一○到一九一三年之間，英國數學家羅素（他一生和馮紐曼有少許卻驚人的交錯）和懷海德陸續出版了數卷《數學原理》，這本雄心勃勃的著作企圖把整個數學公理化。它證明大部分的數學可以從少數幾條邏輯公理推導出來。

我們都認為數學有嚴格的邏輯基礎，這是數學之所以為數學而不是物理學的根本。所以，羅素和懷海德的想法並非與眾不同。但《數學原理》以其廣泛的眼界締造了一個新天地。他們克服了幾個過去想像不到的障礙，把公理化思想大大向前推進。這是前人沒有

做到過的。

但他們是不是成功了呢？希爾伯特認為沒有。羅素和懷海德仍然沒有證明每個數學真理可以由《數學原理》中所提出的模式推導出來，甚至也沒有證明只有為真的陳述才可被推導出來。希爾伯特於是向他的出色門徒們發出挑戰，請他們從根本上證明數學是可以公理化的。

馮紐曼接受了挑戰，但是徒勞無功。整個數學是不能被公理化的。哥德爾在一九三一年證明了這一點，使整個數學界為之震驚。

馮紐曼講過一個故事，描述他根據希爾伯特的建議從事的這項失敗研究。他在證明過程中遇到一個門檻（他試圖證明，類似於《數學原理》的數學系統是自相容的。但現在已知這是不可證明的），那天夜裡便做了一個夢，告訴他怎樣繼續證明。他醒來以後立刻拿起紙筆繼續往下證明。寫下後續的幾步以後，又證不下去了，他就又回去睡覺。第二天他沒有任何進展，夜裡，他在夢中又有了一個出色的想法，他爬起來在證明中加了幾步。當然，證明仍然沒有完成。馮紐曼最後說：「數學的運氣真好，我沒有在第三個夜晚再做夢！」

為什麼許多數學家給予馮紐曼最高評價呢？原因在於：馮紐曼的大多數原創成果是如此困難，很難介紹給門外漢。例如現在被稱做馮紐曼代數的「算子環」理論、一九三二年的準遍歷假設的證明，以及一九三五至一九三七年關於晶格理論的著作。

馮紐曼從一九二七年開始在物理學的新發現上應用公理化方法。他發覺量子力學系統的狀態可以當作希爾伯特空間中的向量來

處理。這是馮紐曼的一個經典發現。他的一些同事相信，其他人在若干年內都不會有這樣的發現。這個發現除了技術上甚為重要，他處理量子理論的方法也有助於人們理解這個深奧難懂的理論。馮紐曼的研究對隨後有關量子理論的「哲學」解釋影響很大。在馮紐曼看來，對一個物理現象的觀察，應包括觀察者、測量儀器以及被觀察的現象。馮紐曼斷言，在觀察者和測量儀器之間的區別是任意的。

馮紐曼的這一研究探索了心智在現實活動中的角色，後來於不同領域中被反覆提起。一九二〇年代末期，馮紐曼已經開始賽局理論的研究。在生命的最後幾年，他花了更多時間思考各種各樣的「心智」如何嵌入電腦的電路排列之中。正因為賽局理論和電腦這兩個馮紐曼的主要貢獻，布羅諾斯基在《人之躍昇》書中稱他為「我所知道的最聰明的人，無出其右者。如果天才的定義是有兩大貢獻，那麼他真是名副其實的天才」。

世界上最優秀的腦袋

馮紐曼的傑出成就可以從學術圈和一般大眾的看法中顯露。對於許多在普林斯頓、五角大廈、蘭德機構等地方與他合作過的人來說，馮紐曼是活生生的傳奇人物，他由於無數軼事（其中有些出現在受歡迎的媒體上）而名聲遠揚，就曾有篇雜誌文章說他擁有「世界上最優秀的腦袋」。普林斯頓有一則玩笑說馮紐曼不是人而是「神人」，因為對人類已經研究透徹了，能夠維妙維肖模仿人類。要真

正體會這個玩笑的含意，我們得記住馮紐曼不是普林斯頓唯一的天才：那裡還有愛因斯坦和哥德爾！

想要分清楚關於馮紐曼的事實和傳說，不是容易的事。他是一個天才，愛惡作劇，又是講故事的高手。把這些特質揉合在一起，就會產生許多聽來過於湊巧，而不容易讓人當真的故事。我向馮紐曼的幾個還在世同事查證了一些最著名的軼事，但鮮少有人能提供任何具體細節，倒是能告訴你新的軼事。不過一般而言，真正了解馮紐曼的人不會懷疑這些故事的真實性。所以不管在反覆傳播的過程中是否多次被加油添醋，這些故事倒能使人看出馮紐曼在別人的眼光裡（或許也在他自己的心目中）到底是怎樣的人。

在馮紐曼的各式傳奇裡，絕大多數與他的記憶力有關。在茶會或雞尾酒派對上表現天才是很困難的，但記憶力指的不只這個。真正有「超常記憶」的人（有「相機」一般記憶天賦的人）是極少極少的。有這種能力的人都沒什麼太好的結果。俄羅斯心理學家露麗婭最出名的一個病人「S.」的記憶力就導致了悲劇。由於 S. 對過去的記憶實在太清晰了，他無法區別出現在眼前的到底是現實還是回憶，他的最後幾年是在精神病院度過。幸好馮紐曼的記憶力有選擇性。克拉拉說她丈夫記不得晚餐吃了什麼，但是能記得十五年前讀過的一本書上的每一個字。

哥爾斯廷在《從帕斯卡到馮紐曼的電腦》書中證實了上述似乎極端誇張的說法：「我真的可以告訴你，馮紐曼一旦讀過一本書或一篇文章，就能夠逐字逐句默寫出來，更厲害的是，他可以在若干年後毫不遲疑地做到這一點。他還會把它從原來的語言翻譯為英

語，速度一點也不變慢。有一次我為了試試他的這項能力，要他告訴我《雙城記》是怎樣開頭的。我剛說完話，他就立刻不停頓地背誦《雙城記》的第一章，背完第一章繼續往下背，直到十或十五分鐘後我請他停止。」

多年來，馮紐曼讀遍絕大多數有名的歷史巨著，從吉朋的《羅馬帝國衰亡史》到《劍橋古代史》和《劍橋中世紀史》。《生活》雜誌援引一位未具名的馮紐曼友人的話：「他是歐洲所有皇室家族史的大專家。他可以告訴你誰愛上了誰，為什麼會愛上，這個或那個皇帝的一個微賤的遠親是怎樣結婚的，他有幾個私生子，如此等等。」有一次，馮紐曼和烏拉姆在美國南部旅行，每經過一個南北戰爭時的戰場，馮紐曼都能說出當時的歷史細節，使烏拉姆驚愕不已。值得強調的是，面對馮紐曼的軍事和政治觀點，你不能像對待普通物理學家發表他領域以外的意見時那樣不予理睬。馮紐曼的歷史知識至少和該領域的專業人員不相上下。

馮紐曼的某件軼事說明了這點。一次，某位拜占庭歷史的著名專家參加在普林斯頓馮紐曼家舉行的派對。馮紐曼和他討論起歷史問題，在一個日期上發生了分歧。於是他們從書架上抽出一本書來查對，結果馮紐曼是對的。幾個禮拜以後，這位歷史學家再次收到馮紐曼家的邀請，他打電話給克拉拉說：「如果強尼答應不討論拜占庭歷史，我就來。因為大家都認為我是世界上最好的拜占庭專家，我希望人們保持這種印象。」

但即使馮紐曼的記憶力也是有限度的。在生命接近終點時，他抱怨純數學已經發展到這種程度，誰也不可能熟悉此領域四分之一

以上的內容。言下之意，這是他的經驗談：他正是懂得數學的四分之一的那個人。在一些有關教授們粗心大意的故事中，馮紐曼是最突出的一個。克拉拉說，有一次強尼離家去紐約赴一個約會，中途從紐澤西州的新布倫茲維克打電話回來問她：「到底我是要去紐約做什麼？」

馮紐曼也是算術奇才。他能毫不費勁地心算八位數的除法。IBM 的赫德告訴筆者，馮紐曼具有在腦中編寫和修改電腦程式（長達五十行的組合語言程式碼！）的不可思議能力。他的頭腦中保存著許許多多、各式各樣的物理和數學常數，配合計算能力，他的心算能達到登峰造極的地步也就不難理解了。

馮紐曼的許多軼事不只把他描繪成一個傑出人物，而且還是一個通過長期艱苦努力而能解決突然出現的難題的高手，這類問題是其他受過教育的出色人物解決不了的。他解決別人問題的能力使他得以涉足許多工業和軍事部門，而且就像老早就安排好似的，與他自身的事業方向結合起來。

哥爾斯廷告訴海姆斯：「如果他致力某個問題但解決不了，他會把它放在一邊。然後，也許兩年以後，你會突然接到一通電話——天知道半夜兩點從哪裡打來的——原來是馮紐曼，『我現在知道該如何去做了。』」

一九五四年，為美國西岸一家航太公司的洲際飛彈項目工作的某位物理學家帶著一部分詳細計畫去請教馮紐曼。這份計畫有好幾百頁厚，是經過八個多月努力才制定出來的。馮紐曼開始翻閱，看到中間，他翻到最後一頁，然後從後往前草草又看了一遍，並在便

條紙上記下幾個數字。最後他說：「這計畫行不通。」物理學家很失望，但沒有被嚇著。他精疲力竭地在這個項目上又奮鬥了兩個月，最後終於承認這個計畫確實行不通。

馮紐曼也難免犯錯，成為惡作劇的對象，雖然很少被人提起。下面這則故事人人津津樂道，但有許多不同版本。一個典型的版本是這樣的：有一次，阿伯丁試驗基地的一個年輕科學家預先準備了一道數學題，詳細解了一遍，然後在一個派對上把它拿給馮紐曼，假裝自己不會解。馮紐曼凝神注視前方，沈思了一會，開始計算。每當他要獲得一個中間結果時，年輕人就打斷他，搶先說：「這裡該得多少多少，不是嗎？」當然他每次都是對的。最後，年輕科學家打敗了馮紐曼，因為他搶先求出了最後結果。馮紐曼這才如夢初醒，發現是預先設下的圈套。

最後一個故事涉及年輕的勞爾‧博特（現在是哈佛著名的數學家）。在一九八四年的一次演說中，博特談到自己成了研究所的傳奇人物，因為他問馮紐曼（當時雙方都喝醉了）身為一個大人物有什麼感覺。博特的回憶以一種憂傷的情調結束，這種憂傷對於一個將成為二十世紀最大悲劇主義者的人而言，倒似乎很恰當。

那次雞尾酒派對的許多細節我現在已經記不清了──無疑是由於派對時間太長──但我清楚記得我們一小群人坐在蒙哥馬利的丹恩地毯上玩彈珠遊戲。馮紐曼也參加了那個派對，在遊戲中間我不知道怎麼偶然問起他做一個「偉大的數學家」有什麼感覺。他習慣性地靜靜沈思了一會兒，顯然很重視我這個問題並嚴肅起來──雖

然他剛才還在講一個粗俗的故事（這樣的故事他肚子裡數不勝數）。他最後的回答是，說真的，他只知道一個「偉大的數學家」——希爾伯特。至於他自己，雖然被稱為「神童」，但他真的從來沒有感覺自己長大後達到了人們對他的期望。

03
Chapter

賽局理論。

　　很多遊戲反映了真實世界裡的衝突，這個想法並不算新鮮。在十一至十三世紀的威爾斯，民間故事集《英雄的一生》中就有這麼一個故事：交戰中的兩個國王下著棋，而他們的軍隊就在附近廝殺。每當某個國王吃掉一個子，信使就來通知另一個國王他失去了一員大將或一支精銳部隊。最後當某個國王「將死」對方，渾身是血的信使搖搖晃晃走來向敗北的國王稟報：「我軍已經潰退，陛下已經失去了您的王國。」

　　這則故事清楚點明了下棋的軍事起源。中國的圍棋、印度的恰圖蘭卡遊戲，以及世界上其他地方的許多遊戲，都是戰爭的模擬。把遊戲看做模仿戰爭的人，也會把戰爭看做一種遊戲。一個經典的例子是普魯士人長久迷戀的 Kriegspiel 軍棋遊戲，也就是戰爭遊戲。

戰爭遊戲

十八世紀時，Kriegspiel 被軍事學校設計成一種教育遊戲。遊戲板上有一張法國與比利時邊界的地圖，上面切割成三千六百個小方格，棋子可以跨過邊界前進或後退，就像軍隊一樣。

原始的 Kriegspiel 後來衍生出許多變化，最後形成一個在普魯士軍官中廣泛流行的版本。在這個版本中，使用的是真正的軍事地圖，而非遊戲板。一八二四年，德軍總司令如此說起 Kriegspiel：「這絕對不是遊戲！這是為戰爭所進行的訓練！」

Kriegspiel 由此開始風靡全民，癡迷的情景跟今日不可同日而語。普魯士軍方高層對這個遊戲非常著迷，發了好多套給每個部隊，並下令每個軍人都要玩。他們還舉行 Kriegspiel 比賽，皇帝也會全副武裝親臨現場觀看。在明顯的軍國主義色彩的鼓舞下，軍棋非常流行，棋子被雕刻成元帥、上校、士兵等等，用錫製成。今天我們還能看到這樣的棋子被當作玩具收藏著。遊戲演變得愈來愈複雜，因為熱心的玩家追求更接近現實的玩法。開始時的遊戲規則只有六十頁，後來每出現一種新版本就會變得更厚一些。遊戲勝負最初是靠機運或由裁判定奪，後來則參考戰爭數據表來決定。

由於普魯士的軍事勝利被認為與這個遊戲有關，因而刺激了國際上對該遊戲的興趣。一八六六年，在普魯士與奧地利的六星期戰爭中，普魯士用 Kriegspiel 演練所形成的策略，證明是取得勝利的決定性因素。之後，奧地利軍隊不願冒險，也開始玩 Kriegspiel。一八七〇年，法國在普法戰爭中敗北，再次被說成普魯士 Kriegspiel

的一次勝利，使這個遊戲在法國也風行起來。

Kriegspiel 在南北戰爭後傳入美國。一個美軍軍官曾抱怨這個遊戲「讓不是數學家的人玩起來困難重重。要能夠容易利用它，就需要許多特殊的指導、研究和練習，幾乎跟學說一種外國語言一樣」。雖說如此，它還是在海軍以及設在羅德島新港的海軍軍事學院流行起來。

一九○五年，日本在日俄戰爭中的勝利是最後一次 Kriegspiel 被記上功勞。此後，顯然遊戲中提煉出來的策略在實戰中未必起作用。德國在一次大戰中被擊敗，更為 Kriegspiel 敲響了喪鐘。諷刺的是，戰後的德國指揮官們仍然用錫器複製出來的部隊互相廝殺——真正的軍隊被凡爾賽和約禁止了。

在布達佩斯，年輕的馮紐曼和弟弟玩一種經過改良的 Kriegspiel，他們在畫圖紙上畫出城堡、高速公路、海岸線，按照規則讓軍隊前進或後退。在一次大戰期間，馮紐曼得到了幾幅前線地圖，他就根據戰報讓紙上軍隊前進或後退。今天，Kriegspiel 通常用三張棋盤來玩，雙方的棋步只有裁判都看得到。在蘭德機構，此遊戲是午餐時很流行的娛樂，馮紐曼去訪問時也玩過。

有些人認為賽局理論是二十世紀的 Kriegspiel，軍事策略家可以把它當作一面鏡子，反映他們的預估結果。這種比較雖然不盡公允，卻頗為傳神。賽局理論確實成為一種策略的預言，特別是在廣島原子彈轟炸二十年以後。至於賽局理論給出的答案能否成為策略的預言，關鍵在於你如何描述問題。

為什麼會有賽局理論呢？科學家傳記裡常見的一個陳腔濫調，

是科學家的個性決定了他所選擇的課題。這種說法問題很多。科學家或數學家更像是發現者而不是發明者，但宇宙中需要探索的事物如此眾多，為什麼馮紐曼偏偏選了這個而不是別的課題？

我們很難得到讓科學史學者願意接受的有意義答案。如果問題擺在活著的科學家面前，他們可能不知如何回答。許多人注意到馮紐曼對遊戲的喜好，他收藏兒童玩具，不時出現孩童般的幽默。這些特質使他在科學家中確實與眾不同。布羅諾斯基寫道：「從某種意義上來說，所有科學、所有人類的思想都是遊戲的一種形式。抽象思維是智力的早期成熟階段[01]，人憑著這種智力來進行沒有直接目的的活動，以便為自己準備好今後長期的策略和計畫。」

賽局理論其實並不是一般人理解的「玩」的科學，它是關於理性但互不信任的人之間的衝突。馮紐曼逃離了匈牙利的革命和恐怖情勢，之後又逃離了崛起中的納粹主義。而他和克拉拉的關係也是個重複衝突的例子。在寫給妻子的信中，他常談到欺騙、報復以及無邊際的不信任，這正是賽局理論的部分內容。

賽局理論是憤世嫉俗者的創意。某些評論家認為，馮紐曼本身的諷世特質影響了這個理論。他們相信，引導馮紐曼去探索賽局理論的正是他的個性，而不是別的原因。但若認為馮紐曼創造出賽局理論是為了個人信念或政治觀點的「科學」基礎，那就錯了。賽局理論是嚴密的數學研究，從觀察衝突的理性方法中演變而來。如果

---

01 成年時期保留的不成熟特性。布羅諾斯基在這裡暗指一項事實，即動物在年幼時遊戲和累積經驗，然後把經驗固定在行為的成功模式中（試比較活潑好動的小貓和心滿意足的老貓）。

不是馮紐曼憑數學直覺知道這是一個足夠成熟、可以發展起來的領域，他並不會去研究。賽局理論中的某些數學與馮紐曼用來處理量子物理的數學是密切相關的。

　　撲克牌遊戲是賽局理論的表面推手。馮紐曼有時會玩玩，但並不特別擅長（一九五五年《新聞週刊》上的一篇文章說他玩撲克的本領只是「程度中上的玩家」）。玩撲克牌時，你必須考慮別的玩家怎麼想；這是賽局理論和機率論的區別，後者也應用於許多遊戲上。假定有一個撲克玩家，他天真地想憑藉機率論來贏牌，計算出手上的牌好於對手的機率，並根據牌的好壞直接成正比地下賭注。但經過多次出牌以後，對手可能就會意識到他的玩法，比如說，他在一局中願意投入十二美元，意味著他手裡至少有三張同花。玩撲克的人都知道，被人猜出自己手上的牌可是大事不妙（用「撲克臉」就不會暴露牌色了）。

　　撲克好手絕不會單純靠機率來玩牌。他們會考慮其他局中人，根據每個人的行動得出結論，有時還要試圖欺騙其他人。而馮紐曼天才地看出，遊戲中採用狡猾的方法是理性的，並且經得起嚴密分析。

　　不是每個人都同意賽局理論是馮紐曼偉大天才的最出色成果。他在普林斯頓時的助手霍爾姆斯告訴筆者：「就我感覺而言，他只是在那『賽局廢物』裡浪費時間。我完全清楚世界上大部分人不同意我當時的看法，我現在也不確定自己是否仍然抱持與當時同樣的看法，但是……我從不學習賽局理論，也從不想喜歡它。」

誰最早提出賽局理論？

　　賽局理論的發明功勞並非由馮紐曼獨享。一九二一年，也就是馮紐曼第一篇賽局理論論文發表之前七年，法國數學家波萊爾就開始陸續發表幾篇〈遊戲理論〉的論文。後者與馮紐曼的研究幾乎是完全一樣。波萊爾像馮紐曼一樣用撲克做例子，也考慮了欺騙的問題。波萊爾也很重視賽局理論在軍事和經濟方面的潛在應用價值。事實上，波萊爾曾經警告，不要把賽局理論過分簡化而用於戰爭問題。波萊爾沒有針對此課題繼續深入發表論文，因為他在政府部門擔任公職，一九二五年當上了法國的海軍部長。不過最重要的是，波萊爾已經提出了賽局理論的一些基本問題，諸如：怎麼樣的遊戲中存在最佳策略？如何才能找到這樣的策略？

　　波萊爾沒有更深入追究這些問題。就像許許多多有創造力的個人一樣，馮紐曼嫉妒那些搶先宣布「他」的發明的人。他在一九二八年的論文和一九四四年的書都只在注釋裡輕輕提及波萊爾的著作。然而烏拉姆說過，波萊爾的某篇論文確實啟發了馮紐曼的研究，這點是沒有太大疑問的。

　　馮紐曼對波萊爾的輕描淡寫，使人們長期以來低估波萊爾的研究。一九五三年有報導說，馮紐曼聽說波萊爾的論文準備翻譯成英文而大發雷霆。翻譯者是數學家沙維奇，他告訴海姆斯說：「他從某處，好像是羅沙拉摩斯，打電話給我，非常生氣。他以英文對這些論文寫了一篇批評的文章。但他的批評中倒沒有表現出怒意。有

禮貌地寫評論文章是他的個性。」

　　凡此種種，使得馮紐曼一九二八年的論文〈客廳遊戲的理論〉毫無疑問成為賽局理論的開山之作。在這篇論文中，他證明了（波萊爾未能證明的）著名的「大中取小定理」。這個重要的結果立刻使該領域獲得了數學界的認可與重視。

賽局理論與經濟行為

　　馮紐曼希望賽局理論能引起數學家以外更多科學家的重視。他覺得這個發展中的領域對經濟學家最有用，於是他與當時在普林斯頓的奧地利經濟學家摩根斯坦合作發展。

　　馮紐曼和摩根斯坦的《賽局理論與經濟行為》是二十世紀最有影響力、卻也是讀者最少的書之一。該書出版五週年時，普林斯頓大學出版社在《美國科學家》雜誌上刊登了一則慶祝廣告，廣告中也如此承認：「偉大的著作往往要過一段時間才能獲得認可……然後，當世界認識它們之後，它們的影響力就會遠遠超過其讀者群。」該書在五年裡的銷量不到四千本，與其在經濟學界掀起的波濤極不相稱。大多數經濟學家至今沒有讀過它（大概永遠也不會讀它），甚至許多經濟院校的圖書館也找不到這本書。慶祝廣告還提到：「有一些書是被職業賭徒買走的。」

　　《賽局理論與經濟行為》是一部難懂的書。今天，對於這本六百四十一頁、塞滿公式的書，讀者鑽研的熱情已經大大降低了，這是由於馮紐曼和摩根斯坦探討了二人以上的複雜賽局；而

且他們採用的方法即使不算錯，看來也不十分有用，或者不算出色。

然而這本書有很大的企圖心。馮紐曼和摩根斯坦夢想為經濟學做出類似馮紐曼曾經為量子物理學做出（但未曾為數學本身做出）的貢獻：替經濟學找出公理化的基礎。兩位作者說：「我們希望建立起令人滿意的理論……使典型經濟行為的問題與適當的賽局策略的數學表達變得嚴格一致。」

於是，《賽局理論與經濟行為》成了經濟學的先驅之作。該書的導論幾乎是用來辯解他們為何研究娛樂性賽局。在書中，他們以賽局作為經濟互動的潛在模型。（但是，馮紐曼的追隨者十分重視的軍事應用在本書中並未提及。）

該書的語氣充滿了對傳統觀念的挑戰。馮紐曼和摩根斯坦堅信經濟學必須進行修正以符合現實。他們嘲諷當時的數理經濟學，將其比做克卜勒和牛頓之前的物理學，並責備那些試圖以不紮實的理論為基礎而推動經濟改革的人。有人推測他們所指責的是包括馬克思主義在內的革命理論。

兩位作者推測，未來真正的經濟科學需要擁有目前還未想到的自成一套的數學。他們認為從自由落體和軌道運轉的物理學所導出的微積分，在數理經濟學中被過分強調了。

幸好，以本書的寫作目的而言，賽局理論的核心是易於掌握的，即使是數學程度不高或討厭數學的人也可以了解。賽局理論的基礎是非常簡單但有效的分析衝突的方法，並且，我們可以用一些大家都知道的兒童遊戲來說明。

分蛋糕

　　很多人都聽過為兩個孩子公平分蛋糕的故事。不管父母多麼小心翼翼，其中一個孩子總覺得自己那一塊比較小（甚至兩個都這麼覺得！）。解決這個問題的著名方法是讓一個孩子分蛋糕，讓另一個孩子選蛋糕。這樣一來，貪婪的動機保證了蛋糕有公平的分配。第一個孩子不能質疑兩塊蛋糕不一樣大，因為那是他自己切的；第二個孩子也不可能抱怨，因為他拿的那一塊是自己挑的。

　　在馮紐曼看來，這個日常生活中的例子不僅僅是一種「賽局」，還是「大中取小」原則的最簡單說明：此原則正是賽局理論的基礎。

　　蛋糕問題反映著利益的衝突。兩個孩子想要的是一樣的目標——盡可能多的蛋糕。蛋糕最後怎麼分取決於兩件事：一個孩子怎麼切蛋糕，另一個孩子選哪一塊。重要的是，每個孩子都在預測對方做什麼。正是這一點使馮紐曼把它看作一種「賽局」。

　　賽局理論尋找賽局的答案——理性的結果。對第一個孩子來說，把蛋糕分成同樣大小的兩塊是最佳策略，因為他預測另一個孩子的策略必定是挑大的那塊。因此均分蛋糕是這個問題的答案。得出這個答案並不是因為孩子很慷慨大方或者有公平意識，而是由於兩個孩子各自的利益使然。賽局理論尋找的正是出於參與者利益所得出的答案。

理性的玩家

　　了解這個例子之後，讓我們回到前面介紹過的某些概念。玩遊戲有許多不同方法。你可以純粹為了樂趣而玩，根本不考慮輸贏；你可以心不在焉去玩，希望幸運之神與你同在；你也可以在玩的時候假設對手是笨蛋，盡量利用他的愚蠢來取勝。甚至你也可能在和孩子玩○╳遊戲時會故意輸給他們。所有這些玩法和動機都很好，但都不是賽局理論。

　　賽局理論是研究有完善邏輯思維能力、只在乎贏的玩家。當你相信對手（一個或多個）很理性又希望贏，而你自己在玩的時候也力爭最好的結果，這樣的遊戲才是賽局理論分析的對象。

　　「完全」理性，就像任何「完全」的事物一樣虛幻。世界上並沒有所謂「完全理性」這碼事，就像世界上沒有「完全直線」的線條。當然這不妨礙歐幾里得從直線的假設出發，建立了有用的幾何學體系。馮紐曼設想的完全理性的遊戲者也是如此。你可以把賽局理論中的遊戲者想像成你聽過的邏輯故事裡的完美邏輯學家，甚至可以不是人，而是電腦程式之類的。參與者被假定對賽局規則有完全的理解力，對過去每一步有完全的記憶力。在整個賽局過程的所有時點上，他們都清楚知道自己的每一步，以及對手每一步的所有可能結果。

　　這個假設是嚴格的要求。完全理性的遊戲者在跳棋遊戲中絕不會誤跳，在下棋中絕不會落入陷阱。所有合法的步數序列都已經隱含在遊戲規則中，而完全理性的遊戲者對每一種可能性都給予適當

的考慮。

但玩過跳棋或下棋的人都知道，陷阱或故意走錯棋步——為了讓對手掉入陷阱，或者當你自己掉入陷阱時試圖擺脫——正是遊戲中常見的情況。如果賽局是在兩個完全理性的參與者之間進行，它會是什麼樣呢？

你大概早就知道「理性地」玩○╳遊戲時會發生什麼情況吧。除非某一方犯錯，否則都會以平手結局。○╳遊戲太簡單了，人們可以學會完全理性地玩，也因此使這個遊戲很快喪失吸引力。

然而馮紐曼證明，正是在這個意義上，其他許多遊戲與○╳遊戲十分相似。馮紐曼告訴布羅諾斯基，西洋棋不是賽局，意思是下西洋棋有「正確」的方法——雖然至今沒人知道這個正確的方法——因此若有玩家知道遊戲的「正確」策略，他會覺得很無聊，就像○╳遊戲是無聊的一樣，兩者的本質非常相同。

賽局樹

馮紐曼證明這一事實的方法極其簡單。它不僅可用於下棋，也可以用於任何遊戲，只要遊戲中沒有任何訊息是對玩家保密的，也就是「所有的牌都亮在桌面上」。

大家熟悉的許多遊戲是由玩家輪流進行。在○╳遊戲、西洋棋、跳棋中，雙方能看到棋盤的所有格子，沒有任何一步是祕密。對任何這類遊戲，你可以畫出一張圖來表示整個遊戲所有可能的過程。我們這裡以○╳遊戲為例，因為它最簡單；但原則上，對西洋

棋、跳棋或任何這類遊戲，都可以畫出這樣一張圖。○×遊戲以第一個玩家在九個方格的任何一格畫×開始，因此第一步有九種可能，這在圖上便以從某個點出發而輻射出的九條分支線表示。一個點表示決策時刻的選擇，而分支線表示所有可能的選擇。

接下來輪到玩家○。還有八個方格空著，至於哪八個空格空著取決於×的第一步。所以○要在九個第一級分支線的每個頂端畫八條第二級分支線。這就為×的第二步留下七個空格。把可能的步數繼續畫下去時，它的分支就像一棵枝幹濃密的樹。

如果在某一步出現三○或三×連成一線，那麼該步的玩家就贏了，同時也是圖上該特定分支的終點。我們把該點標記為「○勝」或「×勝」，並把該點稱為圖的「葉子」。

圖上還有一些分支是以平局結束，標記為「和局」。顯然，○×遊戲是不可能永遠走下去的，兩人總共最多走九步。所以最終你會獲得一張○×遊戲的完全圖。所有可能的○×遊戲，所有曾經被人玩過或將要被人玩的遊戲，在圖上必然出現從「根」（×的第一步）出發的一條分支，並繼續往上長，到達一個標有「×勝」或「○勝」或「和局」的葉子。在○×遊戲中，最長、最完整的分支是九步，最短的分支是五步（這是先走者能贏的最少步數）。

關於樹，我們就描寫這麼多。現在談一談剪枝的問題。透過消去法，你可以根據圖形總結出「理性地」玩○×遊戲的方法。上面描寫的圖中包含所有合法的步數序列，甚至包括那些愚蠢的步數，比如忽略自己有機會連成一線的步數。你必須做的就是對樹剪枝，也就是把所有愚蠢的步數取消，只留下聰明的步數，也就是用理性

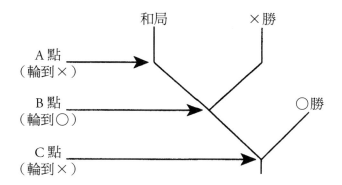

玩遊戲的方法。

圖的一小部分看起來如上圖：

我們把圖整個走過一遍，並從每一片葉子出發來仔細回溯。每片葉子都是某一方的最後一步，不是贏就是和局。例如，在 A 點，輪到╳下。只有一個空格，╳別無選擇，只好畫在這個格中，造成和局。

再看 B 點，這是遊戲中此前的一步，輪到○走，他有兩個選擇，把子放在其中一個空格導致進入 A 點，結局必然是和。然而，如果○把子放在另一空格會導致╳贏。○如果是理性的，必然情願和局而不願╳贏。因此，在理性地玩遊戲的情況下，從 B 點出發向右上方引出的分支永遠不會出現，那麼它就應該從圖中被剪掉。一旦遊戲進入 B 點，和局是必然的結果。

但是請看：╳可能在此前的 C 點就贏了。理性的╳會在 C 點選擇立刻取勝的步數。所以實際上，在上面這張圖中，整個左分支都可以被剪掉。

以上述方法一層一層往下剪枝直到樹根，你可以發現，在理性進行遊戲（雖然方法不只一種）的情況下，只有一些和局是可能的結果。第二個玩家○能夠而且將會消除×贏的任何企圖；反過來，第一個玩家×也同樣能夠而且將會消除○贏的任何企圖。

同樣的方法幾乎可以用於所有無隱藏訊息的二人遊戲。主要的限制是遊戲次數必須是有限的。遊戲不可以永遠進行下去，而且在每一步上不同選擇的數目也必須是有限的。否則，就沒有「葉子」（最後一步）可供回溯了。

人難免一死，所以沒有一種娛樂遊戲會企圖無休止地玩下去。但是，在更具有挑戰性的一些遊戲的規則中，很少有明確說明遊戲的最大步數。西洋棋通常以「將死」結束，但許多情況下，棋子可以不停走來走去而不會將死。也可能雙方都把對方的子吃光了，棋盤上只剩下兩個王，但誰也不能將死對方。在這種情況下，「和局規則」規定遊戲結束。通常當若干棋步的序列重複三次時，規則就宣布遊戲為和局。另一個更嚴格的規則是，如果在四十步之內雙方的士兵都沒有移動，而且沒有比士兵更高的棋子被吃，就宣告以和局結束。

因此，馮紐曼和摩根斯坦指出，在既定的和局規則下，一局西洋棋的總步數是有限的。（在一般規則下，大約是五千步，遠多於曾經出現過的其他棋類遊戲！）極限的實際數值並不重要，只要知道存在極限，而且是個有限數，就足以證明此點。當我們知道西洋棋最多只能走這麼多步，而每步可供選擇的數量也有限，結論自然就出來了：不同遊戲過程的數量也是有限的。你可以為遊戲的所有

合法過程做一張圖，然後剪枝，以得出下棋的理性方法。

有一則古老的下棋笑話：白方走了第一步以後，黑方立即說「我投降」。兩個完全理性的人下棋很可能就像這則笑話一樣平凡無聊，而這只是因為我們完全不知道下棋的正確策略，也因此下棋仍有挑戰性。證明最佳策略存在是一回事，完成所有計算而獲得最佳策略是完全不同的另一回事。一局理性的西洋棋將以某一方勝利（最有可能是白方，因為他先走）結束呢？還是以和局結束呢？這是無法預知的。

賽局表

還有一種方法來研究賽局，而且它用處大得多：將賽局整理成一個所有可能結果的表格。

前文已經說明西洋棋的可能走法雖然極多，是個天文數字，但總是有限的數。因此，下棋的策略數也是有限的。我們已經多次用過「策略」這個詞了，現在對它下個定義。在賽局理論中，策略是一個重要的概念，比一般意義下的策略有更精確的含意。當玩西洋棋的人說到策略時，他指的是像「以國王的印度防禦開局，然後積極進攻」這一類事。而在賽局理論中，策略是指更特定的計畫，是玩賽局的一種特定方法，不管對方怎樣進行賽局，以及賽局會持續多久。一種策略必須周密地預先描述所有的行動，以致你永遠不需要在某一行動之後再做什麼決定。

以○╳遊戲中先走的玩家的實際策略為例：

╳畫在中央方格。根據〇的兩種反應方式，╳的完整策略如下：

1) 若〇占據非四角方格，則╳置子於〇旁邊的一個四角方格。這樣╳就有二子一線了。若〇下一步沒有封堵，那麼╳就可形成三子一線的贏局。如果〇進行了封堵，那麼╳應置子於另一個空著的四角方格，且此方格不靠著第一個〇。這樣╳就有兩個二子一線，不管〇下一步怎麼做，╳都可以造成三子一線從而取勝。

2) 如果〇的第一步是置子於四角方格，則╳隨後應置子於同它相鄰的非四角方格之一，造成二子一線。若〇下一步沒有封堵，那麼╳就可以造成三子一線的贏局。如果〇進行了封堵，那麼╳應置子於一個四角方格，且此方格靠著〇的第二個子，和〇的第一個子在格子線的同一側。這樣，╳又有了一個二子一線。如果〇下一步沒有封堵，那麼╳就可造成三子一線的贏局；如果〇進行了封堵，則╳置子於靠著〇的第三個方格，又造成二子一線。如果〇下一步沒有封堵，╳就可形成三子一線而取勝；如果〇進行了封堵，╳只能把子放在唯一剩下的格子中，而形成和局。

上述例子說明，即使是非常簡單的賽局，策略也可能很複雜。西洋棋的真實策略太過龐大，永遠沒法完整地寫下來。地球上沒有足夠的紙，沒有足夠的墨水列出所有的可能性；也沒有足夠的電腦記憶體把所有這些可能性串接起來。這就是為什麼在人機對弈中電腦還不是所向無敵。

雖然實際的困難如此大，但它並沒有難倒馮紐曼，因此也不能

難倒我們。事實上，因為我們有想像力，我們可以盡量深入思考。一個完全理性的遊戲者不但可以設想出一個包含全部細節的策略，如果記憶力或電腦計算力沒有限制的話，他甚至可以在走第一步之前就預見西洋棋的每個可能策略，並提前確定他應該怎麼走。

假定你有一個西洋棋所有策略的列表（如下表），策略被編了號，從 1 到 N（N 當然非常非常大）。那麼你對策略的選擇就相當於在 1 到 N 中選定一個數。你的對手則從他手中所有可能性的列表（比如說從 1 到 M）也選定一個策略。一旦這兩個策略被選定以後，整個賽局過程就完全決定了。應用這兩個策略，你可以移動棋子，把遊戲帶到預先注定的結果。開局、吃子、出其不意、終局……全都隱含在策略的選擇之中。

白方策略＼黑方策略	1	2	3	…	M
1	白方在第 37 步把黑方將死	在第 102 步上弈成和局	黑方在第 63 步丟子認輸		黑方在第 42 步把白方將死
2	白方在第 45 步把黑方將死	黑方在第 17 步把白方將死	白方在第 54 步把黑方將死		白方在第 82 步把黑方將死
3	白方在第 43 步把黑方將死	白方在第 108 步把黑方將死	在第 1801 步弈成和局		黑方在第 32 步把白方將死
…					
N	在第 204 步弈成和局	白方在第 77 步把黑方將死	白方在第 24 步把黑方將死		在第 842 步弈成和局

為了把這個「白日夢」做到底，我們可以這樣想像：如果有足

夠時間，你可以用每一對可能的策略去下一盤棋來觀察結果。這些結果可以列成矩形表格。真正的表格會大得有如銀河系，我們這裡只能列出濃縮的版本。

一旦你有了這張表，便不必再為棋局煩惱。西洋棋的一次「對弈」，無非是兩個玩家同時選擇各自的策略，然後在表中查出結果[02]。為了知道誰贏，你可以在對應於白方策略的橫行和對應於黑方策略的縱列的相交方格中去找。假如白方在他的表中選取了 2 號策略，黑方在他的表中選取了 3 號策略，那麼不可避免的結果就是白方在第 54 步上將死對方。

這當然不是西洋棋的真正玩法。要把每一種可能性都預先詳列出來，將是「玩」這個詞的反義字——「煩」。但無論如何，用結果的表格來表示賽局概念是十分有用的。對於任何二人賽局，每一個可能玩法的序列都可以用表中類似的方格來表示。這張表的橫行數等於某位參賽者的策略數，而縱列數相當於另一位參賽者的策略數。簡化成這樣一張表的賽局，稱為賽局的「標準形式」。

關鍵就在於確定選哪個策略。這張表格把賽局的一切暴露無遺。但是單有這張表有時仍不夠。表中的結果如何排列是變幻莫測的，任一位參賽者都無法選擇他所要的結果，因為他只能選擇某一橫行，或者某一縱列。雙方的選擇會一起決定結果。

對白方而言，選一號策略是個好主意嗎？很難說。如果黑方選

---

02 為什麼是「同時」？黑方在確定他的策略前不是至少該看白方的第一步嗎？不！如果你這樣想，就沒有理解一個策略是多麼龐大繁複。黑方策略的第一部分應該對白方開局的可能二十步中的每一步得出如何應對的步數。在馮紐曼看來，除非你對白方這二十個偶然步數中的每一個都通盤考慮對策，否則你不算有了一個策略。

取一號策略，那麼白方選一號策略是好的，因為這將導致白方贏。但如果黑方選其他策略，那麼結果可能是和局甚至白方輸。

白方實在很想確定黑方準備哪個策略，所以他要做的將是確保自己選中的策略跟黑方策略配對時，自己能取勝。

不幸的是，黑方想做同樣的事。黑方想猜透白方，並按照自己贏的結局去選擇他的策略。當然，白方也清楚黑方想猜透他，所以會試圖預測黑方怎麼猜想他來採取行動……

波萊爾和馮紐曼體認到，雙方這種深思熟慮的過程使賽局超出了機率論研究的範圍。如果玩家假設對手的選擇是「隨機」決定的，那他就完全錯了。賽局與或然性無關。賽局中的參賽者會盡力去壓縮對手可能的選擇，並準備好對付的策略。這需要一個全新的理論。

零和賽局

「零和賽局」是賽局理論中少數幾個成為一般用語的專門術語。它是指加總報酬為固定的賽局。最好的例子是撲克牌遊戲，玩家把錢投入錢罐，贏家可以取走罐裡的錢。只要有人贏一美元，總有另一人輸一美元。正是在這類有限制的、但適用於許多不同類型的賽局裡，賽局理論取得了最大的成功。這種賽局與經濟學的內容有很明顯的相似之處。例如「零和社會」，意思是有人得就有人失，也就是「天下沒有白吃的午餐」。

大多數娛樂遊戲是零和的，即使不涉及錢的遊戲亦然。不管是

否用錢做賭注，每個玩家都偏好某些可能結果，而非其他結果。當這些偏好用數值來表達時，就被稱為「效用」。

你可以把效用看做賽局中你想贏的「點數」。如果玩撲克牌時以火柴棒計算輸贏，而你真的想贏取最多的火柴棒，那麼效用就如同火柴棒的數量。

在為金錢而進行的賽局裡，錢就是效用，或者說錢幾乎等於效用。如果不涉金錢，贏的這件事實就帶來效用。而像○╳遊戲或西洋棋這類有輸有贏的賽局，我們可將贏的效用視為 1（任意「點數」），輸的效用為 -1。但效用之和仍為零，所以這是零和賽局。

關於效用，需要記住的重點是：它反映遊戲者實際的偏好。當大人和孩子玩遊戲卻故意要輸的情況下，大人的效用是相反的，即輸的效用為 1，贏的效用為 -1。因此，效用並不一定對應錢、對應輸或贏，或對應任何外在目標。

最簡單的真正賽局是兩人、兩個策略的零和賽局。讓它變得更簡單一些的唯一方法，就是讓其中一位參賽者只有一個策略。但是，在唯一選擇中進行「選擇」，實際上根本就是沒有選擇，如此一來，「賽局」成為一人賽局，那就根本不是賽局了。

二人、二策略的賽局可以用二橫行、二縱列的表格來表示。如果它是零和賽局，那麼結果可以用很簡單的方法表示出來。在四個方格中填入代表第一個遊戲者贏的數。我們知道第一個人贏也就是第二個人輸，於是，同一張表可以同時表示兩人的輸贏（表中數值的相反值就是第二個遊戲者的輸贏數字）。

大中取小和蛋糕

二人零和賽局是一場「完全戰爭」。一個遊戲者贏，另一個必然輸，沒有合作的可能。馮紐曼為這類賽局制定了一個簡單而切合實際的計畫，以獲得合乎理性的解答，這個計畫就叫做大中取小原理。

讓我們從賽局理論的角度重看一次分蛋糕的故事。兩個孩子實際上在進行一場零和賽局。蛋糕就那麼大，兩個孩子怎麼做都不會改變蛋糕的總量。一個孩子分得多一些，意味著另一個孩子分得少一些。

第一個孩子（切蛋糕那個）可以有許多策略，嚴格說來是無限多的策略，因為他可以從無限多的方法中任選一種切蛋糕。這裡為了簡化，我們認為他只有兩個策略可選擇，這不會對以下討論帶來太多損失。這兩個策略是：不均分和盡可能均分。

第二個孩子（挑蛋糕那個）也有兩個策略：選較大的一塊或選較小的一塊（進一步考慮到現實情況，我們允許切蛋糕的過程是不完美的，即使切蛋糕的人採取均分策略，總有一塊比另一塊稍大一些）。

下面這張簡單的表說明了兩個孩子各自選擇的情況。我們只需把一個孩子的所得填到表的方格中，這裡用的是切蛋糕孩子的所得；挑蛋糕孩子當然就是得到剩下那塊。表格如下所示。

切蛋糕者的策略＼挑蛋糕者的策略	挑較大的一塊	挑較小的一塊
盡可能切得平均	比半塊稍小一點點的那塊蛋糕	比半塊稍大一點點的那塊蛋糕
切得一大一小	小的那塊蛋糕	大的那塊蛋糕

我們已經知道這個賽局的結果如何。切蛋糕的孩子將均分蛋糕，或者說盡可能分得平均。挑蛋糕的孩子將選較大的那塊。因此結果是左上那個方格：分蛋糕孩子得到的半塊蛋糕是稍微小一點的，因為挑蛋糕孩子從兩個幾乎同樣大小的半塊蛋糕中挑走了稍大一點點的那塊。

為什麼得到這樣的結果呢？如果切蛋糕孩子可以挑選四個可能結果中的任一個，他會挑大的那塊（右下方格）以結束這場賽局。然而他知道這是不切實際的。根據對方的選擇策略，他知道自己會有什麼結果，也就是最壞情況——最小的那塊。

切蛋糕孩子所能決定的是表中的橫行。他預期自己獲得的是橫行中蛋糕最小的那一格，因為對手（挑蛋糕孩子）的舉動一定會讓自己得到較小的蛋糕。因此他選擇的行動，必須是讓對手留給他的最小蛋糕「極大化」。

如果切蛋糕的孩子均分蛋糕，他知道結果是自己獲得差不多半塊的蛋糕；如果他切得一大一小，結果必定是自己只能拿到小的那半塊。因此他只能在差不多半塊和小於半塊這兩者之間做選擇，也因此他只能選擇盡量均分，以保證獲得差不多半塊蛋糕。這是橫行最小值中的極大值，被稱為「小中取大」。

卡爾維諾在《如果在冬夜，一個旅人》一書中寫道：「你知道，你能期盼的最好結果是避免最壞情況。」這個警句充分說明了大中取小策略。這種策略的選擇是個自然的結果，它不只是賽局理論所推薦的「合理」結果，也是兩位遊戲者追求各自利益而必然形成的真正平衡。遊戲者偏離此最佳策略只會對自己不利（從而有利對

方，因為這是一個零和賽局）。

大中取小原理有助於理解許多更困難的二人零和賽局。前文已經說明，幾乎任何一個普通遊戲在邏輯上都等同於讓遊戲者同時選取策略。同時選取策略的遊戲和分蛋糕是不同的，因為在分蛋糕這個賽局中，挑蛋糕的孩子是在切蛋糕的孩子行動之後才行動。

但是請看，如果切蛋糕的孩子在拿起刀子之前，挑蛋糕的孩子必須先宣布他的決定（要較大還是較小那塊），情況會如何呢？情況完全沒有什麼不同。挑蛋糕的孩子是有理性的，他知道對手（切蛋糕的孩子）會使他那一塊盡可能小，而他也同樣希望切蛋糕的獲得盡可能小的那塊（記住，上面的表中給出的報酬是切蛋糕孩子拿到的，而挑蛋糕孩子拿到的是剩下的一塊）。因此，挑蛋糕孩子尋求的是最小的縱列極大值（大中取小），結果仍然是左上角方格，也就是他會挑較大的那塊蛋糕。

在這個賽局中，左上角方格是自然的結果，不管哪個孩子被要求先宣布他的策略。因此我們可以保證，如果賽局中兩名遊戲者必須同時做出決定，左上角方格將是合乎邏輯的結果。

左上角方格的值既是小中取大（切蛋糕孩子的最佳「實際」結果），同時也是大中取小（挑蛋糕孩子的最佳「實際」結果，以其對手的結果值來表示）。你也許會懷疑這是否巧合？或者總是如此？這的確是巧合，雖然並非不尋常。當小中取大和大中取小的結果相同時，該結果稱為「鞍點」。馮紐曼和摩根斯坦將之比喻為馬鞍型山隘的中點——通過山隘的旅行者會達到的最大高度也是翻山越嶺的山羊會碰到的最小高度。

當某個賽局有鞍點時，鞍點就是該賽局的解，是參賽者理性地玩這種賽局時的期望結果。注意，理性的解不一定意味著每個參賽者都樂於接受。切蛋糕孩子最後得到的那塊比挑蛋糕孩子少那麼一丁點兒，他不一定認為這是公平的。在這類事件中，兩個人也許都會怨嘆自己沒有獲得更大一些的蛋糕，都沒有得到他們首選的結果。有什麼可以防止他們另出奇招，做出不理性的選擇呢？

答案是貪婪和不信任。比半塊稍小一點點的蛋糕，是切蛋糕孩子不需要對手任何幫助就保證能獲得的最大塊，這也正是挑蛋糕孩子能留給他的最小塊。孩子要獲得好一點的結果，就需要求助於他的對手。但是對手沒有理由幫他——幫助對手只會減少自己的蛋糕。一個零和賽局的鞍點解是由賽局本身自我執行。這有點像中國式手銬：你為了好過一點而掙扎得愈凶，手銬就勒得愈緊而使你愈慘。

混合策略

可惜的是，並非所有賽局都有鞍點。你可以任意制定規則來發明賽局，以任何想像得出的數字為報酬。賽局矩陣中可以很容易填上一些數，使最小的橫行極大值不等於最大的縱列極小值。如此一來，鞍點就不存在了。

有種最簡單的賽局就沒有鞍點：馮紐曼和摩根斯坦拿來舉例的「硬幣配對」。但一般來說，這很難稱得上是賽局。兩個遊戲者同時放一枚一元硬幣在桌上，當兩個硬幣配對（都是正面朝上或都是

反面朝上）時，第一個遊戲者贏，可以拿回自己的硬幣，還贏走對方的硬幣（報酬是正一元）。如果兩個硬幣不配對，則第二個遊戲者贏得這兩枚硬幣。

賽局表如下所示：

	正面朝上	反面朝上
正面朝上	1元	負1元
反面朝上	負1元	1元

兩個橫行的極小值都是負一元，因此最大的極小值還是負一元。兩個縱列的極大值都是一元，因此最小的極大值也是一元。大中取小和小中取大相差了兩元。

馮紐曼和摩根斯坦把這類賽局比作「拔河」。拔河的雙方都可以把繩子多拉過來一些以阻止對方取勝，因此使得繩子的中點忽前忽後。在硬幣配對中，第一個遊戲者可以保證獲得大中取小的報酬（負一元），但沒什麼意義，因為這也正是他在此賽局中的最大損失。第二個遊戲者保證不會有多於一元的損失。這兩個保證值差了兩元，正是這個賽局的賭注。

你應該選正面或反面？顯然，這完全取決於對方。如果你知道對方的行為，你就知道自己該怎麼做了。對方也這樣想。

你可能已經猜到，進行這個賽局的最佳方法是隨機選正面或反面，機率各為百分之五十。這叫做「混合策略」。如果總是出正面，或者總是出反面，則叫「單純策略」。在馮紐曼時代，混合策略已

不是什麼新東西，波萊爾的論文中就考慮過此種策略，而且像硬幣配對這類賽局的遊戲者，早就了解應該隨機行動。有時候，在玩其他種賽局時，硬幣配對會被用作一種「隨機」方法以確定誰先走，例如在棒球比賽中決定哪支隊伍先攻。

賽局的參與者經由一個新的隨機策略，創造了一種自我執行的均衡。讓我們為硬幣配對做一張新的表（表格如下），其中包括隨機策略。

	正面朝上	反面朝上	隨機
正面朝上	1元	負1元	○
反面朝上	負1元	1元	○
隨機	○	○	○

不管是誰，如果隨機選正反，那麼他贏或輸一元的機會是相等的（不管對手在遊戲中採用的是單純策略或者也選擇隨機選正反）。於是，隨機遊戲者的平均報酬會是零。

現在就有鞍點了。如果第一個遊戲者必須先說出他的策略（確定出正面、確定出反面、或者是隨機出），那麼由於他知道對手必定會利用該情報從中獲利，他勢必選擇具有最大的極小值的策略。出正面或出反面策略的極小值都是負一元，而隨機策略保證平均報酬為零（不管對方怎麼做），因此隨機策略有最大的極小值。

如果第二個遊戲者必須先說出他的策略，他會希望採用大中取小策略。為此他也將選擇隨機策略。也就是說，根據賽局理論，右

下方格是這個遊戲的自然結果，兩位遊戲者都將隨機地選擇。於是我們再次在遊戲者對立的利益之間找到了平衡。

不過，大多數五歲的孩子都知道要這樣玩硬幣配對的遊戲。那我們還需要賽局理論做什麼？

答案在於：其他許多賽局沒有那麼簡單，只有用賽局理論才能制定出無懈可擊的正確策略，而這絕不是靠常識就能形成的。其他賽局的隨機策略的機率不一定是五十比五十，可能甚至因為賽局的報酬而有不同，而賽局理論可以教我們怎麼做。

這裡有一個小而絕妙的兩難：「百萬元賭注的硬幣配對」。它與普通的硬幣配對遊戲相似，不同之處在於你的對手是富可敵國的大財主，只要兩個硬幣都正面朝上，他將付給你一百萬元。你的報酬如下表所示（對手的報酬正好相反）：

	正面朝上	反面朝上
正面朝上	100 萬元	負 1 元
反面朝上	負 1 元	1 元

你應該怎樣玩呢？一元當然是小意思，你感興趣的是贏他一百萬元，而這只有你選正面才可能，所以你的第一個衝動是選正面。

但是且慢。你的對手除非是瘋了才會選正面，他不會冒損失一百萬元的風險，所以他的第一個衝動是選反面。

如果雙方的第一個衝動都占了上風，你將選正面，你的對手將選反面，於是兩枚硬幣不配對，你將輸給對手一元——喂，這是怎

麼回事，這個遊戲不是對你有利嗎？

深入分析的話，你將發現對手必然會出反面，這不但阻斷了你贏得鉅額賭注（他的鉅額損失）的機會，而且每次你出正面，他就會出反面，然後贏你一元。

其實雙方都可以玩這個把戲。只要你知道對手事實上肯定出反面，你也可以利用這個事實，出反面，你就幾乎可以肯定贏一元。

然而你的對手可能也會預測到你的詭計，於是他可能試著出正面——當然也可能不，因為這畢竟要冒損失一百萬元的風險。不過，即使只有極小極小的機會他出正面，你也許仍然應該考慮出正面，放棄贏一元而冒險賭贏一百萬元總是值得的……

那麼，正確的混合策略到底是什麼呢？賽局理論告訴我們，任何時候你都應該出反面；你應該出正面的機率大約只有一億分之二（精確的數字是 2/100,000,001）[03]。你的對手也該出反面。

一百萬元報酬當然是巨大的橫財，但這幾乎是幻想，因為對手會否決它。正規的硬幣配對遊戲是公正的賽局，期望值是零；這

---

03 這裡我們不準備深入計算實際的數學問題，因為要理解社會中的兩難問題，它並不必要。對於一般的配對硬幣遊戲——兩人兩策略的零和賽局，正確的混合策略很容易計算。我們可以像通常一樣在二乘二的表格中寫下報酬，然後計算每列兩個報酬的差，寫在表的右側：

1,000,000 - -0.01 = 1,000,000.01
-0.01 - 0.01 = -0.02

兩個報酬差若有負值，請變為正值，然後交換位置：

1,000,000 - 0.01 = 0.02
-0.01 - 0.01 = 1,000,000.01

這顯示正面與反面的適當比率為 0.02:1,000,000.01，或者（乘以 100 之後，去掉小數點）2:100,000,001。另一遊戲者計算每行中兩個報酬的差並交換而獲得相同結果。在此遊戲中，兩方的機率是相同的。若賽局有兩個以上策略，情況會複雜得多。感興趣的讀者請參閱約翰‧威廉斯（John Williams）的《全能策略家》。

個百萬元版本的遊戲是投你所好，但一局你只能贏一元，而且只當兩個硬幣都反面朝上時才可能。因此，百萬元報酬的淨效果只是將你的平均收益提高一元！即使把遊戲的獎金提高到一兆元甚至十的一百次方元，你的期望報酬仍是如此，一點也不會改變。

此遊戲另一件令人驚訝的事是：賽局理論建議你的對手偶爾可以玩一次冒險的策略：出正面！當然他絕不可以多次玩這個把戲，但完全不這麼玩也很難說是理性的。怎麼來看待這個問題呢？可以這樣想：此遊戲基本上的玩法，就是兩人都出反面（表中的右下格）。但是如果你的對手發誓絕對不出正面，也就排除了你贏得百萬美元的任何可能性，你就失去了出正面的理由。

第二個玩家（他幾乎總是出反面）其實希望你出正面，因為這會使他贏。而如果他偶然出一次正面，將會吊起你的胃口，刺激你以後出正面。而且，每當他出正面時便可以贏錢，因為你通常都出反面。

閃電很少打在同一地方兩次。假如兩個玩家雖然不是很常、但有足夠多次出正面，那麼就有許多許多次出現一個硬幣正面朝上的情況（讓第二個玩家贏一元），以及罕見的兩個玩家同時出正面的戲劇性結局。因此，最佳的混合策略必然包含偶爾出正面。

曲球和致命基因

一旦理解了混合策略的概念，你會到處碰到它們。以下介紹幾個例子。

棒球投手都有自己拿手的球路。一般情況下，打擊手預期投手會一直投出擅長的球路。但如果打擊手都知道預期何種球路，就會占到便宜。因此投手會隨機混合著快速球、慢速球、曲球、彈指球等等，讓打擊手捉摸不定。少數的例外更加證明了這一原則的普遍性。當知名美國職棒選手佩吉被問及為什麼他總是投快速球但還能贏球，他回答：「他們知道球路，但不知道落點。」

原則上，賽局理論可以指出投球的最佳混合方式，當然，混合方式會根據每個投手的各種球路威力而有變化。為此，你需要一些相當準確的統計數字——每種球路造成對方多少得分，如果該統計按投打對決細分則更理想。觀察投手憑本能所採取的策略，和賽局理論所推薦的策略如何相近，將會是有趣的比較。這裡所需的數學不過就是一些棒球統計資料罷了，是培養未來的棒球好手很自然需要的計畫。

早在一九二八年，摩根斯坦就發現柯南道爾的《福爾摩斯歷險記》中的一個著名兩難。他和馮紐曼在他們的書中寫道：

為了擺脫莫里亞蒂教授的追殺，福爾摩斯希望從倫敦到多佛，再轉到歐洲大陸。當他登上火車，火車緩緩啟動以後，他發現莫里亞蒂教授出現在月台上。福爾摩斯理所當然地認為（這裡假設他有充分理由），他的對手也看到了他，並有可能乘坐特快列車追上他。現在福爾摩斯面臨兩個選擇：繼續前往多佛，或者在唯一的中間站坎特伯里下車。他那足夠聰明的對手也會想到這點，從而也面臨相同的兩個選擇。雙方都必須在不知道對方決策的情況下，選擇

自己的下車地點。如果他們最終出現在同一月台上，福爾摩斯肯定會被莫里亞蒂殺死。而如果福爾摩斯安全到達多佛，他就可以順利逃脫了。

　　馮紐曼和摩根斯坦深入研究了這個難題，他們為結果設定點數，然後為福爾摩斯和莫里亞蒂計算出最佳的混合策略。他們建議莫里亞蒂以 60% 的機率趕到多佛，以 40% 的機率在坎特伯里等候福爾摩斯；而福爾摩斯以 60% 的機率在坎特伯里下車，以 40% 的機率直奔多佛以擺脫莫里亞蒂。這場賽局是不平等的，莫里亞蒂占上風的機會多一些。

　　在柯南道爾的故事中，福爾摩斯在坎特伯里下車，並且看見莫里亞蒂的特快列車風馳電掣般從他身邊開過，駛向多佛。有趣的是，福爾摩斯和莫里亞蒂兩人都是按照馮紐曼和摩根斯坦設計的混合策略行事。兩位教授寫道：「然而，這一過程導致福爾摩斯全勝，似乎是有點誤導。就像我們前面所見，在福爾摩斯和莫里亞蒂的較量中，形勢顯然對莫里亞蒂有利。我們計算出的結果是，當福爾摩斯乘坐的火車從維多利亞車站駛出時，有 48% 的機會他死定了。」[04]

　　這類計算後的欺騙與撲克牌戲中的虛張聲勢十分相似。打撲克當然複雜得多，部分原因是一般有兩個以上參與者。馮紐曼分析了一種簡單的撲克牌戲，其結論大體適用於真正的撲克牌戲。他證

---

04 譯注：根據兩人計算的最佳混合策略，福爾摩斯和莫里亞蒂有 24 的機會在多佛相遇，另外 24 的機會在坎特伯里相遇，因此雙方冤家路窄的機率有 48%。

明，當你手上有一副好牌時，你要積極叫牌；牌比較弱時，你應該不時地用一些唬人戰術（不管怎樣都積極叫牌）。

馮紐曼認為虛張聲勢有兩個原因。從不虛張聲勢的人喪失很多與別人的虛張聲勢對決的機會。如果你和對手的牌都不好，你不唬人，而你的對手卻唬人，這意味著你徹底失敗，對手不必攤牌就贏了。如果你也嚇唬對方一下，那麼你手中糟糕的牌就要跟對手糟糕的牌做比較，你可能贏。唬人一方總比不唬人一方占便宜。因此，馮紐曼認為理性的打牌者必須會虛張聲勢。

此外，虛張聲勢還是一個煙幕彈。就像在硬幣配對遊戲中那樣，一方總希望對方不斷猜測。每一方手中的撲克牌都是隨機的，遊戲者根據對手的叫牌來判斷對手的牌是好是壞。審慎的虛張聲勢可以防止對手預測到你手中的牌。

賽局理論在生物學中有重要的類比。從父母之一繼承了稀少的貧血症基因的人對瘧疾有很大的免疫力，但從父母兩人都繼承此種基因的人，則非常容易得致命的鐮形血球貧血症。這種致死基因的結局，很可能跟巨額賭注的硬幣配對遊戲有一樣的均衡情況。在此遊戲中，一方會採用冒險策略，偶爾出正面，使他的獲利增加（在只有他出正面的情況下）。同樣的，獲得鐮形血球基因也非常危險，而它的好處是只有一個基因存在時才發生。如果這種基因在人口中足夠少，那麼得到此病的人數與提高免疫力的人數相比就少得多。所以一般相信，這種令人不安的基因在瘧疾高發區之所以存留，原因就在這裡。

你也許奇怪這與賽局理論有什麼關係，基因不可能選擇什麼混

合策略或其他策略吧。是的，但賽局理論已經證明，是否有意識地選擇並不重要。在最抽象的層面上，賽局理論無非就是一些表，表中有一些數字，而一些實體有效率地行動以得到極大化或極小化的數字。至於那些實體是想贏愈多錢愈好的撲克玩家，還是按照物競天擇以盡可能自我複製的基因，這並沒有什麼區別。後面我們還將接觸到更多的賽局理論的生物學解釋。

大中取小定理

大中取小定理證明了，每個有限的二人零和賽局都存在一個理性解，不是單純策略，就是混合策略。馮紐曼之所以被尊為賽局理論的創始人，主要就在於他一九二六年就證明了這個定理。馮紐曼認為它至關重要，他在一九五三年寫道：「我認為，沒有這個定理，就沒有賽局理論……研究此課題的期間，在大中取小定理獲得證明之前，我一直覺得沒有什麼值得發表。」

簡單地說，大中取小定理告訴我們，當兩個利益完全相反的人有定義精確的衝突，其中總存在一種理性的解。所謂理性的解，就是在既定的衝突本質下，雙方都確信他們不可能有更好的結果了。

賽局理論的解是保守的。當理性的一方面對的另一方也很理性，賽局理論提供的解是他所能期望的最佳結果。當然，這個解並不保證是所有可能結果的最佳。一般來說，理性的參賽者在面對非理性的對手時可以得到更佳結果。有時候，甚至堅持賽局策略的理性參與者，其獲利也比預期的多。但另一些情況下，要從非理性

的對手中獲利，理性參賽者必須適當偏離賽局理論的策略解。硬幣配對遊戲就是一個例子。你的策略是均等且隨機地混合出正面或反面，但如果你注意到不夠理性的對手不自覺地選擇出正面的次數超過一半，那麼你可以多多出正面。

雖然這種修正是明智的，但修正以後的策略已經不再是最佳了，並且可能讓自己被第三方或恍然大悟的非理性對手所利用。

N 人賽局

有一次記者問馮紐曼：賽局理論能否幫人在股票市場賺大錢？馮紐曼老老實實回答不能。類似的問題屢見不鮮。賽局理論適用什麼場合？如果不是為了遊戲，那是為了什麼？

馮紐曼把大中取小定理當作真正經濟科學的首要基礎。他和摩根斯坦的書中大部分討論有三個人甚至更多人參與的賽局。在大多數情況下，經濟領域中的參與者的數量非常大，不可能做很多簡化的假設。

有任意數量參與者的賽局稱為「N 人賽局」，要對它們做全面分析比對零和的二人賽局做分析複雜得多。在這種賽局中，利害衝突關係錯綜複雜。對參與者 A 是好的，對參與者 B 可能是壞的，而對參與者 C 又可能是好的，於是，A 和 C 可能形成聯盟。聯盟關係徹底改變了賽局。

在三人賽局中，可能出現其中兩個參與者合作以取勝。因此，兩個人結盟會使第三者降低贏的機會。馮紐曼和摩根斯坦試圖確定

在什麼時候以及由誰去形成這種聯盟。是處於弱勢的幾個參與者聯合起來對抗強勢參與者嗎？或者是弱勢參與者試圖結合強勢參與者？他們獲得的一個結論是：有許多不同的聯盟都是穩定的，因此很難預測會發生什麼，甚至不可能預測。

馮紐曼希望利用大中取小定理處理更多參與者的賽局問題。我們已知大中取小定理對任何二人零和賽局提供理性的解。三人賽局可分解為潛在的聯盟之間進行的子賽局。如果參與者 A 和 B 聯手對抗參與者 C，那麼其實可以把它看作 A 和 B 的聯盟一方與 C 對抗的二人賽局，大中取小定理便能保證求得其解。列出 A、B、C 三者所有可能聯盟的結果，就能確定到底哪個聯盟最符合他們的利益，如此就能對三人賽局提出一個理性解。

由此遞推，可以把四人賽局分解為潛在聯盟之間的二人賽局或三人賽局，列出所有可能性，解也就明白了。從四人賽局更可以引伸到五人賽局、六人賽局，以至於無窮參與者。

不幸的是，隨著參與人數的增加，賽局的複雜程度和所需的計算量將按指數方式成長。如果把全世界的經濟活動視為有五十億參與者的賽局來研究，根本不切實際。總而言之，馮紐曼和摩根斯坦對經濟學的研究還有待別人來擴充基礎。

馮紐曼身為出色的數學家，卻沒有把他的理論局限於數學。幾何是從測量土地問題引出來的，時至今日，幾何的應用可以與不動產沒有任何關係，而我們並不覺得奇怪。矩形就是矩形，不管它是某人的農場，還是幾何證明中一個抽象的矩形。馮紐曼和摩根斯坦指出，零和 N 人賽局實際上就是一條有 N 個變數的函數，或是 N

維的矩陣。《賽局理論與經濟行為》大多數討論是針對這種抽象函數或矩陣進行的，而不管它們是賽局的報酬表、經濟活動的結果、軍事決策等等。賽局理論起源於遊戲、對抗和競爭，但並不局限於遊戲、對抗和競爭。

然而，恰恰是現實世界中的衝突延緩了賽局理論的進一步發展。像他的許多同事一樣，馮紐曼被捲進了戰爭事務，這使他缺乏時間做純粹的學術研究。在二次大戰那幾年，由於事務繁忙，馮紐曼在純數學領域再也沒有發表什麼突破性論著。霍爾姆斯在一九七三年寫道：「一九四〇年是馮紐曼科學生涯的中間點，正是此時他的研究著作出現中斷。在那之前，他是懂得物理學的頂尖純數學家；在那之後，他是一個牢記著自己的純數學研究的應用數學家。」

04
Chapter

原子彈。

二次大戰期間，馮紐曼為美國海軍兵器局擔任諮詢工作。大多數時間他處於待命狀態，一接到通知就要立即飛往英國。戰時對行李重量的限制很嚴，笨重的防彈頭盔使限制更顯得嚴峻。馮紐曼想帶一本《劍橋中世紀史》在路上讀，因此把頭盔從行李中取了出來，放進這本史書。基於對丈夫的責任，克拉拉把書又取了出來，重新把頭盔放進去。在幾個月的待命時間裡，這樣的拉鋸戰重複好幾次。最後還是馮紐曼贏了，接到命令以後，他帶著歷史書出發了。

一九四三年上半年，馮紐曼在倫敦市及市郊度過。三月十三日，他寫信給克拉拉說：「除了人們必須習慣燈火管制，這裡的生活是絕對正常的……倫敦市的警報、空襲等等不過形式而已。」

戰爭使馮紐曼的婚姻關係更加緊張。他和克拉拉之間的信件是在明知要受到審查的情況下寫的。信件經常遲到，不按順序，甚至根本收不到。針對瑪麗娜在夏天該由誰照料的問題，克拉拉與庫波

夫婦爭論不休，後來氣得把事情一股腦兒推給遠在三千英里之外的丈夫。強尼的信絕大部分是向克拉拉解釋先前信中的一些無意或並不存在的小事。有一封信他寫得很長，因為他曾把克拉拉和一位被他指為有專橫傲慢傾向的朋友做比較，而他向克拉拉解釋並沒有其他意思。

克拉拉在信中常常訴說自己有自卑感，這種感覺集中於她的容貌和成就。其實那並無根據。從照片上看來，克拉拉是個衣著時尚的漂亮女性，肯定比丈夫更引人注目。雖然她常感到處於名聲顯赫的丈夫的陰影下，但她顯然也是非凡聰穎的女性。在戰爭歲月裡，當強尼經常不在時，她開始為自己謀求發展，在普林斯頓找到一個職位，做人口研究。雖然她被聘用是由於語言專長，但統計分析的工作她也表現非常出色。

馮紐曼在羅沙拉摩斯

從一開始，馮紐曼就確信盟軍會贏得二次大戰。他曾實際勾畫一個衝突的數學模型，推斷出盟軍在經過緩慢的起步階段之後，會因為工業上的優勢而取得勝利。馮紐曼戰時從事的一項計畫──原子彈，就是工業優勢的主要例子，而它也深深影響了人們對賽局理論的理解。

一九四三年末，歐本海默邀請馮紐曼參加曼哈頓計畫。當時許多科學家是勉強參加這個工作的，因為他們懷疑此一長遠計畫能否及時完成以影響戰爭進程。但馮紐曼早在幾年前就預見原子能的技

術將在他有生之年實現。曼哈頓計畫對他來說是數學上的一次新挑戰，也是為接納他的國家服務的一個極好機會。

按照保密規定，研究原子彈的科學家必須住在羅沙拉摩斯，馮紐曼是極少數例外。雖然也有一些做外圍研究的科學家不必搬到那裡，但他們並沒有被告知是為原子彈而工作。馮紐曼則被認為是對該計畫很有價值的人才，因此被允許了解有關原子彈研究的詳情，而且可以隨自己行程自由來去。

許多在羅沙拉摩斯的核心精英來自匈牙利。包括馮紐曼、泰勒、席拉德、威格納和馮卡爾曼在內，這批傑出的匈牙利學者被開玩笑地叫做「火星人」。烏拉姆在一九五八年回憶，當馮紐曼被問及這種「統計上看似不可能」的匈牙利精英群聚的現象時，「馮紐曼說這是一些文化因素所造成的巧合；至於文化因素是什麼，他也說不太清楚，大概是當時中歐社會所承受的外部壓力、極端欠缺安全感的個人潛意識，以及如果不表現卓越就會面臨滅絕的必然性等等。」

馮紐曼為原子彈的內爆設計完成了關鍵的計算。原子彈的設計者必須創造鈾或鈽的臨界質量。在臨界質量下，被釋放的中子分裂出更多的原子，這些原子又釋放出更多的中子以分裂出更多的原子……這樣的連鎖反應繼續無數次，可以在極短時間內釋放出巨大無比的能量。創造臨界質量被證明是非常困難的。理論上，鈾的兩個半球各包含臨界質量的一半，只要拼接在一起，就可建立起臨界質量。然而在正常情況下，兩個互相接近的半球在接觸之前的初始反應會使它們衝開。

顯然鈾或鈽必須極快地被聚在一起。投在廣島的原子彈「小男孩」用的是「槍式」觸發裝置，它包含兩片鈾二三五，一片是球形的，中間有一個洞，另一片是「子彈」形的，正好可以射進洞中，這兩片鈾本身都未達到臨界質量，但結合在一起，也就是把子彈射進球孔中以後，就達到了臨界質量。這顆原子彈是利用一隻槍透過化學炸藥把子彈射進球體中。

這種設計的效率不高。另一種可能方案是內德邁爾提出的內爆法：一個中空的鈽球用炸藥包圍著，被一個堅固的外殼封閉起來，炸藥會壓縮鈽達到臨界質量。此方法的實作比概念複雜得多。而馮紐曼正是在這點做出了重要貢獻。內爆中的鈽成了液體，而為了製造原子彈，爆炸必須是完全對稱和均勻的。有人開玩笑說，它必須像開啤酒罐而又不讓一滴酒濺出來那樣。實際裝置中含有快爆炸藥，又含有慢爆炸藥的炸藥「透鏡」，必須把爆炸力量聚集在鈽上面。一九四三年秋季，馮紐曼研究了這個問題，經過計算，成功設計出這些「透鏡」。他的一個重要看法是：爆炸產生的壓力會使鈽的密度遠大於正常狀態，這將大大提高連鎖反應的速度。由於此現象，原子彈將從較少的裂變材料中產生極大的衝擊波。事實證明了馮紐曼的觀點。摧毀長崎的原子彈「胖子」就是一顆內爆彈。

戰爭期間的賽局理論

二次大戰是賽局理論派上用場的首次戰爭。戰爭期間，數學家塔基分派後來成為「囚犯困境」發現者之一的佛拉德去研究空炸日

本的問題。這個複雜的問題包括一些類似本書第三章提到的福爾摩斯和莫里亞蒂的兩難：如果美國總是選擇最重要的目標去轟炸，那麼日本就可以預測出來並讓空防部隊保衛這個目標。

佛拉德是馮紐曼在普林斯頓的學生，熟悉賽局理論。馮紐曼曾經把著作手稿的一個早期版本借給佛拉德看。但是佛拉德在普林斯頓時跟賽局理論有過一次不怎麼愉快的經驗。一九三九年，他做過一個題目為〈如何贏得機運遊戲〉的報告。佛拉德用擲骰子賭博為例說明機率論，然後用馮紐曼對撲克牌遊戲的虛張聲勢的分析建立賽局理論。當時，撲克牌是普林斯頓大學生十分流行的娛樂——某些家長和教師還認為流行得太過分了——為此，佛拉德被系主任叫進辦公室要求做出解釋。

利用馮紐曼的方法，佛拉德提出了一種轟炸策略，使轟炸機被擊落的機會達到最小。由於戰時保密，他並不確知其研究工作將如何被利用。塔基受命不能洩密給佛拉德，只能向他暗示他的工作與某篇媒體提到的在新墨西哥州沙漠出現的神祕閃光的報導有關。顯然，佛拉德的研究是為了曼哈頓計畫。

馮紐曼也為原子彈的使用提出戰略建議，並幫助葛羅夫斯將軍選定轟炸日本的地點。國會圖書館保存了一張當時的筆記紙，日期為一九四五年五月十日，上面列出了京都、廣島、橫濱、小倉等幾個可能的轟炸目標，筆跡就是馮紐曼的。京都最後被放過了，按照戰史的說法，是因為其文化上的重要性。

一些同事認為，馮紐曼用賽局理論分析了戰爭中的各個領導人。普林斯頓的巴格曼教授在接受海姆斯採訪時回憶說：「有個晚

上馮紐曼在我們家。我記得包利斯也在。當時局勢很清楚，希特勒已經輸掉了這場戰爭。我們談到一個問題：希特勒將怎麼辦？強尼說：『這沒有問題，飛往南美洲的飛機早就準備好了。』」

按照烏拉姆的說法，馮紐曼認為德國和日本的戰敗將導致美國與蘇聯直接對抗。後來雖然軸心國被打敗以後，美蘇的戰爭並未接踵而來，他仍然認為戰爭有逼近的可能。

馮紐曼與許多曼哈頓計畫的科學家不同，他覺得國防工作是很刺激的。曾經為原子彈工作的許多科學家受到良心的折磨，馮紐曼似乎不會。戰後，大多數曼哈頓的科學家重返學術界，渴望忘記戰爭，忘記原子彈，忘記羅沙拉摩斯，而馮紐曼仍為國防部當顧問。他深深愛上了羅沙拉摩斯周圍的鄉村，有人說，如果他活著，也許會把家搬到那兒去。

羅素

原子彈改變了戰爭的面目，對此很少人比英國數學家、哲學家和神祕主義者羅素有更深刻的認識。在許多方面，馮紐曼和羅素是相同的，雖然也有許多明顯的不同。兩人都是當時最受尊敬的思想家，在他們事業的關鍵階段，都關心數學的公理化。在他們生命的後半段，馮紐曼和羅素又都部分放棄了數學，把大部分時間花在戰爭與和平的事務上。羅素不是賽局方面的理論家，但他取名的「膽小鬼困境」是賽局理論分析得最多的一種賽局。

羅素生於一個貴族家庭。十一歲時他聽哥哥說，幾何學的公理

是不能被證明的，因此大為失望。後來他在劍橋的三一學院開始數理邏輯的研究事業。

　　羅素有一種強烈的神祕色彩——在數學家身上並非罕見的特性。一九○一年，他二十八歲，一段神祕的經歷使他變為和平主義者。羅素在自傳中寫道：「突然我腳下的地面沈沒了，我發現自己處於完全不同的世界……五分鐘過去，我變成了完全不同的人。有一陣子，一種神祕的光芒籠罩著我……在這五分鐘內，我從一個帝制擁護者變成了一個親波爾人士與和平主義者。」

　　在一次大戰期間，羅素仍然是堅定的和平主義者。他由於宣揚反戰的觀點而被處以罰金，後來又被判入獄六個月。和平主義的政治立場也使他失去了在劍橋的職位。

　　一九二○年，羅素訪問了新誕生的蘇維埃聯邦，但很不喜歡他在那裡見到的一切。他寫了一本書《布爾什維克的理論與實踐》譴責布爾什維克的極權主義統治。這是政治自由主義者對共產主義的最早批評之一。

　　羅素在他中年時已經家喻戶曉：不僅是哲學家兼數學家，也是相對論、婚姻和教育理論暢銷書的作家。他常在公眾前拋頭露面，報章雜誌常引用他的話。一九三○年代末和一九四○年代初，羅素在美國度過。他被紐約城市學院聘為教授，但被法院的一紙命令撤銷，部分是由於他對性抱持自由主義觀點：他認為婚外性行為沒有什麼錯。費城的百萬富翁巴恩斯在他面臨失業困境時救了他，提供一份巴恩斯基金會屬下的一個相當「實驗性」的藝術學校和博物館講課的合約。但是兩人後來發生衝突，一九四四年羅素回到英國，

在劍橋重新謀得職位。

　　日本投降以後，羅素同馮紐曼一樣相信與蘇聯的戰爭是不可避免的。廣島轟炸之後沒幾天，羅素在《格拉斯哥先驅報》上發表一篇文章：

　　蘇聯肯定將學會如何製造它（原子彈）。我認為史達林已經繼承了希特勒統治世界的野心。人們將會看到美國和蘇聯之間的戰爭，這場戰爭將以倫敦完全毀滅開始。我認為這場戰爭將持續三十年，留下的世界將不再存有文明人，一切將從頭開始，其過程將需要（比如）五百年……只有一件事，而且只有一件，可以挽救世界，但這件事我不應該夢想實現，那就是美國在今後兩年內對蘇聯宣戰，利用原子彈建立世界帝國。但這是不可能發生的。

　　一九四五年十一月二十八日，羅素在英國上議院發表演說，再次提出同樣的觀點。他說：「當我走在街上看到聖保羅大教堂、大英博物館、國會大廈以及代表我們文明的其他建築時，我透過心靈的眼睛看到這些建築物夢魘般的景象：變成一堆破磚碎瓦，周圍滿是屍體。」

　　羅素預測原子彈將會愈來愈便宜，而且會擴散。他甚至預測氫彈也總有一天會做出來。這些預言在歷史回顧中也許被認為理所當然，但在當時，許多真的研究氫彈的人說的正相反──氫彈太貴太貴了，在可預見的未來是做不出來的；蘇聯擁有自己的原子彈恐怕得等十年、二十年；氫彈也許永遠做不出來。

世界政府

在廣島轟炸之後幾個星期內，世界上有許多人開始考慮建立世界政府，羅素是其中之一。一九四五年十月，羅伯茲法官在新罕布夏州的都柏林召集了一群著名的科學家、文藝人士和政治家，創立一個名為「現在就建立世界政府」的組織。原已存在的「世界組織美國聯合會」更直截了當更名為「世界政府美國聯合會」，公開宣稱其目的是「把聯合國憲章的精神注入一個適當的世界機構，讓它有維持和平的主權」。芝加哥大學的一個小組代表該機構起草了世界憲法。

柯辛斯的書《退化的現代人》清晰描繪了人們對於世界政府的觀點。其他許多知識份子，包括那些在理論科學領域的人，頗為同意這個構想。天文學家謝普利和物理學家康普頓發言支持世界政府。當時最著名的科學家愛因斯坦呼籲建立一個「超國家」的實體以管控原子能。泰勒和歐本海默也如此呼籲，他們常表現出直接的強硬立場。

一九四五年十月十六日，美國陸軍頒發感謝證書給羅沙拉摩斯的工作人員。歐本海默在接受證書時說：

如果把原子彈加進充滿戰爭威脅的世界的武器庫裡，或者加進正在準備戰爭的國家的武器庫裡，那麼羅沙拉摩斯和廣島這兩個名字被人類詛咒的年代將要來臨。

全世界的人民必須團結起來，否則就會滅亡。這場嚴重踐踏地

球的戰爭已經寫下了這句話。原子彈已經為所有人闡明了這句話。過去有些人在其他時間、在別的戰爭中或別的武器對抗中，也曾經體現這句話，但是沒有成功。有些人由於誤解人類歷史，認為這句話今天也許不會實現。我們不該相信這一點。在共同的危險面前，我們承諾透過我們的工作，獻身於以法律和人道主義團結起來的世界。

並不是只有知識份子鼓吹建立世界政府。一些政治領袖、甚至是杜魯門總統，也小心翼翼談到這方面的問題。在戰爭即將結束前，杜魯門總統在堪薩斯城說：「就像我們在美利堅合眾國很容易和睦相處一樣，各個國家也可以在世界共和國容易地和睦相處。」

有一陣子，美國參議院十分嚴肅地辯論過世界政府的問題。一九四五年十月二十四日，愛達荷州參議員格倫‧台樂提出了建立世界共和國的一份決議案。

鑑於原子彈及其他新式可怕武器的出現，如果世界被捲入另一場戰爭，人類及文明可能被毀滅；

鑑於在參加這場戰爭的士兵們回家之前，一些國家之間早已開始另一場競賽，訓練出更龐大的軍隊，生產更科學、更恐怖的武器，數量愈多愈好，因此，

美利堅合眾國參議院決定，指派其駐聯合國的代表團以加倍的努力，虔誠和熱切地促成全球協議，以達到：

立即限制和壓縮、最終要廢除軍備，宣布所有軍事訓練和徵

兵為非法，只有聯合國安理會為維護世界和平而認為必需的警察部隊除外；宣布不管因何目的生產和使用原子彈及其他所有原子武器為非法；宣布生產和使用任何種類和性質的其他武器和戰爭工具為非法，只有聯合國安理會為維護世界和平而認為必需的這類武器除外……為此，我們強烈要求我們駐聯合國的代表團盡一切可能的努力，促成一個不分種族、膚色、宗教信仰，基於民主原則和普選權的世界共和國。

格倫．台樂在參議院影響力不大。他是愛達荷州一個牧師和農場主的兒子。在競選參議員之前，他因為在一個西部牛仔樂隊中當過巡迴演出的演員和樂手，而使輿論一片困惑。他這個冒失的建議是他當參議員以後提出的第一個提案。

格倫．台樂十分憂慮原子彈突襲，認為其威脅若成為常態會毀滅道德。他告訴國會：「如果一個人感到他也許不會活著看到另一個早晨的曙光，他可能決定今天晚上就出去狂飲和尋歡作樂。如果這種宿命論的態度蔓延開來，天知道世界會發生什麼。」

比基尼島的核試驗

在此同時，有些人則在考慮如何贏得下一場原子戰爭，其中一位是海軍上將史特勞斯。像他的朋友馮紐曼一樣，史特勞斯很早功成名就。他曾經當過旅遊鞋銷售商，二十一歲成為胡佛（當時威爾遜總統麾下的糧食部長，一九二九年至一九三三年任美國總統）的

祕書，三十三歲成為一家紐約的投資銀行庫恩魯伯公司的合夥人。他進入海軍時的軍銜是上尉指揮官，轟炸廣島時他已升至海軍少將。

　　古德契在《歐本海默：撼動世界的人》書中詳細敘述了史特勞斯的一件軼事。哈洛德‧格林律師有一次邀請史特勞斯在他的教堂參加社交活動，格林說：

　　他走進我的房間並親吻我妻子。他以前從未見過她。他說：「我知道你有孩子，我能見他們嗎？」這時，他聽見孩子們的聲音，不等回答就跑去和他們玩了起來，還給嬰兒換尿布。後來，我從安全部門的朋友處得知，在他接受邀請之前，曾經迅速對我這位猶太法學博士做過安全調查。

　　格林諷刺地做出結論，說史特勞斯「是一個非常有人性的人」。

　　當國家回歸和平以後，史特勞斯擔心原子彈使海軍過時了。他建議試驗原子彈對戰艦的影響，集合各類型的空艦在大洋中，在附近投一枚原子彈，以觀察發生什麼情況。

　　包括「美國科學家聯盟」在內的許多人都反對這個計畫。他們認為這種做法沒有科學目的，而且戰爭畢竟已經過去。雖然這樣的試驗表面上是為了幫助美國海軍對付原子彈襲擊，但美國是唯一的核子大國，不可能用原子彈轟炸自己的艦隊。此外，美國可以從外國海軍在原子彈襲擊下的遭遇獲得結論。事實上，試驗所用的船艦正是從德國和日本海軍那裡奪獲的。

羅徹斯特大學物理學家杜布里奇——戰爭期間他是 MIT 輻射實驗室的主任——寫了一封信反對這個試驗，投到《紐約時報》。信發表以後，一九四六年五月七日，馮紐曼和物理學家索耶寫了反駁的信，他們堅持認為試驗「將大大提高海軍的防禦力」。

　　史特勞斯的試驗被命名為「十字行動」，意思是這場試驗對於作戰計畫的抉擇非常關鍵，就像處於十字路口一樣。它成了人類歷史上最大的科學實驗而載入史冊。而對於世界上的大多數人來說，試驗結果令人沮喪，因為它說明了原子彈不會消失，即使在和平時期亦然。

　　試驗進行之前，「世界末日」的謠言四起。《紐約世界電訊報》引用「十字行動」的指揮官海軍上將布蘭第的辯護詞說：「原子彈不會使海洋中一半的魚死去，也不會污染另一半的魚而使吃了魚的人們死去。它不會使水產生連鎖反應而變成氣體，使大洋上的船隻沈到海底。它不會把海底炸出一個大坑，讓所有的水都流入坑內；它不會造成地震或形成新的山脈；它不會造成海嘯，也不會破壞地球重力。」在地球的另一面，法國有位服裝設計師巧妙抓住了機會，用原子彈的試驗地——環狀珊瑚島「比基尼」來命名一款新的泳衣，其大膽的設計象徵了瘋狂和現代化的原子能時代。

　　試驗於一九四六年七月一日和二十五日分兩次在馬歇爾群島的比基尼島進行。這是原子彈的第四次和第五次爆炸，也是第一次事前宣布的爆炸。一共有大約四萬人觀看了「十字行動」，包括政界、科學界、新聞界的許多知名人士，馮紐曼也在內，甚至還有蘇聯的兩個代表。

試驗所用原子彈的確切大小和形狀至今還是祕密，它們裝上飛機時是用帳棚遮蓋的。《時代》雜誌認為原子彈可能大到能在側面貼上豔星海華絲的一英尺高巨照。

這場試驗的無線電現場轉播可稱為廣播史上最出奇的一次。廢棄的船隻上安放了許多麥克風，為了使許多坐在家裡的人能聽到世界末日善惡決戰的聲音。但大多數人其實只聽到嘎嘎的吵鬧聲。實驗還包括在一些船隻上放了家禽、老鼠、豬、羊等等。為了滿足轉播的需要，賓夕法尼亞號戰艦上的一個話筒前放了一個節拍器，主持人讓聽眾注意聽它發出的滴答聲，當滴答聲一停，意味著原子彈已經爆炸，節拍器和麥克風都不復存在。大多數目擊者在幾英里以外的船上，十英里以外的觀察員報告說他們感受到一陣熾熱，就像打開一個爐子的爐門。

馮紐曼的顧問工作占去了愈來愈多的時間。一九四六年十一月十八日，他寫信給愛德華‧泰勒：「我希望你生命中最壞的一刻已經過去，在你面前沒有別的，只有在羅沙拉摩斯無須承擔責任的愉快生活……說真的，我想我們會過這樣的生活可說完全瘋了，而你可能比我更糟糕，雖然我並不太清楚我這樣說是意味著謙卑還是傲慢。」

電腦

在馮紐曼戰後的所有工作中，開發數位電腦是今日看來最顯突出的。也許正是由於電腦，馮紐曼對未來世代人們的日常生活產生

最巨大的影響。

「在今日世界裡，『電腦』一詞仍然未曾改變，它就是馮紐曼在一九四〇年代所發明的機器的某個衍生版本。」彭齊亞斯在《思想與資訊》一書中如此寫道。就算這種說法過分強調了馮紐曼在一批電腦先驅者中的重要性，也不算過分太多。布倫伯格和歐文在一九七六年的書中引用愛德華‧泰勒的話：「IBM 公司也許應該把它一半的錢付給馮紐曼。」馮紐曼身兼 IBM 公司的顧問，協助該公司確定了電腦技術的方向：以數位（而不是類比）的機器儲存二進位（而不是十進位）數字的軟體程式（而不是用硬體連接器）。馮紐曼和他的同事沒有積極申請專利，顯然是為了鼓勵電腦技術的應用和推廣。

馮紐曼對電腦發生興趣純屬偶然，故事如下：他本來就對流體力學和衝擊波有興趣，這有一部分是因為他在研究星球互撞的天體物理學。當時人們對天體物理學所包括的非線性效應還了解得很少，因此，身為這方面專家的他在羅沙拉摩斯被視為無價之寶。在那裡，他很驚訝研究工作的計算非常複雜，手工和機械式計算卻十分緩慢。而他在戰爭時期曾研究陸軍在費城的 ENIAC 電腦，形成了改進電腦的想法。

戰後，馮紐曼決定在普林斯頓建造更好的新型電腦。但他的想法在那裡的接受程度有限。愛因斯坦認為電腦無助於他提出統一場論。於是馮紐曼轉向外界尋求資助。他和 RCA 公司的電機工程師左力金向海軍的史特勞斯鼓吹，說電腦可以預報天氣：諾曼地登陸不是幾乎被不可預測的海峽氣候毀了嗎？他們的遊說果然奏效，海

軍、RCA 和其他來源都願意提供資金，在普林斯頓建造這種新型電腦。

普林斯頓的電腦每秒能完成兩千次乘法運算（今天，IBM 390 系統主機每秒能處理約 41,000,000 條指令）。海姆斯證實了有一則令人驚奇、更令人好笑的故事。當電腦測試的時刻到來，有人提出一個問題：怎麼知道電腦是否工作正常呢？他們必須知道正確的答案。於是一場臨時的「約翰亨利競賽」展開了：馮紐曼和機器對抗，結果馮紐曼比電腦更早得出答案。

普林斯頓的電腦並不能正確預測天氣；今天更快的電腦也不能。但這台電腦以及早期的其他電腦在其他應用領域倒是表現良好。普林斯頓電腦第一個真正的應用（一九五〇年代中期）是為氫彈計畫進行一系列必需的計算。

馮紐曼在早期電腦的工作導致了自動化機械的大規模研究。在他生命的最後階段，由於希望電腦效率更高，馮紐曼轉而研究人的大腦。克拉拉在她丈夫身後才出版的《電腦與大腦》一書的前言寫道：「直到他有知覺的最後時刻，他始終對自動化機械的可能性以及在快速成長的應用中尚未弄清楚的問題，抱著濃烈興趣和好奇心。」馮紐曼也許不曾想像電腦在賽局理論基本問題的研究中變得如此重要。沒有電腦，艾瑟羅德對重複囚犯困境的研究將難以實現。

與此同時，克拉拉成為第一批電腦程式設計師之一。在強尼的指導下，她為阿伯丁試驗基地和羅沙拉摩斯編寫程式。雖然她是透過強尼（他是這兩處的顧問）而獲得這份工作，但組合語言程式設

計有很強的能力要求，這使其他人沒有理由懷疑克拉拉是業餘插花或利用裙帶關係。後來，克拉拉表示電腦工作是她曾經做過的工作中最有意思的。

關於馮紐曼和電腦有一則古怪的謠言，最早出現在義大利的《大眾畫報》雜誌上，後來發表在《世界文摘》，隨後又在好幾個國家的報刊上轉載，在一九四〇年代末期成了填版面的典型八卦新聞：

據美國普林斯頓大學紐曼教授披露，在為了建造「機器頭腦」而工作的八百位科學家和技術員之中，百分之四十的人都變成了瘋子。他們大多數被送進美國軍方的精神病醫院，日復一日做著大量的計算工作。

加拿大一個雜誌編輯把這則新聞剪下，寄信給普林斯頓的「紐曼教授」，信也正確地轉給了「馮紐曼」。馮紐曼回信說，這當然是一則謠言。

預防性戰爭

同一時期，羅素建議對蘇聯發動一場預防性戰爭，這是他自己曾經否決的提議。羅素首次向公眾呼籲發動預防性戰爭應該是在英國的一本流行雜誌《騎兵隊》一九四五年十月號。羅素建議盟國形成一個世界性的聯盟並要求蘇聯參加：「……如果蘇聯不讓步，拒

絕參加同盟，那麼在經過足夠的時間考慮成熟以後，我前面列舉的正義戰爭的條件將完全滿足，而作為宣戰理由的事件也不難找到。」

羅素私下承認他非常不喜歡蘇聯，一九四六年一月他寫信給朋友布倫南說：「我出於理智非常憎恨蘇聯政府。」一九四七年羅素寫信給愛因斯坦：「我想和平的唯一希望（這個希望是如此渺茫）在於威懾俄國……總而言之，我認為與蘇聯達成任何和解的企圖是徒勞無功的。想以這種方法達成任何目標，在我看來都只是『一廂情願的想法』。」

一九四七年十二月三日，羅素在英國皇家學會的午餐會上發表演說，這次他說得更直截了當：

我希望盡快看到有意避免原子彈戰爭的國家形成緊密聯盟。我認為我們應該形成強大的聯盟，足以面對蘇聯並對它說：「如果你同意這些條款，那你就加入這個聯盟；如果你不願意加入，我們將同你決一死戰。」我傾向認為俄國將會默認這個計畫；否則，我們必須立即採取上述步驟，世界才可能從隨後的戰爭中生存，並出現全世界需要的單一政府。

羅素還跟英國軍方討論過這些想法。一九四八年五月，他寫信給曾經提出核子工廠檢查計畫的馬賽耶：

去年，與一些專業戰略家的交談修正了我的觀點。他們說，在若干年內我們居於較有利的地位，俄國還不會有原子彈；西歐經

濟的恢復與軍事的整合將在戰爭開始前有進一步發展；目前，空中優勢和原子彈都不可能阻止俄國掃蕩整個西歐直至多佛海峽；對我們來說，最危險的時期是今後兩年。這些觀點也許正確，也許不正確，但無論如何他們是最好的專家。

有些事使歐洲人比美國人看得更清楚。如果俄國征服西歐，那麼造成的破壞再也無法復原，即使以後重新奪回也沒用了。實際上，所有受過教育的人都會被送到西伯利亞的西北部，或者被送到白海沿岸，大多數人將在困苦中死去，倖存的少數人將變成野獸（看看波蘭知識份子的遭遇就清楚了）。如果使用原子彈，將首先投到西歐的土地上，因為俄國遙不可及。俄國人即使沒有原子彈也能摧毀英國所有的大城市，就像如果戰爭再拖幾個月德國人就能做到的那樣。我絲毫不懷疑美國最後會贏，但是除非西歐能夠防阻入侵，否則世界的文明將失去幾個世紀。

即使要付出代價，我認為戰爭還是值得的。共產主義必須弭平，世界政府必須建立起來。如果能守住目前在德國和義大利的戰線而等待轉機，將有無法估量的裨益。我不認為俄國人會不戰而降。我認為所有俄國人（包括史達林）都是昏庸和傲慢的，但我希望在這一點上我是錯了。

輿論猛烈批評羅素這些觀點。一九四八年十一月二十一日的《雷諾新聞》抗議羅素「用他在漫長生命中累積的智慧提煉出來的話，竟然是死亡和絕望的訊息。他告訴我們的其實就是要我們放棄對人類理性的所有信念，把自己陷入毫無止境的大規模殺戮、城市

毀滅、富饒的地球被原子輻射污染和毒化等等。羅素爵士，著名的哲學家，提出的是最老式和最血淋淋的謬論：『用戰爭結束戰爭。』」

人們對原子彈的態度已經發生了變化。在廣島轟炸後不久，許多人感到原子彈太殘酷，不應該再被使用。死於輻射病的犧牲者以及恐怖的怪胎照片說明，原子彈所造成的苦難並不會隨著蘑菇雲的消散而消失。但如果因為原子彈太可怕而在任何情況下都不予使用，那它就沒有威懾價值了。一九四八年底，美國國務卿馬歇爾做出一個有趣的評論：「最近，我認為蘇聯領導人大概已經感覺到美國人民將永遠不允許使用原子彈。」

一九四七年，由於蘇聯拒絕撤出東德，「預防性戰爭」一詞進入了美國公眾的視野。美國人看透了蘇聯不再是同盟者，而是對西方利益不抱同情心的國家。美國國務卿拜恩斯建議西方用武力迫使蘇聯撤出德國，這讓喜歡猜測的報刊編輯認為美國將對蘇聯本土進行核武攻擊。

一九四七年十月三十一日的《美國新聞》刊登了一篇文章，題為〈「預防性戰爭」的代價〉。雜誌中引述：「戰時的國防部長史汀生說，關於預防性戰爭的言論被大眾認為是一個『錯誤』。杜魯門總統也至少從他某位一向了解民意的助手那裡聽說，人們說如果真的會有戰爭，最好讓它盡快過去。」

認真考慮過預防性戰爭的另一位領導人是空軍總司令斯特拉邁耶將軍。一九四七年十二月十二日，他在紐約說，在聯合國能夠保證和平以前，「致命的戰爭遊戲」只會有暫時的休兵。他發出下列警告時顯然把戰爭視為一場足球比賽：「由於比賽隨時可能恢復，

因此勝利的一方必須保持強大和完整，一旦哨聲一響立刻上場。我們並不魯莽，但對方可能是；我們也不應該是魯莽的，否則我們會輸，並為此付出代價。」

　　由於滿懷恐懼和灰心喪氣，少數民眾也開始考慮使用原子彈。紐約歌手霍普金斯唱出了一個問題：「我們還在等什麼？」一九四八年，他在一首贊成預防性戰爭的歌曲中表示：「我們必須讓原子彈盡責／不讓殘暴的魔王得勢／……把他們轟走，讓自由王國來臨／絕不讓群魔逃生！」

05
Chapter
蘭德機構。

　　蘭德機構位於聖塔莫尼卡大街一七〇〇號，離海灘僅一條街，由一些不太顯眼的中低層樓房組成。它的建築外牆上斑駁刷著帶些粉紅的赤褐色和淡灰的白色，和加州一些大學校園的建築物有些類似。幾個告示牌界定了機構的範圍，也警示外人這是私人財產。機構沒有威嚴的大門或籬笆；周遭由棕櫚樹和熱帶闊葉灌木所點綴的風景，讓人想起一九五〇年代加州人的所愛。窗戶外面巨大的固定百葉窗擋住熾熱的陽光。高層的窗戶俯視著聖塔莫尼卡碼頭上的摩天輪、聖塔莫尼卡林蔭大道、市政大禮堂、老舊的汽車旅館如佛朗明哥・韋斯特、以及用很大的蛤殼和戴著廚師高帽的龍蝦裝飾著的海鮮餐廳。蘭德最著名的分析人員海曼・卡恩有時會中斷他對不可思議的問題的思考，縱身躍入太平洋游泳。馮紐曼到這裡訪問時，通常住在附近的喬治旅館，旅館現在還在，不過已經變成海濱的老人安養院了。

有些人說蘭德機構反映了現代版本的馬基維利主義。不管是鷹派還是鴿派，都把它當作一個祕密巢穴，裡面有一些不道德的天才暗中策劃陰謀。蘭德是如此出名，在一九六〇年代還成為彼得·西格在一首諷刺性民歌中挖苦的對象：蘭德機構是世界的歡愉／他們整天想著領賞金／他們坐著賭錢玩得興高采烈／籌碼卻是你和我……[01]。《商業週刊》報導：「職業軍人替這些闖入國家安全領域的平民取綽號，例如『國防知識份子』、『蘭德幫』、『技術專家』，甚至一些更難聽的名字。托馬斯·懷特將軍最近說，他與其他軍職人員一樣，『一想到抽著菸斗、像擠在樹上的貓頭鷹那樣所謂的國防知識份子被當成國家棟梁，我就感到憂心忡忡。』」這種憂慮也出現在蘇聯的《真理報》，該報曾稱蘭德是美國的「死亡暨破壞科學院」。

保羅·迪克遜在他一九七一年的《智庫》書中寫道：

如果今日美國的主要問題是本末倒置的話，那麼蘭德就是這個問題的一部分。舉例來說，蘭德從不研究美國老年人今天所面臨的問題，卻十分認真地考慮核戰之後老年人會碰到的假設性問題……蘭德一九六六年提出，核武攻擊後，如果沒有老人和體弱者，對倖存者來說是最好了，美國的政策應該是拋棄這些人。冷血的蘭德報告有如下的結論：「執行一個在道德上令人反感、但對社會有利的

---

01 〈蘭德讚歌〉（Rand Hymm），詞曲來自馬爾維那·雷諾（Malvina Reynolds），施羅德音樂公司（Schroder Music Co.）一九六一年版權所有。一九八九年由南茜·希曼爾（Nancy Schimmel）重新改編。

政策的最簡單方法就是什麼也不做。因此，核武攻擊之後，處在壓力下的社會管理者最可能解決問題的做法，就是不向老年人、精神病人和慢性病人提供任何特殊照顧。」

大眾的疑慮沒有絲毫削弱蘭德研究人員對該組織的驕傲。一九六〇年，謝林[02]在他劃時代的著作《入世賽局：衝突的策略》前言寫著：「蘭德是優秀人員的集合，它是最出色的……但蘭德不只是人員的集合，也是一個具有才智、想像力和良好幽默感的特徵的社會組織。」其他蘭德人員的觀點則更接近於驕傲自負。蘭德創始人考爾鮑姆一九九〇年去世後，《洛杉磯時報》引用蘭德發言人庫克的話說：「在考爾鮑姆領導下的早期蘭德，可以毫不誇張地稱為西方世界的一個知識中心。」

蘭德的歷史

蘭德機構是從二次大戰期間進行的「作業研究」發展出來的。隨著戰爭愈來愈可怕複雜，人們發覺過去常用的軍事策略已經不再適合現代戰爭了。摩根斯坦在他一九五九年的《國防問題》一書中寫道：「軍事行動變得如此複雜，導致將軍和指揮官們的一般經驗和訓練已不足以解決問題……他們的態度不再故步自封，而是經常求助於科學家：『這裡有一個大問題，你能幫助我們嗎？』這種態

---

02 譯注：Thomas C. Schelling，二〇〇五年諾貝爾經濟學獎得主。

度不限於製造新的原子彈、更好的燃料、新的指揮系統等等，也經常包括即時和計畫中的戰略和戰術應用。」

戰爭結束以後，軍事首腦們痛惜人才流失，這群智囊從軍事系統流向大學和私人企業。軍人和公務員的薪水對於大多數有才華的人來說缺乏吸引力，即使付出有競爭力的薪水，也只有少數科學家願意為軍事部門工作。也有人相信（雖然後來被證明不正確），大學對於從事祕密國防研究的態度很小心謹慎。因此，美國軍方曾經討論幾個補救的方案，如建立一個政府採購局以吸收智囊，另一個想法是把國防任務以合約形式委託給私人企業或軍事／企業的聯合體。

一九四五年夏天，道格拉斯飛機公司派遣考爾鮑姆到華府去遊說建立一個軍事研究機構。考爾鮑姆是個老資格的工程師和試飛員，曾經幫助設計經典的 DC-3 飛機，也是 DC-3 首飛的試飛員。空軍的阿諾德將軍對考爾鮑姆帶來的想法特別感興趣——這一點也不令人驚訝，因為阿諾德將軍的一個兒子娶了唐納‧道格拉斯的女兒，而道格拉斯的公司又是空軍的主要供應商。阿諾德決定讓空軍來實現該構想。

一九四五年十月一日，在舊金山附近的哈密頓莊園，阿諾德將軍會見考爾鮑姆、唐納‧道格拉斯，以及道格拉斯飛機公司的其他管理人員。阿諾德承諾調撥剩餘的一千萬美元國防經費給該公司用於研究。一千萬美元在當時是一筆很大的金額，他們希望這筆資金足以從學術機構吸引最卓越的科學家。

阿諾德的動機和行為的合法性引起了爭議。指揮官的特權是

一回事，但一千萬美元是納稅人的錢，而且當時國防開支已經在緊縮。佛拉德回憶，當他為軍方工作時，有一次偶然見到一份帶紅邊的文件，上面標著「機密」。他的名字不在允許閱讀人員的名單中，但他還是看了一遍。這份文件正是關於以國防採購資金去籌建名為「蘭德計畫」的研究機構。佛拉德把這份文件拿給他的上級看。那時一般人相信艾森豪將軍將對此大發雷霆。

佛拉德對這個機構知道得愈多，就愈認為這是個好主意。蘭德將投入賽局理論的軍事應用，就像佛拉德關於轟炸日本的研究那樣。佛拉德試圖使他的上級相信此計畫的價值。最後，艾森豪和其他的軍事指揮官被說服了，接受該計畫，同意向道格拉斯公司提供資金。

「蘭德計畫」之名是道格拉斯公司的主管阿瑟‧雷蒙所取的，蘭德（RAND）是合併了「研究與開發」（Research and Development）的意思。就像這個沒有明確含意的名字一樣，蘭德的角色也欠缺明確定義。最初蘭德的任務被定位於研究洲際彈道飛彈（ICBM），因為當時認為，如果未來戰爭還使用廣島和長崎任務中的轟炸機，不但功效未卜，並且容易被攻擊。

從法律上說，蘭德是個混血，既非完全和商業有關，也不全是政府機構。有一種說法是道格拉斯建立了一個慈善基金會以管理蘭德。也有人認為蘭德應該是整個航太工業的計畫，而非僅屬於道格拉斯公司的計畫，這導致了一個不太管事的顧問委員會成立，成員包括其他大型航空公司的高階主管。

雖然蘭德理應只對空軍負責，但它卻是道格拉斯公司的一部

分，位於後者在聖塔莫尼卡的總部大廈二樓，由考爾鮑姆領導，他同時仍保有在道格拉斯公司的職位。因此，其他公司都擔心他們對空軍或蘭德提供的好想法最終會落到道格拉斯公司手裡。

祕密工作的進展很遲緩。空軍（一九四七年從陸軍分離出來成為獨立的軍種）抱怨蘭德計畫沒有吸引到最好的天才，甚至抱怨道格拉斯公司只對賺錢感興趣。一九四六年九月五日，作戰部的鮑爾斯寫信給阿諾德將軍：「我的觀感很明確，即理想主義已經從美景中完全消失了，而我們正和道格拉斯公司在完全商業的基礎上合作。空軍為這項計畫可以簽字同意支付任何、所有的費用，只有那些道格拉斯公司可能接收的資產除外。」

道格拉斯公司本身也不滿意。一九四七年，它在一項預期可以拿到的國防合約輸給了波音公司。許多人懷疑空軍此舉是要顯示它並非獨厚道格拉斯。對道格拉斯來說，失去的合約可能比蘭德計畫的利潤更多。公司管理層因而懷疑自己是否屈服於愛國熱情，而忽略了利潤的目標。

終於，在一九四八年二月，蘭德的顧問委員會（包括波音、諾斯洛普、北美航空公司的代表）建議蘭德從道格拉斯公司中分離出去，成為獨立的非營利機構。道格拉斯公司並未提出異議。

一九四八年三月，蘭德機構正式成立，成為眾多美國研究機構中的異數。名義上是非營利的組織，實際上它透過政府合約從事有利可圖的「商業活動」。福特基金會為蘭德提供信貸保證，初始的運作資金很快就籌好了。蘭德的章程平淡無味，聽起來就像描述史密森機構[03]：「為了推動與促進科學、教育和慈善事業，一切以美

利堅合眾國的公眾福祉和安全為目標。」同年十一月，空軍把與道格拉斯合約的剩下餘額（大約是原先一千萬美元的一半）都轉給蘭德。在最初幾年，空軍是蘭德機構的唯一客戶。

蘭德的空軍合約給了它幾乎不可思議的自由度。跟機構的章程相比，這份合約還不算太模糊。合約要求蘭德研究與洲際武器有關的廣泛課題，但海面的除外，目標是向空軍推薦相關的優先技術和設備。「海面除外」這句是為了防止侵犯海軍的權限範圍。實際上，這份合約的執行範圍比其文字規定的要廣闊得多。杜魯門的「原子外交」就是以美國的核子壟斷為根據，傳統兵力被縮減，而具備原子能力的空軍成為美國國防的主要依靠。

在這些寬鬆的方針指導下，蘭德的科學家被允許研究他們感興趣的任何問題，不管空軍是否對此感興趣，都會為研究費用買單。反之，蘭德可以拒絕空軍要求進行的專題研究（蘭德偶爾也會做一些科學家通常不感興趣的小課題）。

事實上，蘭德非常喜歡早期的「灰色時光」，因為在這段時期沒有什麼研究成果的壓力。幾乎沒有人知道蘭德是什麼，大眾不知道、媒體不知道、國會也不知道，許多人搞不清它是不是雷明頓·藍德打字機公司。蘭德主要是對空軍的研發部主管柯堤斯·勒梅將軍負責。按照布魯斯·史密斯的《蘭德機構》一書的說法，勒梅指出：「新的機構必須有高度的自由以實現其研究目標。因而，蘭德的歷史上反覆出現以下模式：當空軍由於內部權力鬥爭而使蘭德有

---

03 編注：Smithsonian Institution，美國國立教育與研究機構，下轄十五個博物館與八個研究中心，多數位於華府。

淪為犧牲品的危險時，空軍高層有『保護傘』在關鍵時刻挽救它；因為批評而使蘭德的預算被大大壓縮時，它也受到高層保護而不致瓦解。」

至少有某些蘭德創始人曾預計蘭德會製造武器。但很快他們就決定不設計真正的武器，甚至也不進行這方面的實驗工作。一九四七年二月八日的《商業週刊》在一個小欄目中記述了一件不起眼的事：

蘭德計畫，這個空軍超級機密的「科幻」部門，眼看即將壽終正寢。主要原因：現在它已不再是超級機密，而使計畫看來很尷尬。蘭德計畫是空軍與道格拉斯飛機公司簽訂的一份合約，集合一批各式各樣的專家，供他們構想天馬行空的主意，或者研究空軍高官們的離奇想法。而且，這些專家對他們所要求的任何事有最高的優先權……當蘭德機構向橡樹嶺國家實驗室提議，希望得到一些有強輻射性的同位素時，它的霉運就來了：作戰部開始調查是誰要這些東西。結果，蘭德沒有得到這些同位素。

一則長期流傳的玩笑說，蘭德的意思是「研究和不開發」（Research and No Development）。

蘭德的內部結構更像一所大學，而不像軍事單位或企業。它的部門有學術性的名稱，例如數學部門或環境科學部門（令人驚訝的是，有一次它宣稱百分之七十甫獲得數學博士的人都向蘭德求職）。蘭德有充足的軍方經費，加上只有很少限制條件，它的自由

度就像擁有充分資金捐贈的大學。一些慈善性的遺贈也資助了蘭德的研究工作。蘭德舉辦過藝術展覽和音樂會。大樓二十四小時開放以配合不按正常上下班時間工作的人；然而它畢竟不是大學，守衛會細心記下每個來訪者的姓名以及進入和離開的時間。雖然目前只有不到一半的研究是機密的，但敏感的部門還是會加強嚴格保密。

蘭德每年出版幾百份報告和圖書，數量堪比小型的大學出版社。其中有本書叫《一百萬個隨機數字以及十萬個標準偏差》，這本稀奇古怪的手冊有一部分是為了幫助賽局理論混合策略的應用而出版。另一本較為流行的蘭德出版物是約翰・威廉斯的《全能策略家》，這是為了有興趣了解賽局理論的門外漢而寫的滑稽入門書，內容充滿了威廉斯的幽默調侃、蘭德內部的笑話以及卡通漫畫。它容易閱讀，是非數學式的導讀教材，又可作為觀察蘭德的時代精神的一個窗口。書中有個段落典型地反應威廉斯的幽默觀點（為了在混合策略中使用隨機機制而辯護）：「炸彈並沒有什麼智能，因此，投彈手有時可能心裡想的是金髮女郎，而不是投彈目標。當然，如果我們跟著這個反應鏈往前追溯，一定會在某個環節出現恰當的智力活動。」此書在許多國家出版，包括蘇聯。在俄譯本中，威廉斯分析的俄羅斯輪盤被改成了「美國輪盤」。

同其他保密單位一樣，蘭德也被毫無根據的謠言困擾。一九五八年八月八日，參議員賽明頓指控蘭德機構正在研究美國可能會如何向敵對勢力投降——賽明頓認為他們不應該做這樣的事，因為這是美國存在失敗主義的訊號。顯然賽明德若不是沒看過蘭德的研究報告〈策略性投降〉，就是完全誤解了報告。這份研究是綜

述過去美國要求敵方無條件投降的案例，分析它們是否比提早談判讓對方投降更有利。雖然蘭德對賽明頓的指控迅速做出解釋，卻仍不能阻止參議院為此進行兩天辯論，最後還通過了一條法律，明確禁止用人民納稅錢去研究任何形式的戰敗或投降。這條法律至今有效。

還有一個明顯沒有任何根據的謠言發生於一九七〇年四月，是由紐豪斯新聞社傳開來的報導：尼克森總統曾經命令蘭德機構，研究取消一九七二年大選的可行性。這個謠言雖然很快被各方面否定，但蘭德還是為此對當時的研究工作做了一次全面清理，以確定是否有容易引起誤會或被歪曲而引發謠言，當然檢查結果一無所獲。

蘭德為維護形象採取了如此真心誠意的政策，但在一九五〇年代它仍然感受到外界冷漠的對待。現在，它是眾多同類型智庫之一（許多智庫是受到蘭德的成就而鼓舞），而這些智庫已經不像從前一樣有突出的地位。近年來，蘭德大大擴充了它的客戶基礎，除了美國國防部的一些分支機構，還包括美國太空總署、國立衛生研究院、福特基金會、紐約市政府、加州政府、紐約證交所和美國證交所。

想不可想之問題

在大眾心目中，蘭德之所以出名，是因為它在思考核戰如何進行及其後果，而且是「想不可想之事」。事實上，蘭德的第一個研

究項目就是為了用核武進攻蘇聯而選定目標。一九六〇年，在一篇回憶蘭德的散文中，它有名的分析理論家海曼‧卡恩問到：「核戰倖存者還能過著美國人習慣的生活嗎？還能有汽車、電視、有車庫的房子、冰箱等等東西嗎？沒有人能回答，但我認為這是非常有可能的……」

　　洲際飛彈比原子彈晚出現了十年，不過它像原子彈一樣產生了按鈕戰爭的兩難。德國的 V-2 導彈射程僅兩百英里，在當時已經十分令人驚訝。V-2 使人看到了洲際飛彈的可能性。但在一九四五年，電腦科學家范尼瓦‧布希告訴美國參議院：「許多人在談論射程三千英里的高角度火箭飛彈。我的看法是，這在許多年內都是不可能的。大肆宣傳這類事的人使我討厭，他們喋喋不休談論三千英里高角度火箭，可以攜帶原子彈從一個洲發射到另一個洲，像精確武器一樣擊中確定的目標，如某個城市。但我敢說，在技術方面，世界上還沒有任何人知道怎樣去做到這一點，而且我堅信，在未來非常長的時間內也做不到……我認為我們可以不必考慮洲際飛彈的事。」當然布希不缺乏想像力，也不缺乏情報。馮紐曼也是如此。他在幾年以後，一九四八年十二月一日寫給《新共和》雜誌編輯一封信（後來沒有發表）：「談到原子彈，我同樣覺得我們離任何形式的『按鈕』戰爭還很遠。」

　　情況何以在十年之內完全改變呢？一個因素是，飛彈的有效負載發生了變化。氫彈比裂變式原子彈的威力大得多，使飛彈的精確度不再成為大問題。沒有擊中目標而落到郊區的飛彈，仍有摧毀整個目標城市的能力。

蘭德及其顧問團隊在開發 ICBM 計畫中扮演了關鍵的角色（由於 ICBM 與 IBM 縮寫相近，IBM 曾經要求它改名）。馮紐曼搖身一變，從 ICBM 的懷疑者變為最熱烈的鼓吹者，他開始宣傳「用遠程導彈發射核子武器，使之具有最大的威力」。

在實際製造洲際飛彈時，蘭德的物理學家奧根斯坦是主要的設計者。蘭德總裁考爾鮑姆把他的計算拿給五角大廈看。一九五四年美國便決定進行「擎天神」洲際飛彈計畫。

蘭德研究了由軍方領導人或自己的理論家所提出的一些令人不安或異常的概念。曾有一些蘭德的研究人員擔心戰爭中時間延遲的問題，也就是在決定發動攻擊到實施攻擊之間所流走的時間。顯然，必須給最初按下按鈕的人有絕對的優先權。蘭德提出了「自動防止失誤」方案：轟炸機隨時在空中待命，危機發生時，立即飛向敵國的目標，一旦到達「自動防止失誤」點，它們將返航，除非接到總統繼續前進的命令。

一份研究報告問道：假定有人夷平了克利夫蘭，華府要如何發現這一情況？發現這一情況要花多長時間？蘭德還研究過核子擴散：誰能獲得原子彈，獲得的速度能多快？原子彈可以多便宜、方便攜帶又容易使用？蘭德另一個半認真的點子是銶製子彈。每顆銶製子彈是逼近次臨界質量的高裂變同位素，裝進有厚厚裝甲、遠射程的步槍，當子彈擊中目標，其爆炸威力相當於上噸的 TNT 炸藥。

在另一份研究報告中（由蘭德自己提出，而非空軍），蘭德仔細考慮了空軍人員意外破壞、故意陰謀破壞以及精神失常而發動未經授權的核子攻擊的可能性。蘭德的結論是：這三種情況都很有可

能，必須認真對待。事實上，如果讓一個非理性者擔當核子工作要職，發動核戰爭是完全可能的。空軍接受了蘭德的建議，對從事原子彈工作的人員進行徹底的心理篩選，並設計了「行動許可聯繫」，也就是更安全的「按鈕」，必須若干人合作才能啟動和引爆核子彈頭。

一九五一年，空軍要求蘭德建議美軍在歐洲部署新基地的地點。這個任務分派給了數學家兼經濟學家霍斯泰特。他差點拒絕這個課題，認為它太無聊。一九六〇年《哈潑》雜誌引用他的說法:「對我來說，這是一個愚蠢的後勤問題，討厭而無趣。」但他最後還是同意研究，條件是他可以擴充這個計畫，把抽象的嚇阻問題也包括進來。

這項研究成果在蘭德一九五四年的一份報告中披露，是對公共政策產生最大影響的報告之一。它一開頭就說，空軍提出這個問題首先就錯了。海外基地的成本效益並不划算，而且這些基地在蘇聯突然襲擊時幾乎只能坐以待斃。然後，報告建議建設更多的國內基地，並實行具有「第二擊」能力的策略。所謂第二擊，是指美國對蘇聯發動反擊的能力，即使蘇聯第一擊殺死了大多數美國人之後，美國仍有能力反擊。自此以後，第二擊成為五角大廈思想的基石。蘭德這份報告還支持北極星潛艇計畫，認為它有助於提高第二擊的能力，因為核子潛艇不會停在一個地方，所以敵人要摧毀所有的核子潛艇並阻止反擊幾乎是不可能的。

蘭德也曾做過解除武裝的研究，但最廣為人知的相關報告有令人沮喪的結論。它的物理學家拉特在報告中說，蘇聯可以隱瞞地下

核子試驗，因為他們會讓試驗產生和地震同一類型的震動波。

難得的金羊毛

約翰・威廉斯曾經多年領導蘭德的數學部門，後來成為囚犯困境第一次實驗的主角。威廉斯生在富裕家庭，接受了數學教育，但對許多領域也感興趣，包括氣象學。在他領導下，一項課題的研究會把相關許多課題連在一起，而蘭德的專家名冊也變得非常多元。

到一九六〇年，蘭德自誇能擁有五百位全職的研究人員、約三百位兼職顧問。研究課題非常廣泛，包括數學教育、精神機能疾病、阿拉伯政治中的階級制度等等。保羅・迪克遜曾經列出蘭德研究過、但對世界沒有影響或僅有極小影響的工作，包括「蘇聯磚瓦的價格、衝浪運動、語義學、芬蘭語的音韻學、猿猴的社會群落、對廣受歡迎的民間玩具『瞬間瘋狂』的分析」。

在蘭德，你可以很容易提出任何聽來愚蠢的研究課題，吹噓它們是珍貴難得的「金羊毛」。蘭德的支持者指出，許多這樣的研究產生了未曾預料到的巨大好處，其中之一是太空計畫。在 NASA 成立之前，蘭德是美國從事太空研究的主要機構，這真得感謝空軍合約中的允許條款。蘭德為 ICBM 計畫所解決的許多問題，對和平時期的太空飛行也很有用，例如它所設計的可重新登入的火箭式導彈的前錐體。一九四六年，蘭德發表了「試驗性環繞地球的太空船的初步設計」，這比蘇聯的旅伴號人造衛星早了十多年。報告指出：

美國在人造衛星的成就將激發人類的想像力，它對世界也許會產生堪與原子彈爆炸比擬的巨大影響。由於掌握原理是實質性進步的可靠指標，因此，在太空旅行上首先獲得重大成就的國家，將被認為軍事和科學技術的世界領袖。為了看清楚它對世界的衝擊，人們可以想像，如果美國突然發現另外某個國家已經成功製造出人造衛星，他們將感到何等的驚愕和欽佩就行了。

社會科學在蘭德也變得重要起來。威廉斯在一九四六年末與勒梅將軍見面，為招聘社會學家尋求支持。威廉斯曾經告訴布魯斯·史密斯：「他們派我到華盛頓去落實這個念頭，所以我必須小心翼翼，不使他們感到厭煩。」勒梅一開始有些懷疑，威廉斯則竭力使他相信這對了解蘇聯非常重要。此外，花一小筆錢在社會科學，可以在別處節省大量資金。會面結束時，威廉斯謹慎地向勒梅確認自己是否理解正確，是否已獲得同意招聘一小批社會科學家？勒梅說：「不，不，不是這樣，讓我們做得乾脆些。要招就多招一些，達到有意義的規模。」

蘭德的社會科學家包括著名的哲學家卡普蘭。德萊歇回憶起卡普蘭有一次乘坐國際航班，鄰座乘客問他在哪家公司工作。蘭德當時還是道格拉斯的一部分，因此卡普蘭回答在道格拉斯飛機公司工作。「公司生意不錯吧？」對方又問。「我不知道。」卡普蘭老實承認。對方覺得很奇怪，就追問：「那你在道格拉斯做什麼呢？」卡普蘭直說：「我是哲學家。」

根據官方消息去判斷蘇聯的意向是很困難的，所以蘭德極度努

力地深入了解蘇聯領導人的內心世界。他們採用解釋學的方法研究列寧和史達林的著作，完成《共黨政治局的行動密碼》報告，希望以此幫助美國外交官對付蘇聯官員。他們還委託像人類學家瑪格麗特·米德那樣的專家，研究蘇聯對權力的態度。有件最驚奇的蘇聯研究計畫在聖塔莫尼卡建立了蘇聯經濟部的影子模型：利用從納粹獲得的文件，為蘇聯經濟建立了一個很精細的模型。

在蘭德全職工作或擔任兼職顧問的社會科學家中，有許多是癡迷於賽局理論的經濟學家。在馮紐曼和摩根斯坦的書出版以後的許多年內，讓賽局理論發展壯大的不是學術界，而是蘭德。在一九四〇年代末和一九五〇年代初，賽局理論及其相關領域的最著名專家沒有一個不在蘭德工作過，不是全職人員，就是兼職顧問。除了馮紐曼，蘭德還聘用了亞羅[04]、丹齊希、德萊歇、佛拉德、魯斯、納許、拉波普特、夏普利和舒比克——他們幾乎同時在蘭德。我們很難想得出別的科學領域的精英如此集中在一個研究機構裡。到一九六〇年時，他們大多離開了蘭德，但繼續在學術世界支配著賽局理論。

馮紐曼在蘭德

馮紐曼與蘭德機構的正式關係開始於一九四八年。一九四七年十二月十六日，蘭德計畫的約翰·威廉斯寫信給馮紐曼，邀請他

---

04 譯注：Kenneth Arrow，一九七二年諾貝爾經濟學獎得主。

參與研究，酬勞為每月兩百美元。威廉斯寫道：「實際上我希望蘭德的成員能在你擅長的廣泛領域共同討論，以通信或面談均可。我們將把蘭德的所有研究報告和論文都寄給你，我相信你會對此感興趣，希望你做出回應（不同意、提示或建議）。在目前這個階段，我們只希望占用你像刮鬍一樣多的時間，把這一小段時間內出現的任何想法告訴我們。」

在一九四八年的一封信中，威廉斯答應馮紐曼：「我們想盡最大努力應用賽局理論……如果你能在這個夏天，尤其是七月和八月，為我們花一些時間，將大大刺激這裡的研究進展，而且我相信，你也會感興趣的……如果你真能把你奔放的能量傾注到這些問題一會兒，將使我們受益無窮。」

馮紐曼很喜歡蘭德的工作環境。威廉斯住在太平洋邊的一棟房子。那是某位上一代的百萬富翁蓋的，房子太大、太貴，以致他過世後賣不出去。一個地產商想了一個好點子，把房子切割成五塊長方形，然後拆掉第二和第四棟，讓原來的一棟房子變成了三棟。威廉斯買了中間那棟，女星黛博拉蔻兒住在另外一棟。威廉斯經常在家中舉辦派對，有高智商學者參加，有烈酒可喝，而馮紐曼常來。

在一次派對上，佛拉德想向馮紐曼表演蘭德的人很著迷的「有三面的硬幣」。所謂有三面的硬幣是蘭德某位研究人員提出的，他認為如果一個圓柱狀的厚厚「硬幣」有適當的尺寸，那麼拋起來落下以後，正面朝上有三分之一的機會，反面朝上有三分之一的機會，以側邊直立在桌面上也有三分之一的機會。此話一出，引起蘭德許多科學家的興趣，紛紛計算這樣的硬幣該有什麼樣的尺寸。威

廉斯對這個概念也很感興趣，他請工匠製造出幾個這樣的硬幣用來開玩笑。當佛拉德和馮紐曼談到一個有三種可能的話題時，他找到了表演的藉口，於是說，讓我們丟硬幣決定吧。馮紐曼提醒他，不對，這個問題有三種可能性。佛拉德這才炫耀地向馮紐曼出示這種硬幣。馮紐曼看了看，想了一會，然後說出它的尺寸比例。他的答案完全正確[05]！

馮紐曼的「完全正確」還有另一個故事。蘭德曾經研究一個極其複雜的問題，當時的電腦都無法處理，因此要求馮紐曼幫忙設計一台更強大的新電腦。馮紐曼要求他們先把問題告訴他。於是蘭德的幾個科學家向他解釋了大約兩個小時，同時在黑板上急促寫下一些方程式。馮紐曼用手埋著頭，靜靜坐著聽。他們解釋完以後，馮紐曼在面前的筆記本上潦草寫了一陣，最後說：「先生們，你們不需要什麼新電腦，我已經把這個問題解決了。」

馮紐曼在蘭德的職位意味著他同時受聘於美國東岸和西岸，蘭德不是他唯一的外部兼職。他經常出差旅行，加劇了婚姻生活上的麻煩。克拉拉抱怨她不受重視，強尼只對工作感興趣——而且無疑抱怨都是有理由的。為此她甚至拒絕丈夫打來的長途電話。在一九四九年五月二日的一封信中，強尼反覆說他深愛、想念著克拉拉，但告訴她不要對他的感情做無休止的考驗。他說，世上沒有人能夠隨時隨地表露愛情而不感到厭煩。

---

05 但佛拉德懷疑即使是馮紐曼也不可能計算得這麼快。他懷疑有人早就跟馮紐曼提過這種硬幣。

約翰・納許

在馮紐曼之後，賽局理論的下一位要角是蘭德的另一位顧問約翰・納許。納許一九二八年生於西維吉尼亞州的布魯菲爾德，在普林斯頓大學攻讀數學。他在那裡對賽局產生了興趣。一九四八年他發明一種遊戲，是用棋子在有六邊形格子的菱形棋盤上或者在六邊形的浴室磁磚上玩的。遊戲推出以後很快在普林斯頓以及高等研究所流行開來，它被叫做「納許」或者「約翰」，後一個名字同時也是因為它可以在浴室地板上玩。（其實哥本哈根的波爾研究所從一九四二年起就流行同樣的遊戲，但納許似乎並不知情）。

和下棋一樣，玩納許遊戲也有一個正確的方法，只是我們無法找到。然而納許證明了正確的方法必然導致先下手的人勝利。一九五二年，派克兄弟公司以「Hex」（六連棋）的名字推出了這個遊戲。

納許和馮紐曼一樣同時在東岸和西岸發展事業：他是麻省理工學院的教授，也是蘭德的顧問。在一九四○年代末和一九五○年代初，納許在一個馮紐曼和摩根斯坦沒有考慮過的方向上擴展了賽局理論，也就是禁止結盟的「非合作」賽局。

對二人以上的賽局，馮紐曼和摩根斯坦集中研究聯盟出現的情況，即參與者結盟行動。他們假定理性的人會對每一種可能的結盟結果加以比較，從中選定最有利的。由於馮紐曼和摩根斯坦的首要目的是按 N 人賽局去處理經濟衝突，上述方法是有意義的。幾家商戶聯合起來固定價格或者把競爭對手趕出商圈；工人組成工會集

體討價還價。在這些情況中，我們有理由預期到，只要對當事的幾方都有利，他們將結成聯盟。事實上，這就是自由市場和自由經濟的定義。

馮紐曼處理過的唯一非合作賽局是二人零和賽局——這種賽局必然是非合作的。當一個遊戲者的收益正是另一個遊戲者的損失時，雙方不可能形成聯盟。然而，馮紐曼已經為這種情況得出大中取小定理。納許的研究則主要涉及非零和賽局，以及有三個以上參與者的賽局。

透過大中取小定理，馮紐曼對理性化做出了完美的解釋。他證明任何兩個理性的個體在發現彼此利益完全相悖時，一定會採取理性的行動路線，因為堅信彼此都會這麼做。零和賽局的這種理性解是由自身利益和互不信任所強制實現的均衡；因為雙方目標對立，互不信任是完全有理由的。

納許擴展了上述理論，他證明非零和的二人賽局也存在均衡解。一般人似乎以為，當兩人的利益並不完全對立時，更容易達到理性的解，因為可以聯合行動來增加共同的好處。但實際上它是更加困難的，而且更難使人滿意。

馬後砲

納許的分析核心簡單得令人喜歡。我們大家都聽過馬後砲吧！球賽後總有人說：「要是我在場上，我就怎樣怎樣，球隊保證贏！」

這種白日夢有一個隱含的規則：你不可能改變對方球隊的策

略。如果你說的是自己一方應該怎樣打球，那麼對方怎樣打這場球你是不可能去改變的，否則贏球就太容易了。如果你可以為對方球隊選擇策略，你可能會破壞他們的玩法，而那是不公平的。

納許對非合作賽局的分析方法強調的是「均衡點」。所謂均衡點是雙方都無怨無悔的結果。其分析方法如下：在賽局之後進行事後分析，輪流問每個參賽者，在對手玩法已經確定的情況下，你是否願意改變自己的玩法？如果每個人都樂於接受剛才的玩法而不做任何變動，那麼剛才的結果就是均衡點。

下面是非零和賽局及其均衡解的一個例子：

	策略一	策略二
策略一	1, 100	0, 1
策略二	2, 0	**5, 2**

上面這張表和前面零和賽局的表有相同的形式，只有一點不同，即每一格中有兩個數，前一數是「橫行參賽者」的報酬，所謂橫行參賽者就是選擇橫行作為其玩法的一方；後一個是「縱列參賽者」的報酬。因為是非零和賽局，所以沒有原來「一人所得是另一人所失」的假設。我們可以看出，某些格子的報酬之和大於其他格子。

在上面這個例子中，納許的均衡解是雙方參賽者都選擇他們的策略二（右下角方格的粗體數字）。顯然橫行參賽者對這個結果很滿意，因為他贏了五點，是在任何情況下他能贏到的最大值。而這

個結果同樣被縱列參賽者接受，因為用放馬後砲的方法可以看出，若我們固定橫行參賽者選擇策略二，縱列參賽者對自己選擇策略二是無怨無悔的，因為他選擇策略一會什麼也贏不到，策略二卻能讓他至少贏二點。

　　縱列參賽者也許會說，好吧，就算你上面說得對，那左上方格是怎麼回事啊？要是選那個方格我會贏一百點呢！答案在於這是不現實的結果，因為橫行參賽者不可能接受。假定兩個參賽者都選各自的策略一，那麼在事後分析中，橫行參賽者會認為他選策略二更好一些（兩個點勝過一個點）。納許合理地提出了一個論點：對於任何一個結果，如果參賽者被允許重來後願意改變策略，那麼此結果就是不穩定的，因此也不是理性的。在上面這個例子的四個結果中，只有右下格可以讓兩個參賽者都無怨無悔。

　　這聽起來像是對「理性解」的一個合理描寫。納許證明了每一個二人有限賽局都至少有一個均衡點。這是馮紐曼的大中取小定理的一個重要擴展。零和賽局的大中取小策略解是一個均衡點；而納許的證明說，非零和賽局同樣也有均衡點。這是一個新的結論。

　　但是非零和賽局還存在一些難題。正如史特拉芬教授在一九八〇年所指出，有些均衡解可能是「奇怪而不令人滿意的」。上述賽局例子的均衡解顯然都有意義，但在其他許多情況下，均衡解就不像零和賽局的解那樣是必然的結果。事實上，納許均衡有時是非理性的。我們在後面的章節中還會進一步討論相關問題。

06
Chapter
囚犯困境。

　　人是非理性的。蘭德機構的佛拉德雖然不是第一個認識到這一點的人，卻是首先採用賽局理論分析這種非理性的人之一。從一九四九年開始，他就潛心研究日常生活中各種有趣遊戲、兩難處境、討價還價等情況。他詢問涉及其中的人如何做決定，他們是否（不自覺！）以馮紐曼／摩根斯坦的理論、納許的均衡論，或以別的方法為根據而做選擇？佛拉德甚至還蒐集蘭德的工作人員在離職時出售或丟棄日用品的詳細資料（許多人只是暑假在蘭德做短期停留）。例如，某個顧問在聖塔莫尼卡過完暑假後，將留下的東西捐給經濟學家史坦豪斯為「公平分配」數學理論所做的實驗，包括蘇格蘭威士忌五分之一又五分之一瓶、半盒梅乾、七個雞蛋、一隻破舊箱子、若干廚房用具，以及零零碎碎的雜物。一九五二年六月二十日，在蘭德機構一份名為〈若干實驗性賽局〉的研究備忘錄中，佛拉德報告了一些這類研究的結果。

買賣別克轎車

一九四九年六月，佛拉德想跟一個準備回東岸工作的蘭德人員買下他用過的別克轎車。他們兩人本是朋友，不想互相欺騙，因此雙方同意替這輛車定一個公平的價格。問題是怎麼定呢？

正好他們認識一個二手車商，於是他們把車開到經銷商那裡，請他按車況定出買進價和賣出價。二者的差價本來是經銷商的利潤，現在買方和賣方可以在兩人之間分配這筆錢。

假定經銷商的買進價是五百美元，賣方如果願意，可以按此價把車賣給經銷商。而買方可以按經銷商的賣出價買車，比如說八百美元。如果透過經銷商做這筆買賣，經銷商淨賺三百美元。如果不透過經銷商，那麼買賣雙方可以彼此分配這三百美元。

買賣雙方應該怎樣分配這三百美元的利益呢？他們可以平分，因此成交價將是經銷商的買進價五百美元加三百美元的一半，共六百五十美元，於是，賣方將獲得額外的一百五十美元，而買方只要付出六百五十美元就獲得一輛八百美元的車。

聽來很不錯。這兩人正是這樣做的。但它不是唯一的解決方案。買賣雙方都可以否決任何定價，只要有一方提出異議，他們就需要做不同的分配。

買方可能頑固地堅持他只願意付六百美元……或者五百五十美元，甚至只付五百零一美元。車主當然可以抬高價格去回應他，但畢竟如果買賣告吹，車主無奈去找經銷商，他只能得到五百美元。因此不管買方的報價怎麼低（但仍高於經銷商的買進價），如果不

接受，賣方只是自討苦吃。

另一方面，賣方也可能堅持要一個接近經銷商賣出價的價格。奇怪的是，愈是不近情理的一方，在交易中就愈占便宜；對於二手車商來說，這不是什麼新聞，但它多少叫人不安。

佛拉德的許多觀察和實驗的基本主題就是「收益分配」。當人們可以合作以保障額外的利益時，他們應該怎樣去分配？佛拉德做了一個自認非常棒的實驗。他提出以下待遇給蘭德的兩個祕書：給第一個祕書一筆現金獎勵（比如一百美元）；或者給兩個祕書一筆更大的獎金（比如一百五十美元），條件是他們對如何分配這筆獎金達成一致意見，並告訴佛拉德他們的理由。

這個實驗與別克轎車的買賣不同，因為第一個祕書不需要另一方的幫助就有獨得一百美元的權利，而另一個祕書呢？除非第一個祕書合作，否則他一毛錢也拿不到。佛拉德猜想他們將像別克轎車買賣的情況一樣，平分額外的五十美元，也就是第一個祕書拿一百二十五美元，另一個拿二十五美元。出乎意料的是，兩個祕書竟然沒有選擇這種分配方法，他們協議平分一百五十美元！佛拉德於是獲得結論：在選擇如何行動時，人們的社會關係扮演著重要的角色。

然而，即使親屬關係也不能保證真誠合作。佛拉德曾經要他三個十幾歲的孩子去做一件看護嬰兒的工作，為此他進行一個「反向拍賣」，即同意以最低酬勞去看護嬰兒的孩子將獲得這份工作。酬勞一開始叫價四美元。佛拉德鼓勵孩子們達成協議以避免引起一場出價的競爭（這是馮紐曼／摩根斯坦的 N 人賽局理論所假定的情

況）。雖然他給了孩子們幾天時間去協商，但他們未能達成協議，最後還是通過叫價，以很低的九十美分成交。

佛拉德說：「這也許是個很極端的例子，但比起成熟的國家由於不能彼此妥協而訴諸武力，孩子們這種錯誤真的不算太極端。我從一九四九年八月就注意到在不同的現實情境中有非常相似的『非理性』行為，而且比比皆是，並非罕見。」

竊賊的信用

在佛拉德論文提到的現實的兩難困境中，最重要的是第三個，名稱是「不合作的一對」。這一部分論文是描述他與同事德萊歇在一九五〇年一月所做的一項實驗，也是囚犯困境的第一次科學討論。

由於原來的實驗並非介紹囚犯困境的最好方法，我們另外用一個故事來表示囚犯困境的現代版本。

假定你偷了著名的「希望之鑽」，想要脫手賣掉它。你認識一個潛在的買主，叫做「大條先生」的黑社會大亨，他是世界上最冷酷、最殘忍的人。他非常聰明，但極端貪婪狡詐。你們已經達成協議，用裝滿一百美元大鈔的一個公文包交換鑽石。大條先生建議在郊外某處荒蕪的麥田裡見面並進行交換，這樣就不會有目擊者。

你偶然得知大條先生過去曾和許多走私商人祕密交易，每次他都建議在一個偏遠的地點進行交換，而且每次他都會秀出公文包並打開以表明誠意。然後，他就拔出手槍打死對方，帶著錢和貨離去。

知道這些情況以後，你當然不認為麥田計畫是個好主意。

於是你提出了一個雙麥田計畫：大條先生把裝滿錢的公文包藏在北達科他州的一塊麥田裡，你把鑽石藏在南達科他州的一塊麥田裡，然後雙方透過各自最近的公用電話，交換如何找到藏起來的錢和貨的指示。

這項計畫有個隱含的安全措施（你很圓滑地沒有提及這一點）。當你去找大條先生的公文包時，你身上並沒有帶著有價值的東西，大條先生（他只是精明的商人，不是殺人狂）沒有理由在北達科他州的麥田裡等待伏擊你。大條先生同意了你的雙麥田計畫。

你在南達科他州找到了一塊麥田。當你正準備把裝有鑽石的公文包藏在那裡時，你突然閃過一個念頭：為什麼不自己留著鑽石呢？大條先生在抵達南達科他州之前不可能知道你背信（你會等他的電話並把藏寶地點告訴他，就像什麼事也沒發生）。到那時，你已經在北達科他州拿到了錢，然後搭飛機前往里約熱內盧，再也見不到大條先生了。

突然你又閃過一個更糟的念頭：大條先生肯定也在打同樣的主意！他和你一樣聰明，但也許比你貪婪十倍！他肯定也樂於對你背信，而你絕對鬥不過他。

這個兩難看來是這樣的（見表格）：

	大條先生遵守協議	大條先生背信
你遵守協議	交易順利完成：你得到錢，大條先生得到鑽石	你什麼也沒有得到，大條先生拿著鑽石和錢離去
你背信	你拿著錢和鑽石離去，大條先生什麼也沒有得到	雙方白忙一陣：你仍留著鑽石，大條先生仍留著錢

問題是你要在一無所知大條先生的決定之下做出決定，然後接受結果。你最願意的當然是既得到錢又不放棄鑽石，而大條先生最願意的當然是不花錢得到鑽石。不過，你們雙方應該都還是由衷希望按照協議而順利交易。大條先生真的希望鑽石能收入他的戰利品櫃子——它不是普普通通的鑽石，而是舉世無雙的「希望之鑽」！他知道為了得到它，你是他唯一的希望。同樣的，你真的需要錢，而大條先生答應你的是一個天價，沒有人會出更多了。

因此歸根究柢，對大家最好的結果是左上方格——雙方遵守成交條件時的結果。但是，對任何一方來說，最好的是自己單獨背信的結果；最壞結果則是在對方背信的情況下，自己笨頭笨腦地遵守協議。

思考此問題有一個方法：你在南達科他的行動不可能影響大條先生在北達科他的行動。不管大條先生怎麼做，你最好是自己留著鑽石。如果大條先生把錢留在北科達他，那你就錢、鑽兩得；如果大條先生沒有把錢留在那兒，你至少還有鑽石在手可以賣給其他人。所以你應該欺騙，別把鑽石放在南達科他州。

還可以有另一種方法來思考：你們兩個是在一條船上的。把上一段的思考邏輯再往前推一步：大條先生也完全能得出相同的結論，對他來說欺騙是「理性的」。如此一來，你們兩人都會欺騙，都將白忙一場、一無所獲。邏輯（？）阻止了一個對彼此都有利的交易。這可一點也不合邏輯！因此你應該遵守協議，應該足夠清醒地了解：欺騙只會破壞彼此的利益。

現在你該明白了，這是一個囚犯的兩難困境。你真該問清楚自

己要怎麼辦了。

這個兩難困境是經由認知科學家霍夫斯塔特的闡述而廣為人知。這裡的兩難特別容易讓人感受。不過，就算是絕對合法的交易行為，大多數也隱含了囚犯困境。你同意買一些鋁製壁板，但你怎麼知道銷售商不會拿了預付款後一走了之？他又怎麼知道你不會止付那張付款支票？我上小學時，孩子們交換玩具有個普遍做法：每個孩子都要在大家注視下把玩具放在地上，與其他孩子的玩具隔開一段距離，然後各自跑向想要的玩具（如果兩個孩子直接交換玩具，總會有一個想把兩件玩具都抓在自己手裡跑掉）。這種安排方式讓每個孩子都能看到其他孩子放棄了玩具，從而避免前面提到的欺騙難題。成年人也有類似的交換，比如在不動產交易中，由第三方保存契約，待條件成立後再交給受讓人。還有犯罪：根據報導，毒品交易中常常有人試圖搞些欺詐的手段，就像前面錢、鑽交易的例子一樣（不過並非都逃得掉懲罰）。

佛拉德／德萊歇實驗

佛拉德和德萊歇認為納許的均衡解可能無法令人滿意。記住，所謂均衡解是以馬後砲的方式回顧遊戲，若在已經確定其他參賽者選擇的情況下，沒有任何參賽者會對自己選擇的策略表示後悔。但有些時候，這種均衡解並非好結果。

佛拉德和德萊歇設計的一種簡單賽局就有這種情況。他們很懷疑現實生活中的人們，尤其是對納許或均衡點一無所知的人，是否

會恰好採用均衡點策略。他們覺得不會。

於是他們當天下午就開始實驗，找來兩個朋友，一個是加州大學洛杉磯分校的艾爾欽（以下簡稱 AA），另一個便是蘭德機構的威廉斯（以下簡稱 JW），讓他們在這個賽局中對抗。賽局可以用下面的報酬矩陣來表示：

	JW 的策略一：背叛	JW 的策略二：合作
AA 的策略一：合作	-1 美分，2 美分	1/2 美分，1 美分
AA 的策略二：背叛	**0 美分，1/2 美分**	1 美分，-1 美分

讀者不必操心表中的報酬值，那只不過是故意搞得叫人摸不著頭腦，以便把均衡點隱藏起來。

兩個參賽者都要在不知道對方做何選擇的情況下選擇自己的策略。如果艾爾欽選策略一（上面那列），威廉斯選策略一（左邊那行），那麼艾爾欽輸一美分，而威廉斯贏二美分（左上方格）。由於這是非零和賽局，贏家是從一個銀行取錢。不管結果如何，參賽者都不需要向另一個參賽者付錢。

就像鑽石交易那樣，兩個參賽者都會發現自己有一個策略是不管對方怎麼做，結果是更有利的：艾爾欽選他的策略二較好，而威廉斯選他的策略一較好。但當雙方都選其「較好」策略時，他們都只能獲得比較差的結果。實際上，如果兩人都選他們的「較差」策略，反而得到比較好的結果。

按照納許的理論，左下方格（用粗體標示）是理性的結果。任

一參賽者單方面改變策略都不會有較好結果。在囚犯困境中，均衡點策略是「背叛」：不管對方怎麼做，參賽者最好都選擇背叛。但是讓我們看一下右上方格。在這個方格中，每個參賽者的報酬都比均衡點的報酬多出半美分。在囚犯困境中，能導致最好的集體結果的策略是「合作」。在鑽石交易中，欺騙便是「背叛」，遵守協議則是「合作」。

在這項蘭德的實驗中，艾爾欽和威廉斯連續進行這個賽局一百次，結果並未顯示出兩人對納許均衡點有直覺上的偏愛——事實上，如果兩人真的有偏愛，那恰恰是相反的策略。在這一百次賽局中，艾爾欽有六十八次選擇非均衡策略（合作，即其策略一），威廉斯選擇非均衡策略（合作，即其策略二）的次數更多，達到七十八次。

佛拉德在一九五二年的論文裡詳述了兩人在一百次賽局中選擇的策略，也記錄兩人在現場的評論。評論顯示，兩人為保證相互合作，要經過艱困的掙扎。威廉斯承認參賽者應該合作以使他們贏取最大的利益。當艾爾欽不合作時，威廉斯就在下一輪中選擇背叛以「懲罰」他，然後又回歸合作。總而言之，威廉斯玩得十分理性——而賽局理論經過四十年的研究後，今天多數學者的參賽策略仍跟他差不多。

艾爾欽一開始是預期雙方都選擇背叛。他說自己很疑惑威廉斯為何最初嘗試合作。在實驗的後半段，艾爾欽提到威廉斯不願意「分享」。我們不清楚他指的是什麼，也許是不滿意相互合作的結果，因為在這個報酬矩陣下，合作的結果他只贏半美分，而威廉斯

贏一美分，報酬是對威廉斯較有利的。因此艾爾欽想選擇背叛使自己的報酬增加；但當他這樣做時，就會造成威廉斯選擇背叛以報復。

這些評論顯然是雙方在該次賽局中已確定了自己的策略，但在得知對方的選擇之前寫下來的。因此某些評論涉及對方在上一輪賽局的選擇。為了簡單說明，以符號C表示「合作」策略，用D表示「背叛」策略。下面我們列出艾爾欽和威廉斯在一百次賽局中的策略選擇，以及他們的評論。

儘管看來使人迷糊，相互合作仍然是最多的結果（在一百次賽局中占了六十次）。如果佛拉德和德萊歇的報酬矩陣更「公正」一些，合作的比率也許會更高。

佛拉德和德萊歇想知道納許會從此次實驗得出什麼結論。相互背叛是此賽局的納許均衡，但它只發生十四次。當他們把這個實驗結果拿給納許看時，納許提出異議，他說：「要檢驗均衡點理論，這個實驗存在著缺陷，因為參賽者實際上是進行一個多回合行動的賽局。人們在一系列獨立賽局中的想法，跟在零和賽局中的想法並不相同。此實驗裡有太多的互動，這從實驗結果可以看得很清楚。」

這當然沒錯。然而，如果你仔細思考，你會發現在多回合的「超級賽局」中，納許均衡策略是參賽雙方在每次賽局中都選擇背叛。但艾爾欽和威廉斯並沒有這麼做。

局次	AA	JW	AA 的評論	JW 的評論	該局報酬 AA (美分)	該局報酬 JW (美分)	累積報酬 AA (美分)	累積報酬 JW (美分)
1	D	C	JW 將選 D 而肯定贏錢，因此如果我選 C 就會賠錢。	希望他是聰明的。	1	-1	1	-1
2	D	C	他是怎麼搞的?!!	看來他不夠聰明，但也許他會變得聰明一點。	1	-1	2	-2
3	D	D	難道他想混用策略？	好極了，傻瓜。	0	1/2	2	-1.5
4	D	D	難道他固定選 D 了？	好極了，傻瓜。	0	1/2	2	-1
5	C	D	太反常了！	這可不是最好的選擇。	-1	2	1	1
6	D	C	我要堅持選 D，因為他想混用策略至少四次以上。	喔不！他以為我會再給他一次機會嗎？	1	-1	2	0
7	D	C		他太狡猾了。好吧…	1	-1	3	-1
8	D	D		他總會明白的，但恐怕要經過十多個回合。	0	1/2	3	-0.5
9	D	D	如果我偶爾混和一下策略，他就會改變 —— 但為什麼他從 D 改到 C 呢？		0	1/2	3	0
10	D	D	預測：他將堅持選 D 直到我從 D 變到 C。	我能保證自己贏 5 美分，也保證對方最多不輸不贏。另一方面，如果對方提供令人滿意的合作，我可以保證對方贏 5 美分，自己贏 10 美分。這意味著我	0	1/2	3	0.5

局次	AA	JW	AA 的評論	JW 的評論	該局報酬 AA (美分)	該局報酬 JW (美分)	累積報酬 AA (美分)	累積報酬 JW (美分)
				控制著大局，對方最好看清這一點並見風轉舵。在小賭注的情況下，我願意如前一樣試著（透過策略 C）與對方合作以謀取互利。在大賭注的情況下，我願意選擇策略 D，直到對方顯出某些主動，願意為他自己的未來投資。只要對方選一次 C，我就會從 D 變到 C，並保持下去直到被對方傷害為止。上一輪我若變換到 D 就太保守了，但是如果對方是一個有穩定性的人，也不急需一小筆額外的現金，我就不會這樣做。				
11	D	C		也許他現在明白了。	1	-1	4	-0.5
12	C	C		我真該死！但是我要再試一試。	1/2	1	4.5	0.5
13	C	C		這就好多了。	1/2	1	5	1.5
14	C	C		哈！	1/2	1	5.5	2.5
15	C	C		（狂喜）	1/2	1	6	3.5
16	D	C			1	-1	7	2.5
17	C	D		真叫人討厭！	-1	2	6	4.5
18	C	D		他真蠢。我要教訓教訓他。	-1	2	5	6.5

因犯的兩難

局次	AA	JW	AA 的評論	JW 的評論	該局報酬 AA (美分)	該局報酬 JW (美分)	累積報酬 AA (美分)	累積報酬 JW (美分)
19	D	D	我完全糊塗了。他想發什麼訊息給我？	讓他吃點苦頭。	0	1/2	5	7
20	D	D			0	1/2	5	7.5
21	D	C		也許他現在聽話了。	1	-1	6	6.5
22	C	C		學習總是要一定時間的。	1/2	1	6.5	7.5
23	C	C		時間。	1/2	1	7	8.5
24	C	C			1/2	1	7.5	9.5
25	C	C			1/2	1	8	10.5
26	D	C			1	-1	9	9.5
27	C	D		又來了。	-1	2	8	11.5
28	D	D	他希望我選 C 的次數比我實際選的還多。	讓他見鬼去吧！	0	1/2	8	12
29	D	D			0	1/2	8	12.5
30	D	D			0	1/2	8	13
31	D	C	又開始了。	再來一次。	1	-1	9	12
32	C	C	JW 想一直選 D。他就是不想讓我老選 C 而彼此共享。	……他學得太慢了！	1/2	1	9.5	13
33	C	C		這才對嘛！	1/2	1	10	14
34	C	C			1/2	1	10.5	15
35	C	C			1/2	1	11	16
36	C	C			1/2	1	11.5	17
37	C	C			1/2	1	12	18
38	D	C			1	-1	13	17
39	C	D		這……	-1	2	12	19

局次	AA	JW	AA 的評論	JW 的評論	該局報酬 AA (美分)	該局報酬 JW (美分)	累積報酬 AA (美分)	累積報酬 JW (美分)
40	D	D			0	1/2	12	19.5
41	D	C		總得出手有效才行啊。	1	-1	13	18.5
42	C	C		老套。	1/2	1	13.5	19.5
43	C	C			1/2	1	14	20.5
44	C	C			1/2	1	14.5	21.5
45	C	C			1/2	1	15	22.5
46	C	C			1/2	1	15.5	23.5
47	C	C			1/2	1	16	24.5
48	C	C			1/2	1	16.5	25.5
49	D	C	他不想共享。		1	-1	17.5	24.5
50	C	D		他是個靠不住的怪人，他不懂我們是在同第三者鬥法，而不是互相鬥法。	-1	2	16.5	26.5
51	D	C			1	-1	17.5	25.5
52	C	C		他需要更多的美德，但他沒有。	1/2	1	18	26.5
53	C	C			1/2	1	18.5	27.5
54	C	C			1/2	1	19	28.5
55	C	C			1/2	1	19.5	29.5
56	C	C			1/2	1	20	30.5
57	C	C			1/2	1	20.5	31.5
58	C	C	他不想共享。		1/2	1	21	32.5
59	C	C	他不想耍弄我。他現在挺滿意。我必須教訓他讓他學會共享。		1/2	1	21.5	33.5

局次	AA	JW	AA 的評論	JW 的評論	該局報酬 AA (美分)	該局報酬 JW (美分)	累積報酬 AA (美分)	累積報酬 JW (美分)
60	D	C		真是個無能之輩——機會主義者，無賴。	1	-1	22.5	32.5
61	C	C			1/2	1	23	33.5
62	C	C		天啊！友誼萬歲！	1/2	1	23.5	34.5
63	C	C			1/2	1	24	35.5
64	C	C			1/2	1	24.5	36.5
65	C	C			1/2	1	25	37.5
66	C	C			1/2	1	25.5	38.5
67	D	C	他還是不願意共享。		1	-1	26.5	37.5
68	C	D	他將因這種嘗試受到懲罰！	他不會成功的。	-1	2	25.5	39.5
69	D	D			0	1/2	25.5	40
70	D	D	我要再試一次（迷惑他）以求得共享。		0	1/2	25.5	40.5
71	D	C		這真像訓練孩子大小便——你必須非常耐心。	1	-1	26.5	39.5
72	C	C			1/2	1	27	40.5
73	C	C			1/2	1	27.5	41.5
74	C	C			1/2	1	28	42.5
75	C	C			1/2	1	28.5	43.5
76	C	C			1/2	1	29	44.5
77	C	C			1/2	1	29.5	45.5
78	C	C			1/2	1	30	46.5
79	C	C			1/2	1	30.5	47.5

局次	AA	JW	AA 的評論	JW 的評論	該局報酬 AA (美分)	該局報酬 JW (美分)	累積報酬 AA (美分)	累積報酬 JW (美分)
80	C	C		好。	1/2	1	31	48.5
81	D	C			1	-1	32	47.5
82	C	D		他需要再接受點教訓。	-1	1	31	48.5
83	C	C			1/2	1	31.5	49.5
84	C	C			1/2	1	32	50.5
85	C	C			1/2	1	32.5	51.5
86	C	C			1/2	1	33	52.5
87	C	C			1/2	1	33.5	53.5
88	C	C			1/2	1	34	54.5
89	C	C			1/2	1	34.5	55.5
90	C	C			1/2	1	35	56.5
91	C	C	只剩下最後一分鐘了，他什麼時候會突然換到 D 呢[01]？我還能在最後一刻打敗他嗎？		1/2	1	35.5	57.5
92	C	C		好極了。	1/2	1	36	58.5
93	C	C			1/2	1	36.5	59.5
94	C	C			1/2	1	37	60.5
95	C	C			1/2	1	37.5	61.5
96	C	C			1/2	1	38	62.5
97	C	C			1/2	1	38.5	63.5
98	C	C			1/2	1	39	64.5
99	D	C			1	-1	40	63.5
100	D	D			0	1/2	40	64

※

塔克的兩難故事

在蘭德機構裡，佛拉德和德萊歇所實驗的怪異賽局引發了眾人很大的興趣。筆者曾經問佛拉德，當他和德萊歇構想出這個賽局時，是否已經認識了囚犯困境的重要性。佛拉德回答：「我必須承認，雖然德萊歇和我確實想到我們實驗的結果相當重要，但是我絕沒有預見這個計畫對科學和社會產生如此巨大的衝擊……我猜想我比德萊歇更興奮地看見它對實際應用的重要性，而他是更期待該實驗對賽局理論的影響。」

佛拉德記得馮紐曼認為這個賽局很令人感興趣，因為它向納許均衡理論提出了全面的挑戰。然而他沒有認真看待這個非正式實驗。德萊歇於是把此賽局拿給蘭德另一個顧問塔克看。塔克也是普林斯頓的著名數學家，認識馮紐曼，也認識納許（納許是塔克在普林斯頓的學生）。

一九五〇年五月，史丹佛大學心理學系請塔克做一次賽局理論的演講。德萊歇拿給他看的賽局當時還深深留在他腦海中，他想一般人會覺得這個賽局比理論更有趣，因此決定拿來討論。因為聽眾都是學心理學的，缺乏賽局理論的背景知識，塔克決定設計成一個故事，於是產生了今天廣為人知的兩難故事，名為「囚犯的兩難」。

塔克故事的意義可不容低估。佛拉德的一九五二年蘭德備忘錄

---

01 艾爾欽的原本評論寫著「變換到二」，顯然是寫錯了。威廉斯的策略二是合作。他的行為說明了自己是在關注威廉斯在最後一回或最後幾回是否選擇背叛的策略。

※ 譯注：譯者在表中加上兩人的該局報酬與累積報酬，以幫助讀者了解兩人所做的評論。

並未被廣泛閱讀，也沒有被當作兩難推論的新「發現」。佛拉德和德萊歐是把他們的實驗作為心理學研究介紹給大家，賽局是為實驗設計的，而且論文中絲毫沒有表示類似賽局在現實世界中可能很重要（雖然佛拉德和德萊歐認為如此）。塔克則做出了重要貢獻，把此賽局當作兩難選擇的例子，並在學術界宣傳這個故事，後來的人才開始研究各種社會上的兩難問題。

塔克在給德萊歐的一封信中描寫了這個兩難故事，稱它是「你拿給我看的賽局的一個『裝飾』版本」。塔克的簡略描寫如下：

兩個被控共同犯法的人被警察分別羈押著。雙方都被告知：

1) 如果一個人招供而另一個人不招供，前者將被授予獎金……後者將被處以罰金……

2) 如果兩人都招供，兩個人都要被處以罰金……

同時，兩個人都有充足理由相信，

3) 如果兩個人都不招供，兩個人都將無罪開釋。

這個故事經過多年傳播和重述而有了很大改進，一般多改為用監禁年期來取代賞罰金。（以監禁年期來當條件，比用現金獎勵招供要現實得多！）故事的典型現代版本如下：

犯罪幫派的兩個成員被逮住並監禁起來。每個囚犯都被單獨監禁，不可能交談或交換訊息。警察承認沒有足夠的證據指控這兩個人的罪刑，他們打算以較輕微的罪名判處兩人各一年監禁。與此

同時，警方許諾每個囚犯都可以進行浮士德式交易。如果他做不利於同夥的證供，他將被釋放，而他的同伴將被判三年監禁。哦，沒錯，這裡有一個陷阱……如果兩個犯人都做不利於對方的證詞，那麼兩人都將被判兩年監禁。

　　兩個囚犯都被允許有一段時間細細思量自己該怎麼辦，但在他們做出無可改變的決定之前，絕不可能知道對方的決定。兩個犯人也都被告知，另一個犯人也有同樣的待遇。因此每個犯人都只關心自己的福利——盡可能縮短自己的服刑時間。

　　兩個囚犯可以這樣推理：「假如我做出不利於對方的證明，對方卻沒有不利於我，那麼我可以逍遙法外（不必受一年的囹圄之災）。假如我做不利於對方的證明，對方也這樣做了，那麼我將坐兩年牢（而不是三年）。在這兩種情況下，我做不利於對方的證明都是有利的，因為不管我朋友怎麼做，我都會少蹲一年牢。」（見表格）

	B 拒絕與警方交易	B 供出對 A 不利的證據
A 拒絕與警方交易	1 年，1 年	3 年，0 年
A 供出對 B 不利的證據	0 年，3 年	2 年，2 年

　　麻煩在於，另一個囚犯可能做出完全相同的結論。如果雙方都是理性的，雙方都會做不利於對方的證明，然後都坐兩年牢。但若雙方都拒絕做出不利對方的證明，每個人卻只需坐一年牢！

塔克的故事當然不是有意成為犯罪學的真實寫照。但有趣的是，某些刑事專家對認罪協商存有疑慮，因此指責這種現實的囚犯困境。要達到死刑的判決需要強有力的證據，不但要證明嫌犯的謀殺罪行，也必須證明罪行是殘酷冷血的。實際上，死刑判決的定罪關鍵往往是犯罪幫凶的證詞。一九九○年一月二十九日的《洛杉磯時報》就如此寫過兒童謀殺犯哈里斯的死刑判決案：

　　在搶劫殺人的案件中，常常有一個以上的犯罪分子涉案，因此可能應該判處死刑的也不只一個人。但是根據加州大學伯克萊分校的法學教授和死刑專家齊默林的說法，對於案件的起訴人而言，「重要的是觸地得分——達成死刑的判決」。

　　在案件中經常出現這樣的競爭：犯人爭先將自己的手指向同犯，並與起訴人達成交易，以做出不利於同夥的證明來換取自己減刑。

　　齊默林說，有些情況下，我們永遠不清楚到底是誰真正下手殺人。是獲得寬大處理的那人嗎？還是接受了死刑裁決的人？

　　囚犯兩難故事裡的戲劇化情節出現了一個問題，那就是帶進了不相關的情緒因素。你也許會覺得，如果自己置於該種困境，並不會為私人的好處而犧牲另一方。這樣做違背你的道德準則，你會因此良心不安。

　　好吧，就讓我們設想一個與道德無關的「友善賽局」。沒有人會因為你的「欺騙」或「告密」而心煩意亂——實際上，讓我們不

再使用任何含有價值判斷的詞彙。設想有一台賭場裡的賭博機器，提供了類似囚犯困境的報酬表。同一時候有兩人為贏得現金而下注。兩個賭客獨立決定怎麼做，然後在莊家宣布開始後，扳動一個隱匿起來的開關來表明自己的選擇。兩人都不准商議各自的選擇，賭場規則也禁止相同的兩個人參與這項賭博一次以上。在此例中，盡可能獲勝並不是一種道德上的錯誤，就像盡己所能玩撲克牌或二十一點並非道德瑕疵一樣。「良好的運動家精神」要求你盡力追求勝利。

	B 合作	B 背叛
A 合作	2, 2	0, 3
A 背叛	3, 0	**1, 1**

報酬矩陣如上（單位可以是美元、法郎、賭場籌碼，或者任何你喜歡的下注單位）。

現在問題是，當你的夥伴也在謀求自身利益時，什麼策略對你自己最好？不管如何回答，你必須選擇的是一個追求最大勝利的方法。「合作是否正確之道」並不是重點。

跟前面的討論一樣，不管另一方怎麼做，你最好選擇背叛，因為如果對方選擇合作，你可以贏三元（而不是二元）；如果他選擇背叛，你還可以贏一元（而不是一毛未得）。這道理再簡單不過了。結果你們都選擇了背叛，賭場各付你們一元。

如果雙方都很有邏輯概念，理解到這點，他們都將選擇背叛，

並各贏一元。但如果他們不是如此有邏輯，他們也許會選合作，而多贏一倍的報酬。

這裡的報酬比蘭德實驗中的簡單一些。只要報酬按一定方法分級，就可以設計出囚犯兩難賽局。一般來說，囚犯困境的形式如下：相互合作的雙方可以獲得獎勵性報酬（上表的二元），比不合作時雙方得到的懲罰性報酬（上表的一元）要高。但是雙方又很想要引誘性報酬（上表的三元），這是單方面選擇背叛策略時所能獲得的最高結果，甚至比獎勵性報酬高。雙方也都害怕自己如果不背叛而成了犧牲品，只得到傻瓜報酬（上表的零元）。

當報酬用數值單位表示時（如美元），一般需要滿足以下條件：獎勵性報酬大於引誘性報酬和傻瓜報酬的平均值。囚犯困境的魅力就在於透過合作可以獲得最大的共同利益，因而顯出了十分奇怪的扭曲情況——兩個「有邏輯的」參與者選擇背叛策略，反而害了他們自己。在上表中，當一方合作而另一方背叛時，兩人共贏三加零等於三元，平均每人一點五元。你可能會說，這不是很不錯嗎？但請你注意，在雙方合作時，每人贏二元，比一點五元多。因此，如果引誘性報酬和傻瓜報酬的平均值大於獎勵性報酬，參與者可能會選擇折衷的辦法，在重複賽局中由一方背叛，從而贏走比合作結果更多的錢。在真實的囚犯困境中，這是不可能的。

到此為止，筆者已經描寫了囚犯困境的幾個實例，每個都以奇特的矛盾而結束。不管你怎麼做，你最後總是懷疑自己是否做出了正確的選擇。天啊，在囚犯困境中，人們到底該怎麼做呢？

總而言之，這仍是未解的問題，也許永遠也解決不了。賽局理

論專家魯斯和萊法在他們一九五七年的《賽局與決策》書中非常重視囚犯困境，他們寫道：「人們在這類賽局中絕望的感覺是不可能用『理性』或『非理性』來克服的；這是此困境的必然。」

有違常識推理

囚犯困境之所以困難，在於它有違常識推理。讓我們看看為什麼。

用常識來為「背叛」辯解的論點如下：「囚犯困境是二人同時做選擇。你的選擇沒有辦法影響對方的選擇。所以局面很簡單：不管對方怎麼做，你選背叛都會得到比較好的結果。這意味著你應該選擇背叛。」

支持合作者的第一個論點是，如果每個人都這樣推理，結果不是更糟嗎？但支持背叛者會反駁：「你說雙方在可以合作而互利的情況下卻都選擇背叛而導致最糟的結果，但錯了！記住，雙方的選擇是不能互相影響的。如果對方選背叛，那就是背叛，我的選擇與之無關。當出現相互背叛的情況時，我會慶幸自己選擇了背叛；如果我選了合作，我獲得的是傻瓜報酬，結果更慘。」

用常識來為「合作」辯解的論點如下：「雙方的處境是一模一樣的。對於任一人來說，想以背叛占對方便宜是不切實際的預期。假定雙方都很理性，他們理應決定採取一模一樣的策略，也就是相互合作或相互背叛。而相互合作的結果勝過相互背叛，所以他們應該做的就是合作。」

但是稍加思考就會發現這個論點站不住腳。在實際生活中，我們不能保證雙方做出一模一樣的選擇。有些犯人會背叛同夥，有些則不；有些人在不正當的交易中欺騙對方，有些人則維持協議。所以實際上，必須假定四種結果都是可能的。

　　這個論點更令人感興趣的部分，是應用到賽局理論所假定的完全理性參與者。假定在囚犯困境中只有一個行動方案是「合理的」，那麼在兩個理性參與者進行的兩難賽局中，就只有雙方都選合作或都選背叛才是可能的結果。不過問題在於，這個論點假定了參與者只會選擇合理的結果。

　　我們來假想有一個古怪的百萬富翁，他在地球兩邊各挑選了一位才能出眾的數學家，讓他們計算 π 值（圓周率）到小數點後一百萬位，算出的第一百萬位數字是幾，就給幾百萬元。因為 π 的第一百萬位可能是○到九中間任一個，因此獎金的數額是從零到九百萬元。根據邏輯，獨立工作的兩位數學家算出 π 的第一百萬位一定是相同的值。雖然他們兩人都希望這個數字是九，但這一點完全無關緊要。

　　同樣的，兩個完全理性的參與者也許希望他們的邏輯思維導致相互合作的結果，但這一點也與問題無關。問題在於，邏輯到底強迫他們怎麼做呢？

　　支持合作的另一個論點如下：「歸根究柢，最好的結果是相互合作，因為總報酬是四元，勝過雙方選擇不同策略的總報酬三元，也勝過雙方都選擇背叛的總報酬二元。所以你要鼓勵相互合作，而唯一的鼓勵方式就是去合作。即使這次你選擇合作受到了傷害，就

長遠來說合作仍是最佳策略。」

這個論點看起來非常正確，但不適於目前的討論。如果囚犯兩難賽局在同一對夥伴之間重複一遍又一遍，真的「長遠」進行下去，那麼合作確實更有利一些（我們稍後會看到這一點）。但目前我們看的是一次性的囚犯困境，你做出你的一次性選擇，事情就結束了，你只能盡你所能。

在真實的、只進行一次的囚犯兩難賽局中，我們很難證明相互合作是合乎邏輯的結果，其難度跟我們很難證明相互背叛是合理的一樣。這便是矛盾所在。

佛拉德和德萊歇都說過，他們一開始希望蘭德有人解決囚犯困境這個難題。他們曾寄望納許、馮紐曼或別人對這個問題深思熟慮以後，能提出嶄新而且更好的非零和賽局理論，以解決囚犯困境這種個體理性與集體理性之間的衝突。也許在最後，有人能證明合作才是理性的。

但他們的希望至今沒有實現，以致他們相信囚犯困境的難題永遠無法解決。幾乎所有的賽局理論專家都同意他們的觀點。因此囚犯困境仍然維持了負面的結果——它表明理論是會出錯的，事實上世界也是會出錯的。

文獻中的囚犯困境

如果囚犯困境只屬於賽局理論溫室中的異類，那麼有關的種種討論就只有學術上的意義。當然情況並非如此。囚犯困境是與我們

終身相伴的一個矛盾。

囚犯困境的發現有些像空氣的發現：它們總是與人同在，我們或多或少會注意到。

由類似囚犯困境的衝突所激發的倫理規範是到處可見的。《馬太福音》（約寫於西元七十至八十年）把下列待人規則歸於耶穌的教導：「你願意別人如何待你，你就應該如何待別人。」更早以前也有與此一致的人生準則，如下列人士的著作：塞內卡（西元前四年至西元六十五年）、希勒爾（約西元前三十年至西元九年）、亞里斯多德（西元前三八四至三二二年）、柏拉圖（約西元前四二七至三四七年）以及孔子（西元前五五一至四七九年）。而他們的話也不一定是最早的原始版本。如果說上述待人規則是為了解決囚犯困境這類衝突，恐怕也不算是曲解。人們總是尋求自身的利益，要人們放棄明顯的自我利益，追求唯有合作才達到的共同利益，並非受人歡迎的處事之道。也正因此，這些先賢立下的待人規則更顯得必要。

類似勸告出現在康德的《實踐理性批判》書中，名為「絕對命令」。康德的結論是，合乎道德的行為是可以被普遍化的行為。換句話說，我們應不斷問自己：每個人都這麼做的後果為何？

上述規範沒有一個被認為是囚犯困境的早期發現，但由於傳統上對這些大思想家和宗教聖人的信仰，大多數人都服膺合作是正確的、背叛是錯誤的這一規範。

很接近發現囚犯困境的是霍布斯的《利維坦》。在霍布斯時代，君主被賦予天賜的權力進行統治。地位較低的人必須接受自己的低

下地位，因為這是神的天意。霍布斯在《利維坦》中的觀點是：政府有實際的社會功能，即使不依靠神學解釋，它的存在也是合理的，而且一樣照顧弱勢者。法律和秩序因為阻止背叛（背叛是本書的說法，不是霍布斯的用詞）而對每個人有利，而不只對那些有幸執法的人有利。霍布斯說，在沒有法律的社會裡，每一個人都面臨與所有其他人的戰爭，沒有人能免受剝削。農民的莊稼可能被偷走，因此一開始他就缺乏誘因去播種。社會成員最好放棄他們掠奪（背叛）的權力，以換取不成為受害者的安全保障（獎勵性報酬）。

在文學中有一些更接近囚犯困境的討論。愛倫坡的小說《瑪莉‧羅傑之謎》對囚犯困境有透徹討論（與塔克的故事十分相似！）。小說中的偵探杜賓答應提供獎勵和豁免給犯罪集團中第一個招供的成員，他說：「匪幫中被抓獲的每一個人並不是太貪獎金或急著逃脫；他最害怕的是被同夥出賣。他最早和最急於出賣別人，才能不被人出賣。」愛倫坡這本薄薄的小說是根據一八四二年紐約一件轟動一時的謀殺案而改編。案中實際提供的獎金始終無人領取，愛倫坡認為這件事表明兇案不是一夥人幹的。

普契尼的歌劇《托絲卡》反覆描述了一個鮮明的囚犯困境。歌劇情節來自一八八七年薩度的劇本。墮落的警長史卡皮亞判決了托絲卡的情人卡瓦拉杜西死刑。警長正在熱烈追求托絲卡，因此許諾和她進行一筆交易，如果托絲卡答應愛上他，他將讓行刑隊用空包彈使卡瓦拉杜西免於一死[02]。托絲卡同意了。雖然她十分鄙視史卡

---

02 普契尼很喜歡賽局理論式情節：在《西部女郎》中，女主角為了保存心上人的生命，在一場撲克牌遊戲中賭上了她的貞操。

皮亞，但假裝喜歡他以挽救心上人的性命是值得的。

托絲卡應該兌現這筆交易嗎？交易的兩個部分需同時生效：在史卡皮亞發出不可更改的使用空包彈（或真彈）的命令之前，托絲卡不會和他上床。故事的結局是相互背叛——這是大多數囚犯困境的戲劇性結果。托絲卡背叛了史卡皮亞：當他們擁抱在一起時，她用匕首刺進了他的胸膛。史卡皮亞也背叛了托絲卡：行刑隊用的是真子彈，卡瓦拉杜西難逃一死。當警察趕來要以謀殺罪逮捕托絲卡時，她縱身一躍從城牆上跳下。

沒有證據顯示馮紐曼在寫《賽局理論與經濟行為》時已經知道囚犯困境的賽局。即使如此，馮紐曼和摩根斯坦已經想到了這方面的問題，他們在書中寫道：

> 設想我們已經為所有參與者發現了一組規則——可以叫做「最佳的」或「理性的」規則——假如其他參與者也遵守的話，每條規則確實都是最佳的。問題在於，當參與者中有人不遵守這些規則時會怎樣呢？如果不遵守對他們有利——而且對遵守者不利——那麼上述的「最佳解」就大成問題了……不管我們以什麼方法為「理性行為」制定出行動指南、證明其目的是正當的，我們還必須為「理性行為以外」的每一種可能行為制定「但書」。

囚犯困境於是就這樣「被發現」、被評論，也常常被遺忘，而沒有被當作一個普遍的問題。政治學者艾瑟羅德告訴筆者：「我想這有些像物理學對溫度和熱的理解。你可以說『今天真熱』，或者

說『在相同溫度下，大杯水比小杯水包含的熱量多一些』，但你不可能把這些事明白地公式化，除非你已經分清楚溫度和熱的差異。有關囚犯困境，你可以說個人利益和群體利益存在著衝突，但如果沒有賽局理論的架構，你不可能對它有真正深入的了解。」果真如此，那麼，在《賽局理論與經濟行為》出版六年以後，蘭德小組才發現囚犯困境這一賽局也就不足為奇了。

白搭便車

創造囚犯困境並不難。它的主要元素是一種能使個人利益增加的誘餌，但如果大家都這麼做，卻一起倒楣。遺憾的是，這種元素到處都有。因此有人從囚犯困境中看出了社會的基本問題──或許你可稱它為「邪惡」。歷史上的諸多悲劇往往不是自然災害而是人為災害，是某些人或群體採取與共同利益相反的行動所造成的。

日常生活最普通的一種囚犯困境是「白搭便車的困境」。這是許許多多人同時參與其中、而不只是兩個人的囚犯兩難，跟大眾運輸系統有關。夜已深了，地鐵車站裡空無一人。你突然想到，幹嘛不跳過閘門，省下車票錢呢？但是記住，如果所有人都不買票而跳過閘門，地鐵系統會破產，到時誰也別想隨心所欲到各處去了。

把跳過閘門這件事合理化，是世界上最容易不過的事。你白搭便車使地鐵系統破產的機率有多大？顯然跟零差不多。不管車廂是空的還是滿的，列車反正要開。多一名乘客絕不會使系統的營運成本增加一分錢──但如果每個人都這麼想呢……

還有一個大家熟知的道德難題：你開車不小心把停在路邊的一輛車撞壞了，而你確定沒有人看見。那輛車很昂貴，修補可要花好多錢，而且你可以確信車主有買保險。你會在它的擋風玻璃上留下字條，寫你的姓名和地址嗎？

　　如果沒有留下字條，這筆修理費你就省了。修理費就從損壞者身上轉移到保險公司去。如果你認為這對保險公司太不公平了，你可得再想一想！保險公司太樂意處理這種額外的業務了，因為它們是據此設定保險費率的。保險公司付出了修理費，同時賺取利潤。有可能保險公司每支付一萬元的索賠費用，並收取一萬五千元的保險費。因此，如果你沒有留下字條的話，你可能為自己省下了一萬元；但由於保險費率提高，廣大的保戶付出了一萬五千元的代價。

　　在紐西蘭，售報箱是以自助方式運作，讀者取走一份報紙，同時丟一個硬幣在集幣箱裡，沒有任何裝置可以阻止讀者不付錢而取走報紙。顯然大家都了解每個人都搞詐欺的後果是什麼，因此極少有讀者去偷報紙。但若在美國，售報箱不上鎖是不可思議的！

　　另一方面，美國的公共電視也是以自助方式運作，人們大可不必掏錢便收看；但如果每個人都這樣做，也就沒有公共電視了。一般來說，只要產品或服務的付款方式是沒有監督的自助型態，或者由於技術上的原因使付款難以強制進行（例如人們偷偷摸摸溜進棒球場；在報稅單上少報收入），就會發生白搭便車的難題。

　　是否滿足恐怖份子或綁架者的要求，也是白搭便車的難題。通常人們情願交付贖金，只要人質安全歸來。但是交出贖金會鼓勵其他綁架者，將來會有更多的人被押為人質。如果從來沒有人交過贖

金，也許就不會有綁架者了。與前面的大多數例子不同，這個兩難不可能藉助傳統的道德觀念獲得解決。跳過地鐵的閘門可能被認為是「不道德的」；交付贖金以保證無辜者獲釋卻不會被詛咒。誠然，綁架者是不道德的，也只有他們是不道德的，就像人們通常理解的那樣。但你究竟應該怎麼做呢？

比起兩人囚犯困境，白搭便車的難題甚至更沒有解決的希望。因為這不再是一個人與另一個人合作或背叛的問題。參與者有許許多多人（在城市交通系統或公共電視的例子裡是幾百萬人）。在白搭便車的難題中，背叛者可以藏身在人群中。不管出於什麼樣的心理動機（肯定是各不相同、各式各樣），無疑會有許多人去跳過閘門，不買車票坐霸王車；買票的乘客則成了傻瓜，乘坐著因為收入損失而維護得很差的地鐵。

徵稅是政府避免白搭便車難題的一種方法。如果每個人都自動自發捐錢來維護道路、開設學校和郵局以及其他上百種政府功能，那就太好了。但如果知道其他許多人什麼也不想付出，就很少有人願意這樣做。大多數人都相信只要公平繳稅，那麼繳稅是可以接受的。因此政府強迫徵稅。

白搭便車的背叛是一個經常被拿來反對摩爾的烏托邦和馬克斯社會主義的理由。如果每一個人都努力工作，物質分配也很明智，就不會有人挨餓或缺乏基本生活所需。同時每一個人也可能受到誘惑，打算遊手好閒，因為他知道這樣做仍有吃有住，一個人逃避義務對集體不致造成太大威脅。但如果每個人都這麼做，公社將垮台，人們會挨餓。

我們可說許多政治爭論背後都有囚犯困境的難題。保守主義者和自由主義者實際上想要的事物差別不大。自由主義者也不樂於繳稅，保守主義也不喜歡看到無家可歸的人。那為什麼有理智的人在政見上有如此大差異呢？

美國政治圈最常說自由主義者是「合作者」：他願意冒自己被剝削掠奪的風險，以換取公共福利的提高。自由主義贊成用賦稅去幫助無家可歸的人，希望他們不會浪費掉這筆錢，而是用來自力更生。自由主義者主張壓縮國防開支，因為他們希望其他國家也這麼做。透過合作，自由主義者期望創建一個更少無家可歸者、更少飛彈的社會——這是每一個人都願意要的，但只有任何人單方面的努力是不可能實現的。

保守主義者則常常是「背叛者」，他們尋求自身單方面努力的可能最好結果。稅款可能被濫用，因此最安全的方針是讓老百姓盡可能把收入留在自己的手裡，自己決定怎樣利用最好。敵對國家可能利用單方面的軍備凍結而占了上風。保守派的政治立場是要避免因有人騙取福利或違反軍備條約而讓自己得到「傻瓜報酬」。

社會問題從來都不簡單。許多政治和軍事紛爭交織著太多的偶然、不確定、突發事件和意外事故，可能永遠要爭論下去。有人認為，當所有這些枝枝節節的問題都獲得解決，令人為難的社會問題才可能消失，所有人才會一致同意採取適當的方針。然而情況未必如此。許多例子中的兩難是名副其實的難題，看來是無法解決的。如果一個實際的社會問題屬於囚犯困境，即使所有枝節的問題解決了，我們仍很難做出選擇。也許永遠也沒有什麼「正確的」答案，

理性的心靈仍然彼此有別。

核武競賽

因犯困境可能被「過分炒作」了。二人、二策略賽局共有七十八種，每一種必發生於實際生活中的某一場合，其中大多數有明顯的解。賽局理論專家喜歡研究囚犯困境，是因為它是有問題的特例，然而大多數衝突並非囚犯困境。

無論是在專業論文中，還是在大眾傳媒中，沒有一個囚犯困境的實例像核武競賽那樣受到廣泛的關注。囚犯困境和 MAD（確保互相毀滅）、MIRV（多目標彈頭重返載具）一樣成了核武策略的常見術語。大家都已知道軍備競賽出現了囚犯困境，讓現實蒙上陰影，而這已成為我們時代的特徵了。

佛拉德說，當他和德萊歇思考賽局——或者更準確地說，為納許的均衡理論進行系統研究時，他並未特別想到核武競賽。當然，後來形勢很快便明朗了，這兩個課題是並行的，因為核武時代的國防問題本來就是蘭德機構所有研究的根本目的。

在囚犯困境被發現的時候，美國和蘇聯正展開耗資鉅大的核武競賽。這一競賽是否正是囚犯困境，取決於那些掌權者的動機。

為了簡單說明，假定兩個相互敵對的國家必須決定是否建立氫彈庫。建立氫彈庫要花費好幾年時間，而且要祕密進行。每個國家必須在不知道另一國家已經做出什麼決定的情況下做出自己的選擇（當它獲知對方的決定時，已經太遲了）。

每個國家都希望自己是強者，也就是出現自己建氫彈庫而對方不建氫彈庫的結果。反之，每個國家都唯恐自己是弱者，也就是單獨沒有氫彈的國家。

　　如果兩個國家都有氫彈，雙方都沒有什麼便宜可占。地緣政治的實力取決於相對的軍事力量。兩個氫彈庫或多或少抵銷了彼此的力量。再說，建氫彈庫要花大筆金錢，會削弱國家的經濟實力。更壞的是，一旦武器創造出來，就會產生使用的傾向，誰也別想再睡安穩覺了。為了讓自己感到安全而創造的武器，可能產生了相反的效果。

　　根據這種種情況，我們可把建造氫彈庫看成是選擇背叛，不造氫彈庫是選擇合作，而整個形勢便是囚犯困境。每一方都情願無人去建氫彈庫（相互合作而獲得獎勵性報酬），勝過雙方都建造氫彈庫（相互背叛而獲得懲罰性報酬），因為這無助於實力的增加。但每一方又都有可能選擇建造氫彈庫，不是因為希望在軍事占上風（得到引誘性報酬），就是出於害怕自己成為沒有氫彈的國家（只得到傻瓜報酬）。

　　一九四九年，原子能委員會的總顧問委員會（GAC）反對發展氫彈（超級原子彈）。GAC 報告：

　　我們一致希望透過各種方法來避免研發這種武器。我們不願意看到美國主動加速這種開發。我們一致認為，當前把我們的全部努力投入此武器的開發是錯誤的。

　　如果決定不開發超級原子彈，我們將看到透過示範而限制全面

戰爭的唯一機會，因此得以消除人類的恐懼，提升希望。

　　一九四九年十月三十一日，GAC 主席歐本海默將這份建議書提交給國務卿艾契遜。艾契遜稍後向他的首席核子顧問透露：「你知道，我盡量仔細聽著，但是仍然不能理解歐本海默在說些什麼。你怎麼可能『透過示範』去說服敵意的對手裁軍呢？」這段話尖銳地點出了囚犯困境所在。

　　預防性戰爭的支持者害怕將來發生核武僵局，也就是任一方可能發動一場摧毀一切的突然襲擊，而沒有遭到太大反擊。這種假設狀態是否也是囚犯困境？它再次取決於雙方如何評定幾種可能結果的等級。顯然，每一方都情願有不受攻擊的結果。而囚犯困境若要成立，還必須是每一方更願意攻擊對方（即使是為了和平目的）。客觀情況顯然不是這樣的——事實上，只有兩個國家都極端好戰才會出現囚犯困境。不幸的是，恐懼會自行放大。一九五〇年代，美國和蘇聯都有許多人視對方為不共戴天的敵人。

07
Chapter

一九五〇年。

一九五〇年開始，鐵幕內外都有了原子彈。就在佛拉德／德萊歇實驗進行的那個月，杜魯門總統決定製造氫彈。隨後幾個月，東西方的緊張形勢急遽升高，發動一場針對蘇聯的預防性戰爭的呼聲達到了頂點。在雙方都有原子彈的窘境中，官方和非官方的最初反應都流露出典型囚犯兩難的憂慮。事實上，人們對囚犯兩難的認知，部分是源於冷戰初期的許多事件，因此值得本書以一定的篇幅來討論。

蘇聯的原子彈

一九四九年九月，美國偵測到間接但無可懷疑的證據，顯示蘇聯擁有原子彈。沒有人看到蘑菇雲，也沒有人感覺到核爆震動，甚至地震儀也沒有任何反應。但空軍一架 B-29 飛機從日本的空氣樣

本中檢測出了異常的輻射。海軍從世界各處的艦艇和基地所收集的雨水樣本中，檢測出核分裂的產物：鈰141和釔91。除了中亞某處的原子彈爆炸造成的放射性塵埃可以解釋這些發現外，別無其他可能。

杜魯門把歐本海默召到華府，問他這些報告是否屬實，歐本海默回答是。於是，國家安全委員會辯論著是否應該公開消息。國防部長約翰遜反對公布，以免引起恐慌，他援引韋爾斯的無線電廣播「世界大戰」為例，說明這樣的消息可能產生危險的後果。國務卿艾契遜傾向把真相告訴大眾，部分原因是他認為由總統而非蘇聯來宣布這個消息，可以減少大眾的不安。不過，他們都不敢肯定蘇聯是否會宣布消息，以及何時會宣布。但當大家得知蘇聯外交部副部長葛羅米柯計畫在聯合國大會上發表重要演說時，意見倒向了艾契遜這一邊，於是杜魯門總統決定猛力回擊。

一九四九年九月二十三日上午十一時〇二分，總統宣布：「我相信全體美國公民在國家安全的立場是完全一致的，因此有權獲知原子能領域的一切發展情況⋯⋯我們有證據證明，蘇聯在最近幾週進行了原子彈試爆。自從原子能首次被人類釋放以來，我們就料到其他國家遲早也會開發出這種新能量⋯⋯事態的最新發展再一次顯示有必要對原子能進行真正有效和強制的國際控制，這一立場是政府當局和聯合國絕大多數成員所支持的。」

在杜魯門宣布後兩天，蘇聯承認原子彈已經「在其掌握之中」。

對一般大眾和軍方的多數人來說，蘇聯原子彈的出現很令人驚訝。沒有人懷疑蘇聯在加緊研製原子彈，但是眾多評估報告都估計

蘇聯的第一次成功試驗將是遙遠未來的事。一九四五年，葛羅夫斯將軍根據他在羅沙拉摩斯的經驗，預計蘇聯要花十五到二十年才能製造出原子彈。一九四六年，范尼瓦‧布希猜測需要二十年。

　　事後來看，這些估計對世事過於樂觀，甚至對蘇聯過於輕蔑。為什麼美國在三年內就做出來的東西，蘇聯要花二十年才能複製出來呢？蘇聯比美國還早知道原子彈的可能性，他們還可以從美國原子彈所造成的放射性塵埃中獲得製造原子彈的線索──更別提他們成功的間諜活動可以得到多少祕密了。沙文主義的美國領袖認為蘇聯在技術上是落後的：「他們甚至做不出像樣的平底鍋。」（公允地說，蘇聯長期以來的吹噓也助長了這種態度。一九四六年，蘇聯駐聯合國代表曾誇稱他們的原子能只用於和平目的，諸如讓河流改道、山脈搬家。）

　　奇怪的是，杜魯門仍一直懷疑蘇聯是否有原子彈。他卸任後的回憶錄《考驗和希望的年代》寫道：「我不相信俄國人有原子彈。我不相信俄國人已經掌握了把極其複雜的機制弄在一起成為原子彈的技術。」杜魯門懷疑爆炸可能是意外事故──實驗室爆炸，而非有計畫的試爆。當然，他的說法很難吻合在一九五一年十月再次偵測到兩次蘇聯試爆（一次在三日，一次在二十二日）的事實。

　　大多數美國人接受蘇聯擁有原子彈這件事，並緊張不安地推測蘇聯是否或者將如何把它投向目標。一九四七年五月一日，西方觀察家注意到類似 B-29 轟炸機的蘇聯飛機列隊飛過克里姆林宮。它們顯然是模仿戰時曾在西伯利亞地區降落的美國飛機所製造出來的。大家也知道俄國人曾經仿製德國的潛艇，並具有發射原子飛彈

的能力。凡此種種都使瘋狂的推測火上澆油。《生活》雜誌警告讀者，可能有船舶駛進某個港口，在碼頭上偷偷卸下一顆定時引爆的原子彈後駛離，也有可能是裝上原子彈的卡車衝向某個美國目標。《原子科學家公報》更將「世界末日鐘」往前調到午夜前三分鐘。

　　某些人擔憂蘇聯的裂變式原子彈會很快發展到更致命的武器。根據薛普利和布萊爾的《氫彈》書中的記述，參議員麥克馬宏曾對原子能委員會的代表們大吼：「你們怎麼知道俄國人不會決定從一開始就使用氫彈？你們怎麼知道現在已擁有原子彈按鈕的蘇聯人不會在下個月就丟一顆氫彈呢？」

預防性戰爭：要或不要？

　　蘇聯的原子彈促使更多美國人認真考慮預防性戰爭。杜魯門的科學顧問高爾登在蘇聯原子彈試爆後不久寫信給史特勞斯（日期為一九四九年九月二十五日，該信現與高爾登的論文一起收藏於杜魯門圖書館）。他的話典型地反映了許多人當時的複雜情緒。高爾登與預防性戰爭保持一定距離，認為那是「漠不關心的火星人」才會建議的事：

　　　這把立即使用或威脅使用我們武器的事端上檯面了。我們不要自欺欺人了，為了和俄國達成真正的國際管制協議，我們將必須使用原子彈。而後果將會極端可怕，即使我認為俄國人目前只擁有少數的原子彈，能把原子彈投向目標，對美國也沒有什麼傷害或只會

造成極小的傷害。

　　理論上我們現在就應該對俄國發出最後通牒並使用原子彈。因為從現在開始，我們已不可避免失去先機。不管我們能以多麼快的速度產生原子彈，也不管我們有多少更猛烈的武器，只要俄國一有能力將原子彈投向我們的城市，那麼就算這些原子彈可能威力很低、數量極少，都會對我們造成無法形容的傷害。即使我們以百倍的凶狠予以報復，或者消滅所有的俄國人，傷害也不能修補。一個漠不關心的火星人可能會提議我們立即開火，雖然不夠道德，卻是個不錯的主張。當然，其具體步驟和細節無疑將由（或已經由）參謀長聯席會議決定……然而，我們當然不會這麼做；不管其他做法的長期成本有多大，民眾絕不會支持目光看得如此長遠的攻擊行動。

　　即使如此，高爾登仍建議保留預防性戰爭的計畫，並且讓轟炸機全體機員始終處於待命狀態。

尤列的演說

　　一九五〇年一月二十七日，芝加哥大學化學家尤列在紐約的一個午餐會上，針對仍在假設中的氫彈發表了演說。尤列雖然並不參與研製氫彈，但他的話很有權威性，因為他是第一個成功分離出氘（重氫）的科學家，而氘很快成為氫彈的關鍵成分。這項成就使他獲得了一九三四年的諾貝爾化學獎。

芝加哥大學另一位教授梅耶深信尤列的演講會使馮紐曼感興趣，因此先送他一份樣稿，請他發表意見。尤列的演講提出了三個可能情況：

　　……讓我們假定蘇聯正在開發氫彈，並首先成功製造出來。在這種情況下，我認為東西方目前的談判絕無調和的餘地，我們有理由相信蘇聯的統治者會不理智地構想如下：

　　「確實氫彈是極端危險的，我們不希望在世界上產生那麼多輻射而危及我們自己和俄國人民。但是引爆少數幾顆氫彈就能使我們贏得世界。因此我們將製造出幾顆這樣的氫彈，並向西方國家發出最後通牒，然後共產主義的黃金時代就會立刻降臨了。在這之後，蘇聯的全球政府將廢除氫彈的全部庫存，也不允許全世界再製造氫彈。」

　　這個論點非常好。事實上我懷疑有什麼必要去引爆任何炸彈。原子彈是非常重要的戰爭武器，但它不像人們一開始相信的那樣有決定性。然而，我不確知氫彈是否也不具決定性，所以最後通牒應該被接受，丟氫彈也就不必要了。我認為情況便是這樣。

　　……再假定我們首先做出了氫彈。接著我們該怎麼做？難道我們只是等待，直到蘇聯也有了氫彈然後產生僵局？對於民主主義者來說，以我前面描寫的俄國政府構思去發最後通牒是不適合的。這是我無法回答的一個問題，只能提醒各位考慮……

　　再假定兩個國家都有氫彈。難道就不會遲早發生意外而導致氫彈被使用？這又是一個我無法肯定回答的問題。但我想說，如果兩

個集團都相信自己能贏得戰爭，那麼爆發戰爭的機率就會增加。這跟武器及武器的威力大小無關。力量正好平衡是非常困難的。這就是物理學中的不穩定平衡狀態：雞蛋以一端直立在平面上，只要稍稍觸碰就會倒下。

尤列的結論是：「除非最後出現一個世界政府能夠對全地球建立法律，否則世界上的問題無法有建設性的解決方案。」他建議「採取任何可能的步驟朝這個方向努力」，包括「建立全世界民主國家的大西洋聯盟……以及在盡可能短的時間裡，把這類組織盡可能擴充到世界上更多國家」。

富克斯事件

非常巧合，就在尤列演說的當天，傳來了震動世界的消息：英國大使通知美國，物理學家富克斯在倫敦因為蘇聯間諜的罪名而被逮捕了。

富克斯雖然出生在德國，卻是英國頂尖的物理學家。他曾經是英國祕密原子彈研究中心哈維爾實驗室的主任，也曾在一九四六年夏天任職於羅沙拉摩斯。消息逐漸披露後，情況顯得沒有這麼嚴重。羅沙拉摩斯的出版部出過一篇極機密的論文〈發明的披露〉。它是簡介羅沙拉摩斯所有可能取得專利的發明，目的是保護發明者及其繼承者的經濟利益。論文基本上描述了當時所知有關原子彈的一切——包括對氫彈的一系列推測與思考。它是由富克斯和馮紐曼

寫成的。

之所以請富克斯和馮紐曼去寫這篇專利論文，一方面是出於羅沙拉摩斯全體工作人員對他們的信任，另一方面是由於他們對那裡的工作有全面的了解。紐爾‧戴維斯在《勞倫斯和歐本海默》書中說：

全國所有通過安全審查的科學家立刻想到了富克斯／馮紐曼那篇論文。為了弄清楚論文中包含多少超級原子彈的內容，貝特從紐約打電話給羅沙拉摩斯資料部門的主任拉爾夫‧史密斯。

「是不是所有資料都在裡面？」貝特問。

「全部都在。」史密斯說。

「噢。」貝特回了一聲，由於是長途電話，史密斯沒有聽出來那是什麼樣的語氣。

富克斯成年時正值納粹統治德國。一九三二年，他二十一歲，加入了共產黨，那是德國僅存少數幾個出名的反納粹政治組織。一九三三年，當納粹把國會大廈縱火案歸罪於共產黨之後，承認黨員身分顯得很危險。富克斯在供詞中說，大火後第二天早晨，「我從大衣翻領中取出預先藏著的鐮刀和錘子，因為我已接受了黨的信仰，準備為正義而戰。」不久，富克斯移民英國，有一段時間曾被送往加拿大，諷刺的是，在確定他不是納粹份子後，他才被允許返回英國。

富克斯不是專業的間諜。如果他是，他不可能獲得過去所得到的信任。他是訓練有素、秉賦優異的物理學家，也是同位素擴散方

面的專家。同位素擴散正是放射性元素得以經提煉用於原子彈的過程。富克斯被指控在一九四三到一九四七年之間四次向蘇聯提供原子彈的祕密；他只收到了象徵性的報酬，最大一筆是四百美元。

富克斯討人喜歡但並不特別引人注目，就像間諜的特性一樣。他曾借車給理查・費曼，讓費曼去醫院看望妻子。在《廣島遺產》一書中，泰勒如此描述富克斯：「他絕不內向，但他很安靜。我相當喜歡他……富克斯在羅沙拉摩斯很受歡迎，因為他善良，樂於助人，對別人的工作非常有興趣。」

歷史發展已經降低了富克斯當間諜的軍事意義。他也許加速了蘇聯在裂變式原子彈方面的進展，但歸根究柢，當富克斯撰寫那篇論文時，蘇聯已經完成了這方面的工作。富克斯看過的氫彈「祕密」也只是泰勒最初的概念，後來證明是無法成功的。氫彈最終是在一九五一年由泰勒和烏拉姆成功設計出來，那時富克斯已被關在英國獄中。目前的一般看法是，推動蘇聯氫彈計畫最大的助力，也許是蘇聯人對美國氫彈試驗後放射性塵埃的分析。根據放射性塵埃中同位素的比例，才華有如沙卡洛夫的物理學家便能推斷出重氫如何被高度濃縮，由此進一步完成氫彈的基本設計。

然而在當時，富克斯事件同時震驚了鷹派和鴿派。富克斯被逮捕以後，事件迅速向前發展，四天以後，即一月三十一日，杜魯門開始加速氫彈計畫。官方低調宣布了這一決定：「……我已經下令原子能委員會繼續研發各種形式的原子武器，包括所謂的氫彈或超級原子彈。」

各方反應不一。紐澤西州一位憂心的婦女寫信給杜魯門：「請

不要匆忙做出有關那可怕炸彈的決定。有原子彈不是已經糟透了嗎？」但是美國的原子能高級專員麥克勞伊宣稱：「我很高興聽到杜魯門總統的決定。如果有什麼『氧彈』比氫彈還厲害，我也願意製造它。」

一九五○年三月一日，富克斯案的審訊在倫敦的老貝利審判庭舉行。記者和一些名人把法庭擠得水洩不通。肯特公爵夫人穿著玫瑰色的胸衣出現在樓上的包廂。很少人注意到西利陶爵士也來了，他是英國反間諜部門 MI5 的主任（此部門曾經抓捕富克斯卻失手）。

帶著法庭假髮、穿著猩紅色長袍的大法官高達德聽著證詞，偶爾從銀盒中抓一小撮鼻菸吸一下。記者們以專門用在間諜身上的詞彙描寫富克斯，《新聞週刊》說他「身形消瘦、面色灰黃、下巴凹陷，淺褐色的合身外套和他稀疏的頭髮正相配」。他以尖細的聲音承認了罪名。

富克斯的律師在審訊中並沒有提供太多辯護，只說富克斯從未隱瞞自己的共產黨員身分，並且除了他本人的供詞，沒有任何證據證明他有罪。富克斯提到自己患有「強迫性精神分裂症」，還聲稱自己的心一半屬於共產黨，一半忠於英國。大法官高達德不買他的帳：「我無法理解這些故弄玄虛的話，我不會接受這些申辯。」

高達德認為富克斯的罪刑處於嚴重叛國（其罪可至死刑）的邊緣，但他沒有用嚴重叛國的罪名來量刑，而判了最多十四年的有期徒刑。他最後便是宣判富克斯監禁十四年。宣判完畢，富克斯感謝了公正審判過程中的所有人士。

富克斯服刑九年後，一九五九年被移交東德當局。東德把他

當作凱旋的英雄歡迎，並很快在德勒斯登附近的核子物理研究所為他安排了一個職位。富克斯獲釋後在那裡出色地服務了二十年，一九七九年退休，一九八八年去世。

尤列的演說稿雖然提前送給馮紐曼，但馮紐曼當時不在普林斯頓，很晚才看到。馮紐曼二月三日回信給梅耶時，形勢已經發生很大變化：富克斯被逮捕，美國正在研製氫彈。馮紐曼寫道：「委員會及其顧問在氫彈議題上明顯猶豫不決，這使我非常奇怪。在技術上，我認為沒有什麼因素會妨礙它的進展。我認為這件事絕不能有任何猶豫了。」馮紐曼沒有明確表示一旦有了氫彈我們到底該怎麼做。「我完全同意你說應該區分尤列對形勢的一般分析以及他建議的特定政治解決方案。目前沒有必要討論後者；而針對前者，我絕對同意。」

韓戰

一九五〇年六月二十五日，北韓入侵南韓，更坐實了人們蔓延的悲觀情緒。韓戰爆發讓美國大眾和政府重新思考蘇聯的意圖。在二次大戰後幾年間，多數美國領袖認為蘇聯太弱，不可能冒險發動戰爭。幾乎所有人都認為蘇聯渴望和平；至少那可以讓他們得到重新武裝的機會。一九五〇年，美國國防部長約翰遜在參議院撥款委員會上說：

這次挑釁充分證明了國際共產主義的勢力不僅有意願、也有企

圖在任何時候攻擊和侵略任何其能力可及的自由國家。北韓挑釁的真正意義在於，即使有啟動第三次世界大戰的風險，共產主義集團都會不顧輸贏而訴諸武裝侵略。

參議員班森呼籲在韓國或中國東北使用原子彈，甚至杜魯門也提到在韓國使用原子彈的可能性。這些高層的談話使美國搶先使用原子彈的想法更合理，即使當時美國已不再是唯一的核武國家了。

技術突襲的本質

我們常錯誤地認為人類事務是不可改變的。然而，原子武器造成毀滅的速度和規模徹底改變了戰爭的本質。馮紐曼是最早透過賽局理論及其他類似理論對戰爭進行廣泛分析的一代。

突襲的好處在最古老的兵書中已有記載。原子彈同時提升了突襲以贏得某個戰役和整場戰爭的可能。馮紐曼在一九五五年的研究報告〈原子戰爭中的國防〉中寫道：

在過去……如果敵人想出一個特別出色的新招數，除非你有對付的辦法，否則只能認輸，而對付之道也許要幾個星期或幾個月才想得出來。漂亮的反擊通常需要一個月的時間來準備與執行。而現在，持續一個月實在太久了，一個月內的損失也許就決定了結果……原子武器、特別是有飛彈攜帶的原子武器所帶來的難題是，它們能在不到一個月或兩週的時間內決定戰爭勝負，造成更大的破

壞。技術突襲的本質因此與過去不同。知道敵人只有五十種可能的招數而你每種都能對付，那是不夠的，你還必須發明某種系統，能夠在敵人採取這些招數的瞬間就確實加以粉碎。

於是我們可以想像，在國家領導人意識到戰爭開始之前，核武突襲可能就已經決定了該國的命運。常用的政治手腕和軍事策略都沒法對付這類可能性（不管它在一九五〇年是否現實或不現實）。政治手腕無非是對威脅做出適當的反應，表達一個國家反對侵略、保衛自己的意志和能力，希望在大多數情況下這種保衛能力獲得別人認同，從而避免戰鬥。但看來原子彈把這種政治手腕的作用一掃而光了。在不宣而戰的毀滅性突襲之下，國家將顯得無比脆弱，除非自己首先出擊，否則沒有可靠的國防可言。當你不知敵方同一時間做出的決定，卻仍要面對生死抉擇，這樣的戰爭不就和賽局理論一模一樣嗎？

一九五〇年代，馮紐曼是堅定的預防性戰爭的支持者。一九五七年冷戰中期，《氫彈》作者布萊爾在《生活》雜誌上為馮紐曼寫了一篇充滿讚美的悼文[01]：

在軸心國被擊敗以後，馮紐曼敦促美國立即製造更強大的原子武器，並在蘇聯可能開發出核武之前使用它們。這可不是情緒化的聖戰，馮紐曼像其他人一樣冷靜推理後認為，世界已經變得太小太

---

01 譯注：馮紐曼於當年二月八日去世，詳見本書第九章。

小了，各國不可能獨立處理自己的事務。因此世界政府是不可避免的——而且愈快愈好。但他同時相信，在蘇維埃共產主義統治半個地球的情況下，這是永遠無法實現的。馮紐曼當時有一句名言是：「對付俄國人不是意願的問題，而是時間的問題。」身為強硬的戰略家，他是少數擁護預防性戰爭的科學家，曾在一九五〇年說出：「如果你問為什麼明天不用原子彈去轟炸他們，我要問為什麼不今天就去轟炸呢？如果你說今天五點鐘去轟炸，那我要問為什麼不今天一點鐘就去轟炸呢？」

推測別人的內在動機是很冒險的。霍爾姆斯認為馮紐曼會支持預防性戰爭，是因為他極度厭惡共產主義。當然，馮紐曼童年記憶中的庫恩政權是造成他不信任共產主義的一個原因。身為匈牙利人，他也必然意識到俄國是他們長久的敵人。馮紐曼在歐本海默的聽證會上作證時，說出這樣的話：「我想你可以在匈牙利人身上找到對俄國的恐懼和厭惡。」

馮紐曼對修昔底德的《伯羅奔尼撒戰爭史》十分著迷，這場戰爭常被視為預防性戰爭。修昔底德寫道：「造成這場戰爭不可避免的原因是雅典勢力迅速膨脹，引起了斯巴達的恐懼。」書中有個段落是軍力強大的雅典人對衰弱的米洛斯人提出冷靜而理智的勸告。馮紐曼能夠逐字逐句背出一整段，還在他鼓吹預防性戰爭時引用過：

我們建議，你們應該試圖獲取你們可能獲得的，考慮我們雙方

真正的想法。你我都很清楚，務實的人在討論這些事時都知道正義是取決於競爭力量的強弱，因此事實上強者可憑實力遂其所願，而弱者只能接受必須接受的現實。

雅典人的建議很有點賽局理論的味道：衝突的合理結果可能並不公平，也不是雙方一致的意願。米洛斯人唯一可以自我安慰的是，在雅典人強大的力量面前，他們不可能做得更好了。

馮紐曼或者其他人在一九五〇年前後都沒有把美蘇衝突明確地看作囚犯困境。如果馮紐曼當真把美蘇關係視為一場賽局，那他更可能把它看成零和賽局。美國和蘇聯若被視為不共戴天的敵人，那確實構成了零和賽局。當時極少數發覺美蘇囚犯困境的軍事領導人包括古帕斯特將軍，他是佛拉德的朋友。一九五〇年，古帕斯特曾在蘭德機構停留了幾個禮拜，佛拉德跟他提過囚犯困境。佛拉德認為，軍事決策可能構成囚犯困境是一項很有用的見解。囚犯困境可以提醒人們，某些決策並不像表面看來那樣合適。佛拉德告訴筆者：「我們的聊天很有趣，但就我所知，我們對賽局理論的討論——包括兩難賽局——並沒有促成古帕斯特採取任何認真的舉動。從我的立場來看，這特別令人失望，因為古帕斯特不但是優秀的將軍，也在普林斯頓接受教育，有政治學博士頭銜。我一直覺得，如果古帕斯特不能或者沒有付諸行動，那麼別人也不能或者不會這樣做了。」

儘管如此，許多領導人的發言仍反映了對囚犯困境的憂慮。蘇聯可能背叛，對美國發動一場核武突襲——邱吉爾在一九四八年被

問及如果蘇聯有了原子彈會發生什麼事,他的回答透露出這點。邱吉爾說:「你可以透過現在發生的事,對未來將發生的事自己做出判斷。如果連太平時代都會出事,那麼在亂世時會發生什麼呢?」他還引用了布雷德利將軍的話:「如果俄國有了原子彈,我相信他們會毫不猶豫拿來對付我們。」

人們還進一步認識到,一場核武戰爭必將是原子彈的同時交換。早在一九四五年關於珍珠港事件的聽證會上,參議員麥克馬宏就說過:「如果當年有原子彈落在珍珠港,現在就不會有政治家組成的驗屍陪審團來討論這件事了。」韋伯斯特少將則說:「我相信任何針對我們的攻擊將是最完全出其不意的。」

和平的侵略者

夏日深夜,美國的中西部。已經凌晨三點了,但是海軍部長馬修斯還沒有睡。他正在奧馬哈的家中度假,不在他的華府辦公室。他不喜歡幕僚為他波士頓演說所準備的稿子,於是深夜起來草擬自己的講稿,直到上午十點才完成。

馬修斯在演說中呼籲美國進行一場戰爭,未點名的敵人十分明顯,指的便是蘇聯;他也沒有說明對方使用什麼武器,但我們可以推定包括了原子彈。根據規定,馬修斯把講稿的兩份拷貝寄往華府的辦公室,以便通過官方批准。他十分清楚凡官方演說必須經過批准的規定,因為他自己就是規定的起草者之一。

演說稿本應送給國防部副部長厄爾利審查,但厄爾利沒有見到

它。馬修斯辦公室的人把稿子直接送到了國防部的公共資訊室。至此故事有幾個不同的說法。一種說法是那裡的人以為厄爾利已經批准了演說稿，另一種說法是他們不曉得演說稿需要批准——這不就是重寫一份稿子，用於例行的慶祝儀式嗎？總之，公共情報局把演說稿油印以後分發給了新聞界。

馬修斯這次惡名昭彰的波士頓演說，並不是他首次公開表達支持預防性戰爭。兩天以前（一九五○年八月二十三日），他在奧馬哈的楓丹尼爾旅館一個午餐會上，對當地的扶輪社會員發表即興演說，《奧馬哈世界先驅報》頭版引述他的話：「我不會限制我們為獲取和平所使用的手段。我們必須準備在必要時動用軍事力量……共產國家將隨時隨地侵略擴張……如果我們袖手旁觀，只會坐以待斃。」

扶輪社會員們沒有表示反對，也不認為這些話有爭議。由於沒有受到批評，馬修斯信心十足地在第二天凌晨完成他波士頓演說稿的寫作。

一九五○年八月二十五日是波士頓海軍造船廠一百五十週年慶典。波士頓市長海恩斯為戰爭死難人員的紀念碑揭幕。水手們穿著一八○○年代的制服攀上「老鐵殼號」的帆纜。當晚，馬修斯和勞工部長莫里斯・托賓發表了演說。這次，全國的輿論界聽見了。

馬修斯的演說以任何人能想像的開場白開始。他讚揚了海軍、艦艇、造船廠以至美國的歷史。他問聽眾，如果我們在獨立戰爭中輸了會怎樣？他結論那將沒有七月四日國慶、沒有自由鐘、沒有華盛頓紀念碑、沒有林肯紀念堂。緊接著，馬修斯做出一個不那麼明

白易見的斷言，說美國是聖杯和諾亞方舟財寶的看管者，聖杯是獨立宣言的精神支柱，也是大憲章的精神支柱。

馬修斯更強調最後幾段，他要求全國考慮發動一場為和平而侵略的戰爭。他說：

真正的民主通常不希望訴諸暴力來達成國際協議。一百六十三年來，美國總是透過和平談判解決其國際爭端。除非我們首先遭到攻擊並被迫自衛戰鬥，我們從未先拔出劍來。現在我們可能將被迫改變這種愛好和平的政策了……

我們首先應該準備好任何可能的攻擊，並改變民主國家的傳統態度，大膽宣布我們無可妥協的目標是一個和平的世界。為了和平，我們願意不惜付出一切代價，並公開宣布這項決心，即使代價是進行一場戰爭，以謀求合作、追求和平。

我們努力把捲入當前國際衝突中的敵對國家轉變為安定世界的一份子，只有那些不希望和平的勢力才會加以阻擾。他們把我們的計畫貼上「帝國主義侵略」。我們可以驕傲地接受這種毀謗，因為我們推動了強力尋求和平的政策，雖然這讓我們擁有的真正民主國家扮演了新的角色——一場侵略戰爭的發動者——但它將為我們贏得一個值得驕傲和受歡迎的稱號。我們將成為第一個「和平侵略者」。

演說後放的煙火，既是慶祝，也是諷刺。此後幾個小時內，全世界都在問：馬修斯是何許人也？

馬修斯是誰？

當美國的杜魯門總統在一年多前提名馬修斯出任海軍部長時，人們曾經問過同樣的問題。馬修斯是奧馬哈一個成功的律師，但在六十二歲以前從未擔任重要的公職。

馬修斯成長於美國中西部密西西比流域的低下階層。他的父親在內布拉斯加州的阿爾賓鄉下經營一間小店。父親死後，母親用人壽保險金買了一個農場。後來，馬修斯逐步成立了一家律師事務所，也做了一些商業投資，成了奧馬哈一個無線電台、一家放貸公司和一家建材供應公司的股東。

馬修斯愛參加各種組織。他是哥倫布騎士團的最高騎士、扶輪社社員、由法蘭納甘神父創立的少年中途之家的捐助人，也是男、女童軍和營火少女團的輔導員。後來他成為內布拉斯加州的民主黨積極份子。如果他有什麼獨特的個性，那就是他對宗教極端虔誠。他是熱忱的天主教徒，在自己家裡蓋了間小教堂，每日在裡面禱告。一九四四年他曾經拜會羅馬教宗庇護十二世，後者任命他為祕密教宗內侍，授以斗篷和劍。這一榮譽使他有資格在梵蒂岡供職，即使他從未如此期待。

一九四六年，杜魯門指派馬修斯參加總統的公民權利委員會。同年，馬修斯以美國商會全國委員會委員的身分，出任一個處理共產主義事務的委員會的主席。此委員會出版和散發小冊子，如《共產黨在美國的滲透及其性質以及如何與之對抗》。其中一個出版物指控「國務院的某些勢力」在支助中國共產黨，並稱「若能把雅爾

達和德黑蘭的祕密故事公諸於世，才是真正為公眾服務」。

雖然這些小冊子同時批評羅斯福與杜魯門的政府，但看來並沒有削弱馬修斯對白宮的影響。在一九四八年的民主黨大會上，馬修斯平息了由內布拉斯加州代表團提出的「放棄杜魯門」的動議，讓杜魯門爭取到最需要的十二張選舉人票。杜魯門當然不會忘記馬修斯這次幫的忙。在競選活動中，馬修斯也與約翰遜成了朋友，約翰遜是杜魯門的競選資金籌措者，後來被任命為國防部長。

馬修斯是杜魯門的海軍部長第三人選。杜魯門最初屬意威爾遜總統時代海軍部長的兒子丹尼爾斯，但丹尼爾斯不感興趣。總統的第二個選擇是羅德島的奎因法官，但被國防部長約翰遜否決。馬修斯承認被提拔到這個職務是個驚喜。他告訴新聞界：「我絲毫沒有費力去爭取這個職位。」馬修斯從來沒有在軍隊中待過。戰時，他曾經遊歷英倫諸島，監督天主教的救援工作，恐怕也調查過士兵的宗教需要問題。他長年住在位處內陸的內布拉斯加州，從來沒有出過海。他開玩笑說，他的水手生涯只限於在一處夏季別墅用過划艇。

別人也很驚奇他出任海軍部長。一九四九年五月二十日，《聖路易斯郵報快訊》寫道：「這使人認識到，對政府當局進行不公正批評的人……也可以被邀入閣。」

根據一般觀察，馬修斯雖然對海軍部長職位並不十分內行，但還算討人喜歡。當他就職時，除了對海軍一無所知，對華盛頓的生活也感到很不舒服，因為他覺得他的事務擴展到了社交領域，而身為官員，他又必須全天候待在崗位上。不過，《商業週刊》在

一九五〇年九月九日這一期中，稱馬修斯可能是「華盛頓最被低估的人」。

馬修斯上任海軍部長的一年多時間裡沒有發生什麼大事。唯一的挑戰是平定了「上將們的反抗」。事情是這樣的：杜魯門計畫統一軍事部門，使職業軍官們很不高興，因為他們覺得這個計畫削弱了海軍的影響力。馬修斯解除了帶頭的異議海軍上將登費爾特的職務。

除此之外，他最引人爭議的是熱中派遣海軍人員和裝備到民間的慶祝活動中炫耀，費用由公家承擔。他曾經讓一支驅逐艦中隊去俄勒岡州的波特蘭參加哥倫布騎士團會議；也讓海軍後備航空部隊的幾架飛機飛行數百英里，只是為了在賓州舉行的紀念聖德蕾莎的遊行隊伍上空撒玫瑰花。

馬修斯對共產黨主義的憎恨從來沒有動搖。下面這段詞藻華麗的段落摘自他在紐約一個天主教慈善機構的募款午餐會上的演說（一九五〇年十一月九日），文字讀來令人毛骨悚然。他說：

共產主義是人類墮落本性的致命惡果，它披著嶄新的偽裝外衣，施展惡毒的影響。然而，在它膚淺的哲學詭辯背後，我們可以很容易看出與魔鬼之僕在罪惡行為中所採用的手法相似的騙局，用以蒙蔽人的心智，腐蝕人的意志。在它的毀滅性作用之下，任何微不足道的抵抗都不可能阻止這種有毒的影響對人們思想和行為的蠶食。我們需要分兩個階段來反對它：首先必須阻止其發展，然後必須改變誤入歧途的共產主義信徒的信仰。

後果

馬修斯的波士頓演說引起了軒然大波,一時間強烈抗議者有之,熱烈讚揚的也不乏其人;有表示拒絕相信的,也有出來澄清的,不一而足。在馬修斯演說後不久,勞工部長托賓向記者保證,馬修斯「是以杜魯門總統的正式代表身分發言」。事實不然。當政府獲知馬修斯的演說後,感到無比困窘。

國務卿艾契遜在與杜魯門商議後,向新聞界發表了一個簡短的聲明:「馬修斯部長的演說沒有經過國務院核准,他的觀點不代表美國的政策。美國不贊成發動任何形式的戰爭。」杜魯門在電話中斥責了馬修斯。身為艾契遜的顧問的傑斯大使告訴新聞界:「向莫斯科丟原子彈不是美國行事的方式。」

國務院本來就對馬修斯耿耿於懷,因為他說他們內部有共產黨員。報導援引一位不願透露姓名的國務院官員的話說,馬修斯的演說「正好讓俄國人抓住了把柄」。來自國務院的消息進一步說:「這是非常糟糕的國際宣傳。」擔任眾議院外交事務委員會主席的西維吉尼亞州眾議員約翰‧凱也抨擊:專長不在外交領域的政府官員最好「閉上你們的大嘴巴」。

《紐約時報》一九五〇年八月二十七日的社論不相信馬修斯的想法跟他的發言一樣:「……我們很難認為他有敦促美國進行一場侵略戰爭的意圖。」《芝加哥論壇報》援引「接近馬修斯的人士」的話說,海軍部長「仍然相信在同蘇聯的戰爭中應該首先出擊,但直到杜魯門總統首肯之前,他將保持緘默」。該則消息來源還宣稱馬

修斯「並不認為他的演說牴觸了國務院或白宮的政策」。

八月二十八日，馬修斯向一名記者竭力否認他演說中的含意。他說：「我無意代表任何人說話，我只代表我自己。演說內容很清楚，我沒有說我們應該發動一場戰爭以迫使對方合作，我只是說我們也許必須這麼做。這就是我的意思。當然，我現在不主張戰爭。」

馬修斯的辦公日誌顯示，九月十八日他與總統會晤了半個小時。當時華府正流傳著馬修斯將被要求辭職的風聲，還傳說金柏爾將接替馬修斯。但馬修斯後來談到那次會面時說，杜魯門反覆向他申明無意要他辭職，這是總統十天內做出的第二次保證。

同時，那些跟馬修斯有同樣想法的人也開始說話了。首先是美國退伍軍人協會會長克雷格。美國退伍軍人協會與美國的對外政策沒有什麼關係，但克雷格恰好是在馬修斯演說後的第二天晚上在華府某個會議上談話。新聞界正急於獵取下一個預防性戰爭的故事，因此克雷格的話比其他事件都引起了媒體更大的注意。克雷格建議美國把門羅主義擴展到整個世界。美國應該宣布共產主義為非法，開始進行全面的軍事訓練。「如果俄國準備發動第三次世界大戰，那我們應該讓戰爭按我們自己的條件來進行。如果俄國的傀儡在任何地方挑起事端……那將是我們的轟炸機飛向莫斯科的信號。」克雷格比馬修斯更進一步提到原子彈，也點名了蘇聯。「美國現在必須採取堅定的立場，透過強制手段以保證世界和平。我們有這種先發制人的能力。我們有原子彈和工業優勢。我們能夠而且必須把我們的人力充作這兩者的後盾。」

少數高層也放言贊成預防性戰爭。喬治亞州參議員理查・羅素告訴馬修斯，他的演說「棒極了」。理查・羅素認為：「是時候有某位高層出面發表這樣的聲明了，它能喚醒美國人民廣泛而全面地思考問題。」

另有兩個參議員也接著大肆讚揚馬修斯，他們是南達科他州共和黨的蒙德和俄克拉荷馬州的湯瑪斯。這些人都非常精明地把預防性戰爭描述成「美國人應該思考的一件事」（理查・羅素的話），是也許未來某一天必須去做的——並非目前就要做。

蘇聯迅速做出反應，譴責美國是戰爭販子。不管從何種角度來說，這都是必然的指控。八月二十九日，羅馬尼亞的布加勒斯特電台出現了一則典型冷戰語言式的廣播：

透過厚顏無恥的美國海軍部長馬修斯，美國帝國主義的罪惡計畫再一次暴露無遺。他說美國必須為了強制實現和平而宣戰。這樣憤世嫉俗的聲明激起了美國公眾輿論的義憤。為此美國國務院慌忙否認馬修斯的聲明，因為這一愚笨可笑的錯誤表達了華爾街那些吃人者的想法。

蘇聯空軍的瓦西里・史達林將軍，也就是蘇聯領袖約瑟夫・史達林的兒子，有如下回應：沒有一架敵人的轟炸機能夠到達任何一個蘇聯目標，不管它飛得多快多高。不過，他的語調不太有說服力。

大眾的反應

波士頓演說同時也打開了美國大眾輿論關於核武難題的潘朵拉盒子。馬修斯和杜魯門的辦公室都收到了大量提及預防性戰爭演說的來信，這些信現在都保存在密蘇里州獨立城的杜魯門總統圖書館。馬修斯的參謀人員分析了他收到的信，報告其中有一百零七封贊成波士頓演說，反對的是五十五封。然而，寫給杜魯門總統的信中，反對的遠多於贊成的。

不論正反意見，大多數寫信者都顯得感情衝動；顯然那些信不代表美國人的理智。一位八十六歲的老婦人（緬因州社會黨黨員）的來信是一首詩：

你侈談為和平而「侵略」，
用心何在我倒要和你商榷——
無非是讓青年上戰場流血，
年輕的生命被送進墓穴，
悲痛的母親們低頭泣淚。

強烈支持馬修斯的人非常狂熱。紐約歐松公園地區的一個人說馬修斯的話是「我一生中讀過的最有意義的」。加州小鎮嘉頓那的一名支持者寫道：

一次大戰期間我在海軍作戰部服役。二次大戰期間我的大兒子

在日本。現在我的小兒子也到了入伍的年齡。戰爭要進行到什麼時候？現在我們有氫彈的優勢可以孤注一擲！……讓他們去死吧。他們是自找的！

加州長堤市一封來信說：

我們百分之一百一十支持你轟炸史達林的想法。在農場裡，我們希望除掉吃小雞的臭鼬，會找到他們的巢穴並搗毀。對可惡的史達林也要這樣，用炸彈摧毀他，給他應得的結果。

這封信來自一位長老教會牧師，落款處寫著「敬祝速捷」。

還有許多來信則要求馬修斯辭職，或要求杜魯門解雇他。從西雅圖寄給馬修斯的一張明信片上只有幾個字：「下台吧——你這個瘋子。」美國社會黨要求他辭職，紐約州的勞拉頓主婦聯合會也如此要求。加州聖萊安德羅的一位主婦向馬修斯發出忠告：「請你辭職並做一次精神病檢查。」明尼亞波利斯的一位男子寫道：「難道你就沒有想過你不負責任的表態，會給蘇聯一個攻擊我們的藉口嗎？再者——為了國家的利益，請你辭職，而且愈快愈好！」費城一位婦女申斥杜魯門：「你最好解雇他，否則我認為你和民主黨的其他人私下想的正是他所說的……」

北卡羅萊那州達勒姆的一位男士反駁馬修斯「強迫合作」的說法，他指出：「合作不是可以強迫的。」紐約州哈斯代爾的一位男士說：「身為二次大戰的老兵，我非常清楚，我們能相信的就是只有

和平才能防止一切戰爭。」

「預防性戰爭一定是魔鬼的計畫；令人奇怪和憂慮的是，這話竟然出自一位理應熱忱的宗教信仰者的口中。」洛杉磯一位婦女如此寫道。許多來信叫馬修斯去查《聖經》中的某些段落，希望說服他了解預防性戰爭是道德錯誤；不過也有少數人認為核子大屠殺對於實現《聖經》上的預言是必然的。來自明尼蘇達州施羅德的一封來信則推薦馬修斯閱讀托爾斯泰的《戰爭與和平》，從中他可以知道「俄國人為了祖國會像魔鬼一般戰鬥」。

令人不安的是，在反對馬修斯演說的信件中，有相當大比例是出於反天主教者的偏見；他們在反對預防性戰爭的同時，往往暗示那是梵蒂岡的黑暗陰謀。加州來蒙園市的一個婦女寫道，這篇演說「向不對外國人效忠的真正美國人指出了一種危險，那就是在我們的政府機構中有天主教徒。」加州帕沙第納的一位婦女問道：「馬修斯部長，據我了解你是忠誠的天主教徒，你是否表達了梵蒂岡的希望，讓我們承擔與俄國作戰的一切後果？」

許多信件把馬修斯比作希特勒，或者是史達林、墨索里尼或西班牙的宗教法庭。一封來自新墨西哥州聖塔菲的信稱他為「世界的禍根和帶來災難的人」；另一封來自亞利桑納州圖森的信則把馬修斯叫做「頭號傻瓜」。一個紐約人提到了那位把美國稱做戰爭販子而廣為人知的蘇聯駐聯合國代表馬力克，稱馬修斯的演說「為馬力克在安理會上提供了何等豐富的話題」！紐澤西州蒙特霍利的一位男士告訴馬修斯：「如果戰爭真的到來，你可以親自駕駛一枚導彈飛向目標，這才是你對國家的最大貢獻。」

這場爭議中的雙方都宣稱，幾乎所有人都與他們的意見相同。演說之後的星期一，有人打電話給馬修斯請他放心，說他的演說表達了「全國每一百人中約九十個人」的觀點。一名紐約人堅持「就我個人所知，沒有一個人願意『發動一場戰爭以強迫合作達到和平』。」但另一個紐約人卻說：「我和所有同事都贊成你的觀點。下一次再有任何俄國人造衛星製造麻煩，就派我們的轟炸機去莫斯科。」

新罕布夏州《曼徹斯特晚間領袖》具有影響力的出版人洛布寫信告訴馬修斯：「在這裡，我們所有人都支持你。一定得有人說出醜陋的真相，否則整個國家會變得像一個人躺在攝氏零下四十度的雪堆裡還感到非常舒服一樣，但這個人永遠也不會醒過來，而是上天國去了。」

麻薩諸塞州海德公園的一位牧師說：「我認為你建議為了和平而進行一場侵略戰爭並不符合基督教精神，而且很殘忍。我是代表我們教區的許多領袖人物和普通大眾說的。」阿肯色州小岩城的一封來信則保證：「許多人都支持你的觀點，包括我本人——奇怪的是杜魯門為什麼不給史達林致命一擊，讓他徹底完蛋。」

令人訝異的是，不少熱心的人寫信給杜魯門表示幾乎所有美國人一致擁護預防性戰爭，並暗示只有少數老奸巨猾的政客可能反對。賓州賴斯維爾的一個醫生在給杜魯門的信中寫道：「在目光短淺的美國政客們所發出令人窒息的空氣中，海軍部長馬修斯先生的演說好像吹進了一股清醒的微風。他正確說出了我們大多數人的想法和感受。」紐約州水城的一名婦女告訴總統：「我聽到許多人在談

論，全在說『丟炸彈到克里姆林宮吧』，好結束一切。以我看來，用一句老話便是『要麼全力以赴，要麼索性放棄。』」亞利桑納州圖森的一封來信說：「就我蒐集到的有關這一問題的意見而言，馬修斯提到的預防性戰爭的計畫非常受人歡迎，他不過表達了人們普遍持有的信念。如果有哪位內閣成員擋道，他應該被解雇。」紐約州水牛城的一位男士用公司的信紙寫著：

我們許多人已經厭倦了跟事實「捉迷藏」，也厭倦了以外交辭令小心翼翼暗示真相。在我公司和其他工廠的員工中，我還沒有發現任何一個不願和俄國攤牌的人。在休息和午餐時間的人群中，你會聽到有人說：「我們一做好準備，就應該狠狠揍俄羅斯一頓。死也不要再猜他們下一步會幹什麼了。」其他人都頻頻點頭。

更有甚者，有人覺得馬修斯的主張還不夠。他們建議轟炸中國；圍捕美國共產黨員，把他們編組去修築馬路；或者用電刑處死共產黨員。

這是風向球嗎？

出自政府高官的聳動言論很難予以否認。有關冷戰時期，一個仍然無法回答的問題就是：馬修斯的演說是不是試探性的風向球？《新聞週刊》問：「這會不會是韓戰爆發以後新的外交手腕？」一九五〇年八月二十七日的《華盛頓星報》寫道：「內閣中是否有

另一個集團，而馬修斯先生現在成了該集團的發言人？他的論點是否反映了海軍或整個軍事系統的想法——這些問題需要外交官們去猜想。」同一天的《華盛頓時代先鋒報》斷言：「國會和政府中有許多人贊成用原子彈轟炸蘇聯……」——很顯然，因為太多了，所以沒有必要提任何一個人的名字。《華盛頓郵報》專欄作家查爾茲在八月三十一日寫道：「對事件來龍去脈有些許了解的人，不會相信是他（馬修斯）一個人想出預防性戰爭這個主意，但現在他被迫承認而受到譴責，處於尷尬的境地。」

有媒體報導，謠傳馬修斯的上司、國防部長約翰遜曾經在私下談話中討論預防性戰爭，美國駐聯合國代表史塔森也曾經認真地考慮這個問題。

馬修斯表達的概念確實早已出現一段時間了，但這並不意味著他是一個贊成預防性戰爭的集團的發言人。沒有令人信服的證據可以證明馬修斯在為一個有組織的集團說話。至於他表達了杜魯門想法的說法，更必須被排除在外。

麥克阿瑟的演說

八月二十七日，發生了另一起令人尷尬的麻煩事件。美國的麥克阿瑟將軍曾經準備好一篇聲明，準備在芝加哥舉行的海外戰爭退伍軍人協會（VFW）的會議上宣讀。麥克阿瑟在聲明中主張，如果福爾摩沙落入美國的敵人之手，「未來的戰爭區域將從那裡東移五千英里，到美國的海岸，我們國家的海岸」。

麥克阿瑟為了在福爾摩沙採取強硬路線而辯護,並且引述了「東方思維」這一古老的觀點。他說:「有一種俗套的論調鼓吹在太平洋區域採取姑息政策和失敗主義,認為如果我們保衛福爾摩沙,我們將疏遠亞洲大陸。沒有什麼比這種論點更謬誤百出了。這樣說的人不了解東方,他們沒有領會到東方人的心理模式,即尊敬和追隨積極進取、堅定不移、活力充沛的領袖,遠離膽小怕事和優柔寡斷的領袖。」

就在聲明將要發表前不久,麥克阿瑟發了封電報給 VFW 的全國總會長劉易斯:「我很遺憾地通知你,我接到指令撤回我的聲明。」指令是出自杜魯門。

然而,麥克阿瑟已經把他的聲明寄給許多新聞機構。《美國新聞和世界報導》已經登出來了,並且寄出了該期雜誌給訂戶。因此,這篇應該被撤銷的聲明很快在報紙上刊載。共和黨人則將它放在「國會記錄」中。

安德森

與此同時,另一場爭論正在醞釀之中。這次的主角是受人尊敬、但層級較低的一位空軍少將,五十五歲的安德森。他的服役記錄令人印象深刻,因為他參加過前後兩次世界大戰,在二次大戰中是第八空軍師的副總司令。兩次世界大戰之間,他在一九三五年參加了陸軍的空軍聯隊和美國國家地理學會主辦的試驗,穿著比戰鬥機駕駛員稍多一些的服裝,戴著美式足球的頭盔,和一個同伴駕駛

「探索者二號」氣球上升到七萬兩千三百九十五英尺（約十四英里）高度，創下了世界記錄。進入同溫層這個令人驚訝的高度使他成了英雄，堪與後代的太空人相比。這項記錄一直到一九五一年才被一架飛機打破。

據說，安德森不是在政策問題上會被五角大廈諮詢的少將。他被安慰性地安排在阿拉巴馬州麥斯威爾費爾德的空軍軍事學院當講師。《蒙哥馬利廣告人》雜誌的一個記者聽說安德森在課堂中提到以原子彈攻擊蘇聯的一些思考。記者敏感地認為這是馬修斯事件後再製造一則好新聞的機會，於是要求對安德森進行一次採訪，安德森也同意了——不出所料，成了一次引起轟動的採訪。

採訪中安德森說：「如果我們袖手旁觀，看著俄國製造原子彈，並且認為他們不會使用，那是一種危險的假設。」他下面的話聽來就有些離奇了：

我們正面臨著該死的戰爭。我不主張預防性戰爭，但是我主張拋棄幻想，主張我們對史達林說：「史達林，你騙不了任何人，你想毀滅我們。」如果他回答「是」——他什麼時候都會回答「是」——那麼我們必須得出結論：文明要求我們採取行動。

如果下令讓我行動，我一個禮拜之內就能摧毀俄國的五個原子彈基地。當我去見上帝時，我想我會解釋為什麼這樣做——好吧，讓我現在就來解釋，免得太遲了。我想我會向上帝解釋，我拯救了文明。

五個原子彈基地？蘇聯有五個原子彈基地可不是大家都聽說過的事。安德森洩漏了祕密情報嗎？後來有人向他提出這個問題時，安德森說他只是隨口講出這個數字。這倒是可以想像的；但若他真的無意中說出一件軍事祕密，也只能如此藉口。

　　幾乎與此同時（八月三十日），另一位魏德邁將軍也在華府的國家軍事學院的一次談話中討論了預防性戰爭。一般人其實很少聽說那些將軍的名字，但突然間，似乎美國的軍事機構全部活躍起來，談論起預防性戰爭來了。

　　記者們很快獲悉，很長一段時間以來，麥斯威爾費爾德的空軍基地就是預防性戰爭的言論溫床。在柏林封鎖期間，前基地總司令格羅勃斯准將就曾對蒙哥馬利一個市民團體說，美國應該要求蘇聯在三十六小時內撤去封鎖，否則將面臨核武攻擊。

　　還有報導說，安德森此前在一個國際同濟會的集會上就曾表示他贊成立即向蘇聯宣戰，而且沒有引起不愉快的反應。看來，轟炸莫斯科的類似言論在軍隊裡早就習以為常了。八月三十一日，《華盛頓郵報》的專欄作家皮爾遜寫道：「具體證據顯示，在空軍學院裡，將軍們在執行一個深思熟慮的計畫，向學生們灌輸即將進攻的想法。」

　　空軍對安德森的發言迅速做出了反應。九月一日，空軍參謀長范登堡宣布暫停安德森所擔任的空軍軍事學院院長職務，等待接受一項正式的調查。他說：「空軍從頭到尾、永遠都是和平的主要力量。」

　　同一天，杜魯門出面整頓局勢。他在廣播電台和電視上進行了

一次關於韓國問題和預防性戰爭的爐邊談話。杜魯門戴著一條有聯合國旗幟和櫟樹葉圍著的小地球圖案的藍色領帶，他的開場白是：「我的美國同胞們，今晚我想和你們談談關於韓國，關於我們為什麼要在那裡，以及我們的目標何在這類問題。」

總統認為蘇聯應對韓國爆發軍事衝突及其帝國主義的政策負責。他主張加倍軍事人力（從一百五十萬增加到三百萬）以應對威脅。他強調美國對韓國或台灣沒有任何圖謀。

杜魯門說：「我們不信奉侵略和預防性戰爭……我們武裝起來只是為了反抗侵略。」他把預防性戰爭稱作「獨裁者的武器，而不是美國這種自由民主國家的武器」。

輿論反應

儘管杜魯門否認，但在其後幾個禮拜內，預防性戰爭的報導仍充斥媒體中。一九五〇年十二月十一日《生活》雜誌報導：「過去不曾聽聞的有關使用原子彈的言論，現在聽得愈來愈多了。」一九五〇年九月十八日的《時代》雜誌觀察到：「當一個人了解他極有可能遭受原子彈轟炸，他不可能不考慮他能做些什麼以阻止其發生……現在只有極少數美國人還相信可以與克里姆林宮和解、安撫或理論的。只有極少數美國人安心坐著等待共產黨進攻。」

大多數出版物強烈反對預防性戰爭。《時代》的編者總結：「從軍事上來看，一九五〇年美國若發動預防性戰爭，將是災難性的大錯……因此，困擾許多美國人的預防性戰爭的道德問題不可能發

生。預防性戰爭是否不道德？一九五○年的現實使這個問題在軍事上毫無意義。」

「毫無疑問，軍隊內部出現了許多關於預防性戰爭的討論，就像社會上出現的無數相同討論一樣，」退役的美國空軍將軍史帕茲應邀在一九五○年九月十一日出版的《新聞週刊》評論，「最近經常有人說預防性戰爭的理論就是『害怕人家強加於你者，就必須強加於人──而且先下手為強。』這是懦夫和膽小鬼的思維方式，是強盜的邏輯。我們當然不是那種動輒喜歡扣扳機的國家。」

一九五○年十一月十一日《科利爾》雜誌寫道：

幾個月來我們看到和聽到關於所謂「預防性戰爭」的種種議論。我們仔細研究了各種贊成論點。我們傾聽和思考。但最後我們還是不了解這個詞的意思。「預防性戰爭」，它能預防什麼呢？

它不能預防戰爭。

它不能預防美國被原子彈轟炸。要有令人難以置信的樂觀，才會相信俄國人會把所有原子武器聚集在某個容易受攻擊之處，而且美國空軍確切知道它的位置，而且我們的轟炸機能絲毫不差地躲過攻擊，並在戰爭第一日就摧毀蘇聯的所有原子彈……

天主教波士頓總主教區出版的《領航者》提出了一個問題：預防性戰爭在道德上是否正確？他們的答案為「是」──但前提是它為「道德上正確無疑」的原因而戰，並且其他解決方案已告失敗。《領航者》說：「大量的證據顯示蘇聯犯下無數真實罪行，而且還

在謀畫新的罪行。我們尋求的只是保衛基本人權。」《領航者》的結論是，針對蘇聯的預防性戰爭可能是必要的。

預防性戰爭也成了一本書的主題：阿本德的《一半奴役，一半自由》。阿本德推斷蘇聯甚至已經把分解成零件的原子彈偷運進美國的一些城市然後重新組裝。「如果有朝一日蘇聯大使向我們提出投降的屈辱性條款，並威脅如果不在一小時內在投降書上簽字，無聲的定時裝置將同時引爆那些祕密隱藏的炸彈，到那時我們的政府怎麼辦呢？」作者暗示，一些不知名的「高級軍事官員」和民眾領袖正在擬定一份核子最後通牒。阿本德還討論了核武突襲，認為這是「卑怯的舉動……雖然它可能得以確保低代價的提早勝利」。

有多少原子彈？

在西方電影中，拔槍稍晚的槍手總是立刻被打死。而在現實中，槍戰可能更加殘酷。臨死前的槍手可能也給動作比他快的對手來上幾槍。說來奇怪，在關於預防性戰爭的辯論中，有一個最少被提到的問題是：這樣的情況在核戰中是否也會出現？之所以最少被提到，原因之一就是大家、包括決策者對核武儲備的規模全然無知。

原子彈的數目是個祕密，保密到了幾乎荒謬的地步。按照杜魯門的說法，在華府這樣一個文件滿天飛的城市裡，並沒有上面用淺白英文記載美國有多少原子彈的這樣的文件。原子彈數目據說是被「記錄在一張被分成好幾部分的紙上，以特殊方法保護著」。杜魯

門本人是在當上總統兩年以後的一九四七年四月才正式獲知此事。

　　一則有名的故事說，當杜魯門知道原子彈只有區區幾顆時，十分吃驚。當時是一九四七年四月三日。多種消息來源都顯示，杜魯門知道零件數量只夠裝配七顆原子彈。如果這令人驚奇，原因可能在於進展實在過於緩慢。六個月以前，一九四六年十月，杜魯門曾告訴幕僚，他不相信可用的原子彈數目有半打以上，但杜魯門相信「那足夠打贏一場戰爭」。

　　這個祕密幾乎沒有告知任何人，甚至制定軍事政策的人。一九四九年一月，據稱支持預防性戰爭的參議員麥克馬宏抱怨，國會像是：

　　一個必須訓練部隊的將軍，卻不知道他們可以打多少發子彈。當我們爭辯需要六點五萬噸級的航空母艦，或者需要七十個空軍大隊，或者需要全民軍事訓練的時候，恐怕我們並不真正懂得自己在說些什麼。我們不知道有多少原子武器，因此，我擔心我們缺乏能力來通過任何重大國防議案。

　　真正知道此祕密的人數並沒有隨著時間流逝而增加，對於葛羅夫斯將軍來說，這無疑很值得驕傲。一九四七年，海軍部長佛萊斯特和海軍作戰部司令尼米茲上將被要求對原子武器的生產速度提出意見。兩人都以為對方知道有多少原子彈；其實兩個人都不知道。勒梅將軍於一九四七年問起此事時，葛羅夫斯也完全不漏風聲（勒梅在一年後成為美國戰略空軍司令部指揮官）。葛羅夫斯回答：「資

訊太過複雜，而且有許多因素。我無法回答你的問題，因為我強迫自己忘記相關的數字。」

葛羅夫斯的話聽起來像推諉，其實也不盡然。美國到底有多少原子彈這個問題，確實不是一個能簡單回答的問題，即使知道所有的事實也一樣。

一枚完全裝配好的「胖子」原子彈是無法長久儲存的；它只有大約四十八小時的有效期，過了四十八小時，電池能量耗盡後就不起作用了。接下來，必須拆開一部分才能替電池重新充電。此外，每顆原子彈還需要用釙 210 當作引發劑。這是一種極不穩定的同位素，半衰期只有一百三十八天。因此每隔幾個月就要更換（主要的核燃料鈽則是很穩定的）。因此，原子彈的各部件是分開儲存的，只在需要時才裝配。配件庫存的維護、尤其是釙的維護非常昂貴，也需要龐大人力。

因此，問題並不是現有多少顆完整的原子彈？而是如果需要的話，能夠裝配出多少顆原子彈來？瓶頸在於關鍵配件的供應非常短缺。

歷史學家羅森伯格發表在《原子科學家公報》一九八二年五月號的一篇文章透露，當時的原子兵工廠小得可憐。根據美國能源部的資料，在一九四五年年中，美國擁有的原子核心和機械配件只夠完成兩顆原子彈[02]，一九四六年這個數字達到 9，一九四七年為

---

02 這個數字有些奇怪。它顯然是指在新墨西哥州試爆以及在長崎投下的那兩顆原子彈。沒有把廣島那顆計算在內，顯然是當時還沒做出來。如果情況屬實，那麼美國在長崎投下原子彈以後的一段時間裡根本就沒有核武。能源部的歷史學家告訴羅森伯格，一九四五年的數字可能是指年底（十二月三十一日）的原子彈擁有量。

13，一九四八年為 50。能源部沒有透露釸引發劑的數量，早年它可能是瓶頸所在。一九四七年四月杜魯門收到報告時，七個原子彈這個數字可能便意味著，在當時雖有十三個原子核心，釸的生產數量只夠裝配七個。

能源部對一九四八年以後的原子彈數量仍然保密。但顯然其數字是急遽增加的。能源部告訴羅森伯格，可用於原子彈的機械配件的數量在一九四九年是 240（一九四八年是 55）。到了一九五〇年，是 688。能源部還說，近幾年來，機械配件的數量多於原子核心的數量。（至一九九〇年時，布希和戈巴契夫簽訂的戰略武器裁減條約規定雙方各自把核彈頭壓縮到 6,000 枚。）

核武器庫存的規模還有另外幾條線索。羅森伯格引用一九五〇年一份研究空軍戰略的報告，其中指出當年在假想的空襲中可使用 292 枚原子彈。這個數字顯示了一九五〇年可用原子彈的最低數字。原子彈武器庫的成長情況大體上像下面這樣：

可用的完整原子彈數（當年年中）	
1945 年	約 2 枚
1946 年	約 6 枚
1947 年	約 7 枚
1948 年	不多於 50 枚
1949 年	少於 240 枚
1950 年	292 ～ 688 枚

要獲得蘇聯核武數量的可靠訊息就更加困難了。《商業週刊》在一九五〇年七月八日刊出的一則報導說蘇聯大約有 10 枚原子彈。幾個月後，《時代》雜誌估計為「10 和 60 之間──足以讓克里姆林宮進行令人畏懼的報復」。

這些數字只是故事的一部分。經過改裝而能運載原子彈的飛機並不多。能夠進行原子彈轟炸的飛機編組和飛行員也供不應求。在一九四八年年中以前，新墨西哥州羅斯韋爾的沃克空軍基地第 509 轟炸大隊是有能力投原子彈的唯一單位。

把原子彈投向目標是很困難的，美國在這方面進行的一些試驗令人無法滿意。一九四七年，在美國戰略空軍司令部進行的一次訓練中，幾乎一半的轟炸機沒能完成空投。一九四八年，戰略空軍司令部策劃了一場對俄亥俄州達頓的夜間模擬襲擊，竟然沒有一架轟炸機完成使命。雪上加霜的是，美國缺乏蘇聯的軍事地圖。官方的蘇聯地圖是故意歪曲的，以迷惑可能的進攻者。美國戰略空軍司令部所能憑藉的只是從納粹那裡奪獲的航空攝影照片，甚至沙俄時代的地圖。結論是，在一九五〇年前後，在對蘇聯的假想核武襲擊中，許多炸彈不可能擊中目標。

只要一顆裂變式原子彈就能把克里姆林宮（占地略大於 1/10 平方英里）以及莫斯科老城區的大部分夷為平地，然而，整個莫斯科的面積達 386 平方英里。如果一顆原子彈完全摧毀的區域是 4 平方英里，那麼只投下一枚原子彈時，莫斯科的大多數人口、建築和工業幾乎可以毫髮未損。

在預防性戰爭最甚囂塵上的一九五〇年，美國大約有 292 至

688 枚原子彈。那麼現實來說，美國一次進攻便可能摧毀幾百個目標，讓一千平方英里或稍多一些的區域夷為平地，此面積大致和羅德島相當。

但一場進攻的後果是更難預測的。輿論界有時用「把俄羅斯轟回石器時代」這樣的話來形容預防性戰爭。人們喜歡想像一枚原子彈的進攻就把蘇聯消滅乾淨。這顯然不可能。《美國新聞》在一九四七年的一篇文章中指出：「俄羅斯地域遼闊，不存在一個神經中樞。使用足夠的原子彈或許殺死許多人，炸毀莫斯科和一些煉鋼廠，但是基於目前已知的一切，它不可能贏得一場戰爭。而更可能的是，這種攻擊會使俄羅斯人民團結起來。」

在武器庫中擁有幾千顆氫彈的現代，一個國家要消滅神示的魔鬼絕對有其可能。但在預防性戰爭叫囂最凶的年代卻毫無可能。即使在一九五○年，美國也還沒有足夠的原子彈。

尾聲

調查安德森的結果始終沒有公開。安德森後來被重新任命為德州威奇托福爾斯的謝帕德空軍基地的 3750 技術訓練聯隊司令。空軍發言人堅稱這不是降級，安德森並未因言論而受到任何形式的處分或譴責。但他本人顯然沒有接受這種觀點，申請了退休而沒有接受新的職位。

馬修斯因預防性戰爭的演說而受到牽連，隔年辭去海軍部長一職。沒有跡象表明政府對他的離去有任何傷感，最後由金柏爾接替

了他的職位。馬修斯接受駐愛爾蘭大使一職。一九五二年十月十八日，他在奧馬哈的家中休假時，因心臟病突發去世。扶輪社在一次集會中默哀一分鐘紀念他。馬修斯經營的一間企業在內部出版物中稱頌「他具有上帝賦予人類的一切美德」。

關於預防性戰爭的輿論持續到一九五〇年代初期，其中部分是受到氫彈成功開發的鼓舞，因為這在短期內似乎恢復了美國的領先地位。一九五二年傳聞空軍部長芬萊特曾如此談到氫彈：「有七個這樣的武器，我們便可以統治世界了。」據說是在五角大廈的祕密會議上說的，但芬萊特本人和其他人否認。如何防止第三次世界大戰——阻止而不發動它——成為一九五一和一九五二年全國小學流行的話題。

艾森豪和杜魯門一樣拒絕預防性戰爭，但在他總統任期內，英國的邱吉爾首相卻仍高談預防性戰爭。羅伯特·佩恩在一九七四年的傳記《偉人》中描寫：「邱吉爾在一個湖邊小花園中喝著威士忌和汽水，在心中盤算，如果原子彈歸他所有，他會消滅哪個敵人。此情此景如果不是那麼可怕和絕望，邱吉爾真可稱得上一部喜劇的主角。」英國於一九五二年十月在澳洲的沙漠中試驗了它的第一顆原子彈。佩恩的書中記載了大約那時邱吉爾所做的一個奇怪的夢。邱吉爾發現自己在一列火車上，同莫洛托夫和伏羅希洛夫做一次橫跨俄羅斯的旅行。這個不大可能的三人小組演出了一場反革命，邱吉爾有一些火柴盒大小的原子彈，整個俄國被夷為平地，俄國人被滅絕。

一九五三年十二月，邱吉爾、艾森豪和法國總理拉尼爾在百慕

達會晤。邱吉爾的私人醫生莫蘭勛爵隨行並做了日記。十二月三日的日記中記錄了邱吉爾和一位未指名教授之間的談話：

首相：曾經有一段時間西方大國可以使用原子彈，而無須擔憂俄國回擊。現在這個時間已經過去了。你認為俄國人有多少原子彈？

教授：噢，在三百和四百之間吧。美國人可能有三千或四千。

首相：如果發生戰爭，歐洲將受到重創並被征服；英國也會受到重創，但我希望不至於被征服。存留下來的俄國將沒有中央政府，也不可能再進行一場現代戰爭。

莫蘭十二月五日的日記不但記載了邱吉爾對預防性戰爭的討論（就像魔鬼的主張？），同時也提供了二手材料，說明艾森豪沒有排除預防性戰爭的可能性。日記是這樣的：

首相對今天的一些事不太有把握。顯然當他同艾克（艾森豪的暱稱）辯論蘇聯已經發生變化時，艾克把蘇聯比喻成妓女，也許換了裝，但仍然會從馬路上被轟走。按照艾克的看法，蘇聯不會對文明世界構成威脅。

「當然，」首相在屋裡踱來踱去說，「任何人都會說俄國人有魔鬼般的心智，想要毀滅自由國家。好吧，如果我們真的這樣覺得，恐怕我們應該在他們擁有同美國一樣多的原子彈之前採取行動。我向艾克指出這一點，他說，邏輯上恐怕是應考慮這一點。但如果有

人不相信一個如此大的國家是魔鬼，那麼與之友好也沒有什麼大礙，只要我們不放鬆自己的國防準備就行。」

一九五七年，艾森豪派史普拉格和威斯納到奧馬哈，與戰略空軍司令部司令勒梅將軍交換意見。他們告訴將軍，沒有幾架轟炸機能倖免於蘇聯的突擊。後來，史普拉格和威斯納詳細描述了那次會晤（見《洛杉磯時報》一九八九年七月二十四日），說勒梅同意他們的結論。勒梅派 U-2 偵察機在蘇聯上空執行任務，指望機員能提前一星期向他發出蘇聯準備突襲的警告。勒梅誇口：「我將在他們離開地面以前把他們打得屁滾尿流。」當史普拉格和威斯納表示反對，說首先使用核武不是國家的政策時，勒梅說：「對，那不是國家的政策，但那是我的政策。」

08
Chapter
賽局理論及其不滿。

蘭德最初的賽局理論專家小組慢慢解體了。馮紐曼愈來愈忙碌，花在賽局理論的時間愈來愈少。一九五一年，蘭德機構把馮紐曼的日薪加倍到一百美元，希望他花更多時間在蘭德，但是收效甚微。一九五五年初，馮紐曼終於放棄了和蘭德的合作，因為他被任命為原子能委員會委員，不得不縮減外務。

德萊歇是少數留在蘭德、直到一九八〇年代才退休的人。佛拉德於一九五三年便離開蘭德去了哥倫比亞大學，並幫助校方把蘭德的同事魯斯吸收過來；他也在那裡開始了完全不同的事業。他擔任一位電視製作人的顧問，協助修改一個益智節目的現金支付方式。近年來，他的興趣包括「投票數學」。他希望探求和推廣能更公正表達少數人利益的投票制度。

納許的妄想症愈來愈嚴重。他老是古怪地想著要加強蘭德的安全措施，用這些念頭糾纏同事，最後被送到精神病醫院治療。後來

康復以後他加入了普林斯頓的高等研究所。

對賽局理論的批評

　　人們對賽局理論的看法也發生了變化。《賽局理論與經濟行為》出版十年以後，最初的振奮情緒消退了。賽局理論受到非難、懷疑甚至痛斥。

　　對許多人來說，始終與馮紐曼聯繫在一起的賽局理論，似乎是用來包裝對人類命運的無情嘲諷。有一些例子說明了這種新看法是何等嚴重。一九五二年，人類學家巴特森在給數學家維納的一封信中寫道：

　　應用賽局理論的後果是，強化了參與者對規則和競爭前提的接受度，從而使參與者愈來愈難相信或許另有其他方式應對別人……賽局理論的應用號稱是帶來了各種改變，但我懷疑其長期改變的結果是進入一種病態的方向而令人厭惡。我不僅在思考馮紐曼模型中假設參與者互不信任的前提，也在思考人類本質不變的這個更抽象的前提……馮紐曼的「參與者」不同於人和哺乳動物，他們只是「機器人」，完全沒有幽默感，也完全不會「玩」（就像小貓、小狗那樣玩）。

　　賽局理論專家很清楚他們的專業受到玷污的形象。一九五四年，蘭德機構的威廉斯寫道，賽局理論專家「常常被人類學領域的

學生看成早熟的孩子，不懂得人以及人的工作何其複雜，只會瞪大天真無邪的眼睛胡思亂想，希望他們的玩具武器像殺死無生命的玩具龍一樣能殺死真的龍。」

再看看蘭德的資深研究員魯斯和萊法在他們一九五七年的書《賽局與決策》中是怎麼說的吧：「歷史事實告訴我們，許多社會科學家對賽局理論的幻想後來破滅了。最初，他們天真地追逐流行，覺得賽局理論解決了社會學和經濟學中的無數問題，或者至少為需要經過幾年才能解決的實際問題提供了答案。結果證明情況並非如此。」

一九六〇年，蘭德機構經濟學部門的負責人查爾斯・希契告訴《哈潑》雜誌：「就我們的目標而言，賽局理論非常令人失望。」

大眾很容易把賽局理論當作一種合理化核戰的工具。紐爾・戴維斯的《勞倫斯和歐本海默》書中引用歐本海默的話問：「我們怎樣才能創造出文明呢？文明總是把道德當作人類生活的基本要素……文明不可能談論幾乎所有人被殺死的前景，除非是深謀遠慮的賽局理論用語。」

還有一些人認為許多問題要歸咎賽局理論使用者的心態。一九六二年，拉波普特為《美國科學人》雜誌寫了一篇很有見解的文章〈賽局理論的應用和誤用〉：

……賽局理論在那個以最原始、最殘忍的方式解釋培根名言「知識就是力量」的圈子裡已經被接受了。在我們的社會裡，決策者們全神貫注於權力衝突：經濟的、政治的、軍事的衝突。賽局理

論是一門「衝突的科學」。這門新科學除了是為那些以最快速度攫取最高權力的人所準備的「權力的蓄水池」，還能是什麼呢？但如果你透徹理解了賽局理論，這種貪婪的希望就會消失。

人們對賽局理論的疑慮持續到一九八○年代，甚至到今天。海姆斯在《馮紐曼和維納：從數學到生與死的技術》書中寫道：「賽局理論描繪了這樣一個世界，裡面有精於算計的聰明人冷酷不懈地追逐自身利益……對人類行為的這種霍布斯式的描繪是如此刺目，因而引起了許多人的反感。但馮紐曼更情願是錯在懷疑和不信任的這一邊，而不願意在對人類和社會本質充滿幻想的一邊出錯。」

對賽局理論的指責分兩大類：一類認為賽局理論無非是馬基維利式的演算，用來證明戰爭或不道德行為是正當的；另一類認為賽局理論在現實世界中沒什麼用處（其純數學探討的有效性則未被質疑）。這兩種反對意見都值得檢驗。

效用和馬基維利

賽局理論中的參與者都是以「利己主義者」的面孔出現。囚犯困境的故事，包括塔克的故事和本書中其他幾種故事，都要求你設身處地把自己當作不道德的冷酷歹徒，你的對手則同樣殘忍無情。為什麼需要這種冷冰冰的故事？

這並非因為賽局理論是討論具有某種心理素質的人（自我中心或冷酷無情）如何進行賽局。它跟如何描述經濟有關。賽局理論講

226
囚犯的兩難

的只是「效用」，與坐幾年牢、賺多少錢等此類的事無關。你可以回憶一下前文，所謂「效用」只是一個抽象概念，可以看作參與者的「點數」。由於效用是大家不太熟悉的概念，科學家於是試圖在解釋賽局理論時，避免解釋效用這件事。這是可能的，因為效用跟賺多少錢、坐幾年牢或其他有形單位之間存在著簡單而明顯的對應關係。

對於一個非道德的個人主義者，這種對應確實很簡單。錢是好東西──錢愈多愈好！把人們的效用對應到具體的對象，袪除由背叛造成的道德顧忌以及由行善獲得心靈回報等使事情複雜化的因素之後，討論起來就容易多了。但如果認為賽局理論是專門討論這樣的人，那就錯了。

賽局理論和算術一樣是一種抽象的工具，可以應用於現實世界，但前提是其嚴格的要求必須得到滿足。比如有一個人要算一下口袋裡有多少零錢。她掏出 3 枚一元和 7 枚五元的硬幣，算出她有 38 元。後來她發現點錯硬幣數了，五元硬幣只有 6 枚而不是 7 枚，因此她只有 33 元。這意味什麼？難道是算術錯了嗎？當然不是。如果你點錯了硬幣數，你不能因此怪算術的錯。同樣的，正確看待「效用」是應用賽局理論的前提。

算術和賽局理論也有不同之處。兩個人只要正確點出硬幣數目，結果一定相同。但效用則隨主觀定義而有不同。如果賽局的結果不是現金獎勵，而是一些非常複雜的事物，那麼任何兩個人都可能對一組賽局的結果有不同的偏好排列。

賽局理論是一個萬花筒，它只能反映應用者的價值體系。如果

從賽局理論得出的結論似乎是馬基維利式的，那麼通常是因為應用賽局理論的人具有馬基維利式的價值體系。

有鞍點的零和賽局和沒有鞍點的零和賽局也有嚴格的區別。即使只有結果的偏好程度排列，零和賽局也存在鞍點。而對於其他類型的賽局，效用必須有一個嚴格的數值尺度（區間尺度），否則就沒有可用來計算出正確的混合策略機率的數據了。

在軍事策略這類的實際事物上，你很難有把握指定其結果（和平、局部戰爭或核武大屠殺）的數值。你可以憑空湊出「合理的」數字來，但這有違賽局理論的應用目的：提供遠比直覺更精確的建議。就像拉波普特在《美國科學人》上指出的：

除非對偏好程度能做出十分精確的定量表示，否則就無法在沒有鞍點的賽局中做出合理的決策。我常常懷疑，那些被說服接受賽局理論的決策者們是否理解這種不可能性，就像用傳統工具無法做出與圓面積相等的正方形一樣。我見過許多研究報告，聽過許多長長的討論，說什麼冷戰和熱戰都可以當作賽局。假定冷戰和熱戰是零和賽局（其實不是！），那麼必須用一個差距尺度對各種結果的「效用」指定數值。這就成了問題。當然我們可以迴避它，以為可以用這樣或那樣的方法指定效用的數值，然後就可以利用賽局了。但這不是十二萬分的可笑嗎？基於任意假設而得到的結果，又會有什麼實際用途呢？

在任何複雜的事物中，我們都可以預期不同人對可能的結果有

不同評價。某位分析家認為是囚犯困境的賽局，另一位分析家可能當作有鞍點的零和賽局，第三位分析家卻又視為需要混合策略的賽局。大家可能得出不同的結論，卻也可能都是正確無誤地應用賽局理論！

人是理性的嗎？

九成以上的賽局理論的應用目的是預測人的行為，或對人的行為提出建議。但賽局理論並不能有效地預測人的行為。這項失敗很難漠視。賽局理論的建議是基於人們「理性」參與的假設；但當對手是非理性時，建議可能就不是最好的了。

這個問題有點像零售商的「誘人上鉤再調包」的手法。你到汽車銷售商那裡去，因為他登了廣告，有一款你想要的車，售價一萬美元，該車型的最低廣告價格。但售貨員說車子已經賣完，他們有另一款車，售價一萬兩千美元。麻煩在於，你不知道這個價格是否為該款車的最好價格，或者，你甚至不知道你是否想要此款車。你到經銷商那裡去的唯一原因是想得到廣告中的那種車；現在他們沒有了，怎麼辦呢？你肯定會猶豫，因為到另一家銷售商未必更好。

在賽局理論中，你通常是基於一個可能的結果（小中取大或納許均衡）而選定某個策略。如果你的對手不是照賽局理論的預測去做，那麼你可能發現換一個策略也許更好。

向賽局理論提出挑戰的最初實驗之一，是蘭德機構在一九五二和一九五四年的一系列研究。研究小組中包括納許，目的是檢查馮

紐曼的 N 人賽局理論到底是否可以應用。

在蘭德的實驗中，四到七個人圍坐一桌，模仿馮紐曼理論中的一般 N 人賽局。受實驗者被告知，如果他們能形成聯盟就可以獲得現金報酬。一個裁判告知每個可能的聯盟所會獲得的獎勵金額，而聯盟成員可以用任何看來合理的辦法分享獎金。實驗結果可謂一團亂，跟《賽局理論與經濟行為》中的描寫大相逕庭，反倒更像小說《蒼蠅王》[01]的情節。蘭德報告是這樣說的(引自《賽局與決策》)：

顯然參與者個性上的差異處處可見。一名參與者是否加入聯盟，看來跟他是否健談密切相關。當一個聯盟形成以後，經常是由最敢作敢為的成員負責其後的討價還價。在許多例子裡，即使在聯盟的首次形成過程中，積極性也扮演重要作用；在裁判發出「開始」命令以後，誰第一個大叫、叫得最響將使結果有所不同。

在四人賽局中，參與者的座位安排似乎對結果沒什麼影響；但在五人賽局中，尤其是在七人賽局中，這變得十分重要……一般來說，參與者人數增加後，氣氛變得更混亂、更激動，競爭更激烈，參與者也覺得更不愉快……

結果到底是證實或否定了馮紐曼與摩根斯坦的理論，極端難以判斷。而這有一部分原因或許是他們理論的主張並不是十分清楚。

蘭德實驗中的激動的受實驗者雖沒有像馮紐曼和摩根斯坦所分

01　William Golding, *Lord of the flies*. 中文版由陳鵬翔譯，臺北：桂冠，2004。

析的那樣行動，但這不能反駁他們的數學分析。然而，對於任何可能還需要賽局理論的人來說，此實驗還是引人注意，因為賽局理論並不能很有效地預測人的行為。希望賽局理論很快使經濟學發生革命的人必然覺得實驗結果特別令人失望。經濟學理論必須預測有血有肉的人將怎樣做，不管其行動是理性的還是非理性的。

我們不需要研究多人賽局就能發現非理性的證據。更令人迷惑的是囚犯困境的實驗。就像佛拉德／德萊歇實驗，大多數此類實驗涉及重複的囚犯困境，也就是一系列的囚犯困境：每個參與者都知道自己將和其他人反覆地互動。

重複的囚犯困境在心理學研究中已經成為流行的題目，政治學家艾瑟羅德特別稱之為「社會心理學的大腸桿菌」[02]。拉波普特估計，一九六五至一九七一年間發表的涉及囚犯困境的實驗報告達兩百個。

俄亥俄研究

一九五〇年代末和一九六〇年代初，空軍資助俄亥俄州立大學對囚犯困境進行了一系列心理學研究。其實驗結果以系列論文形式發表於《衝突解決期刊》，對相信人類具有理性的人來說，實驗並未帶來多少令人安心的結果。

俄亥俄的實驗（以及別處的類似實驗）大致如下進行。受實驗

---

02 大腸桿菌是常用的實驗細菌。

者是兩個選修心理學導論的大學生，互不相識。他們坐在有書架的閱讀桌的兩側，書架擋住了視線，使他們看不見彼此。在每個受實驗者面前有兩個按鈕，一紅一黑，研究者告訴他們，他們可以選擇一個按下，然後根據兩人按鈕的情況得到不同報酬。報酬表就貼在醒目之處，在整個實驗期間，受實驗者可以隨時看它。以上有關實驗的解說完全沒有使用賽局理論的術語。我們這裡也只要知道紅色按鈕代表背叛，黑色按鈕代表合作就夠了。所用的報酬表之一是專門為典型的囚犯困境設計的（如下表）：

	黑（合作）	紅（背叛）
黑（合作）	3元, 3元	0, 5元
紅（背叛）	5元, 0	1元, 1元

受實驗者按下按鈕以後，研究員面前的面板上會有相應的燈被點亮，據此發放獎金。接受實驗的每一對學生進行的次數是固定的，通常是五十次。每進行一次以後，受實驗者可以根據他拿到的報酬，判斷出對方按了哪個按鈕。每次實驗都挑選足夠多對的大學生以獲得統計樣本。

由史柯達、米納斯、拉圖許和利佩茲進行的第一次實驗發現，大多數受實驗者大多數時候選擇背叛。根據所用的報酬表，相互合作能比相互背叛多拿三倍的錢，但是在二十二對受實驗者中只有兩對合作，其他二十對大多數時間選擇背叛。（這個結果和佛拉德與德萊歇一九五〇年的實驗結果不同。但是他們的實驗是非正式的，

只有一對受實驗者，在統計學上不屬於有意義的樣本。）

在由史柯達和米納斯進行的另一次實驗中，受實驗者被允許進行磋商：在試驗次數過半（二十五次）以後，兩個受實驗者可以討論兩分鐘。他們可以自由訂下按黑色按鈕的協議，或者誰按了紅色按鈕對方便威脅報復等等。但那並沒有發生。按照研究人員的說法：「……受實驗者顯然不願意達成聯合的策略。雙方針鋒相對，明顯想知道彼此將採用何種策略。」對於大多數受實驗者，這種協商不太能影響賽局。

為什麼受實驗者不願意合作？實驗結束以後研究人員向受實驗者提出了這個問題。典型的回答是：「我怎麼知道他會去按黑色按鈕呢？」或者是：「我一直希望我按紅色按鈕時他會按黑色按鈕。」

按照研究人員的分析，受實驗者更感興趣的是勝過對手的報酬，而不是使自己的報酬最多。研究人員推測這是「一種受文化影響的準則，導致互不相識的人彼此防衛，最好首先保證自己和另一個人至少處於平等，而不要冒被對方擊敗的風險」。

米納斯、史柯達、馬洛和羅松在重複這一實驗時，試圖使競爭的意識降到最低，這次他們小心翼翼避開任何帶有競爭色彩的詞彙，諸如「賽局」、「比賽」、「贏」、「輸」等等，向參與者解釋實驗方法時一概不用。然而無補於事。事實上，研究人員報告，受實驗者選擇合作的機率非常低，甚至比讓他們隨機按黑色或紅色按鈕而達成合作的機率都低！

這樣的結果跟非理性沒什麼關係。研究人員除了對囚犯困境進行實驗，也進行了其他賽局實驗，賽局中不存在背叛的誘因，甚至

鼓勵不背叛。有一個賽局的報酬表如下表所示：

	黑（合作）	紅（背叛）
黑（合作）	4元,4元	1元,3元
紅（背叛）	3元,1元	0,0

這甚至不是有趣的賽局，完全沒有理由去背叛。無論如何，你要是按了紅色按鈕，至少要損失一元。然而不少受實驗者真的按了紅色按鈕，而且比例高達百分之四十七。在此賽局中，顯然背叛是由競爭心所推動。參與者若一直選擇合作將能拿到最高報酬，但雙方卻會因此「平手」。而如果背叛對手，自己雖然贏得少了，但跟對手比起來，報酬卻比較多。

這個發現也許最能說明問題所在。人們並不是從囚犯困境中學習如何進行賽局，而是從〇×遊戲、橋牌、跳棋、西洋棋、益智問答、拼字比賽等等遊戲中學習如何進行賽局。而所有這些賽局都是零和賽局，它們向參與者提供的獎賞是成為勝利者的心理報酬，失敗者則只有失落感。即使在某些看似非零和的賽局中，情況也是如此。在大富翁遊戲中，你可以獲得不動產和現金，但在遊戲終了，你手中有的只是大富翁的假錢，大家比較的是誰贏了，如此而已。

有人猜測，這種對零和賽局的心理傾向反映了我們社會的競爭本質。而我不確定這是不是因為要拿人們真正在意的東西來設計賽局有實際的困難。在俄亥俄實驗中，因為報酬很少，所以受實驗者並未把賽局當真；那幾塊錢便相當於大富翁遊戲中的假錢。一種比

較真實的非零和賽局是電視遊戲節目，在廣告收入的支持下，報酬為汽車、度假或幾千元現金。參與者更關注自己贏得的報酬，而較少關心別人得到什麼。

俄亥俄實驗小組寫道：

> 例如，在我們的賽局實驗中，受實驗者普遍地努力避免自尊心受傷，也就是自己想合作、但對方卻不回應的情況，這足以解釋他們為什麼傾向按紅色按鈕。（在囚犯困境中）維護自尊心的需要，壓倒了報酬表中的金錢價值，使參與者主觀地認為自己沒有處於兩難困境。因此他的選擇要麼是得到和對方一樣好或更好的結果，要麼是冒輸給對方的風險；從直覺上來說，似乎具有我們這種文化背景的大多數人具有這種自我形象，使得選擇前者成為必然，即使必須刻意犧牲某些東西⋯⋯

俄亥俄實驗的參與者並不善於發現要弄他們的詭計。其中有一個實驗設計成這樣的騙局：賽局一方是個真正的受實驗者，另一方只是傀儡：當真正的受實驗者選擇合作時，讓傀儡也選擇合作（雙方都贏得獎勵）；當真正的受實驗者選擇背叛時，讓傀儡也選擇背叛（雙方都受到懲罰）。如此進行五十個回合後，沒有一個受實驗者發覺這件事。問起他們時，他們全認為雙方這麼一致只是巧合。

實驗有十幾種變形，其中某些非常古怪，用來觀察它們能如何影響人們選擇合作的機率。有些研究的結果互相矛盾。許多研究還很簡略，受實驗者不夠有代表性，數量也不夠多。有些結果和發現

在隨後的實驗中並不受重視。

　　有一項俄亥俄實驗發現，選擇合作的比例和性別無關。而其他研究則聲稱在囚犯困境中女性選擇合作多於男性，更有一些報告說，當男性知道對手是女性時，會變得有「保護性」而更傾向合作。史柯達猜想知識份子在囚犯困境中是否有不同的行動，他對一些數學系的研究生進行了一次非正式的實驗（他認為數學系研究生比心理學系的大學生聰明！），結果發現他們的合作次數和一般人並無明顯不同。

　　拉波普特發現醫生、建築師和大學生選擇合作多於小企業主。邁阿密大學的一項研究表明，當受實驗者可以用電擊「懲處」對方時，合作的機率比較高。筆者認為這不足為奇。史蒂克斯稱，一種廣泛使用的利眠寧鎮靜劑可以增加雙方合作和金錢報酬。其他研究則顯示巴比妥酸鹽沒有多大作用，而安非他命減少了合作和金錢報酬。史蒂克斯指出，甘迺迪總統在一九六一年與赫魯雪夫舉行峰會期間，曾在接到幾份警示報告時，服用安非他命以保持警覺。

　　在這些研究報告中，唯一可信的結論是：在某一種環境下傾向合作的人，在其他環境下也同樣傾向合作。有些人習慣合作，而有些人習慣背叛。例如，空軍在俄亥俄州進行的另一次實驗中，盧茲克發現「國際主義」和合作是強烈相關的。他建立了一套心理測試標準以度量對國際合作的各種觀點。（其中一個測試題目是：「我們應該有一個有權威的世界政府以制定法律，把所有成員國連結在一起。」）然後他進行了一次標準測試，發現「孤立主義者」小組比「國際主義者」小組更常按紅色按鈕。盧茲克直率地結論:「『愛國主義』

和『民族主義』顯然與缺乏對其他人的信任，以及不能追求互利（雖然合作能導致更大利益）的特質有關。」盧茲克曾在迪克斯堡陸軍訓練營擔任中尉心理醫生，說這句話的語氣可真強烈。

09
Chapter

馮紐曼的最後歲月。

在象牙塔和實用領域之間或許存在著巧妙的媒介。馮紐曼在接近其生命的終點前，成為一大堆私人企業和政府機構的顧問，包括中央情報局、IBM、標準石油公司等等。布羅諾斯基於一九七三年直截了當地寫道，馮紐曼「浪費了他生命中的最後幾年」。他認為馮紐曼的錯誤不但在於偏離了純數學，而且偏離了純科學。是什麼使馮紐曼去承擔那麼多看來完全與智力無關的工作，至今仍不清楚。也許早年他父親對賺錢的重視發揮了遲來的影響。烏拉姆於一九七六寫說，馮紐曼「似乎很欽佩將領，與他們相處得很好……我覺得他對冷酷強硬的個人和組織隱隱有一種敬慕之情。」

氫彈

馮紐曼最後幾年全力以赴的計畫之一是氫彈。氫彈所需要的計

算比原子彈還嚇人。一九五一年，馮紐曼協助羅沙拉摩斯實驗室設計了一台電腦，有一次他告訴烏拉姆：「也許在它的執行過程中所完成的基本運算次數，比整個人類在此前所完成的所有計算的總和還多。」這個猜想刺激了兩位數學家想做驗證。他們的結論是：猜想是不正確的。人類歷史上所有小學生做的算術題加在一起，事實上超過氫彈所需的計算量。

即使如此，氫彈計算仍耗時六個月之久，估計相當於幾個人窮其一生所需的計算量。史特勞斯認為，美國的氫彈計畫勝過蘇聯要歸功於馮紐曼。

在這項工作過程中，馮紐曼成為原子彈試驗的最積極的辯護者，常常挑戰那些對輻射和輻射性塵埃的長期影響提出警告的科學家。在史特勞斯的《人和決策》書中，曾提到馮紐曼給他一個備忘錄，提供如下分析：

今天人們模糊地恐懼和議論著輻射污染對全球的有害影響，這樣的恐懼和議論全都可以歸結為一個概念，即任何對生命的危害都必須被排除……每一個有價值的活動都是要付出代價的，包括確定危害和潛在危害（風險）的代價，而唯一相關的問題是，這個代價是否值得付出……

很明顯，我們願意付出每年額外增加三至四萬人死亡的代價——大約全年總死亡人數的百分之二！——來換取使用汽車所帶來的運輸便利的好處……

真正的關鍵點在於：代價是否值得付出？對於美國來說，是值

得的。而對於其他沒有核子工業、或在全球政治中採取中立態度的國家來說，這可能是不值得的。

　　雖然馮紐曼強烈地不喜歡共產主義，但他沒有為參議員麥卡錫的反共產黨運動所利用。當時有一項針對歐本海默的指控說他曾經反對氫彈計畫（馮紐曼最傾心的一個計畫）。但馮紐曼堅定地為歐本海默辯護，證明歐本海默是忠誠且值得信任的。馮紐曼出色而尖銳的辯護詞使起訴人狼狽不堪。在庭審中，起訴人描述了一種純屬假設的情況，暗示它形同歐本海默的行為，並問馮紐曼如果他處於這種情形會否有不同的做法。馮紐曼識破了陷阱，回答：「你告訴我的是假設某人行為很壞，然後問我是否有同樣的行為。這不就等於問人：你什麼時候停止毆打你老婆的？」

　　馮紐曼還幫助設計了用來發現蘇聯核武攻擊的電腦系統：「半自動地面防空警備系統」。在設計過程中，馮紐曼曾經很擔心此系統投入運作前，蘇聯就發動突襲。IBM 的赫德回憶說，馮紐曼做了一項研究，想知道 IBM 現有電腦是否能協助早期發現蘇聯的攻擊。為此他編了個電腦程式口授給赫德記下。其中某處讓赫德發現馮紐曼很罕見地犯了一個錯誤，讓赫德留下了很深的印象。最後計算證明，現有電腦都無法滿足該項任務的實際需要。

一頭猛虎

　　痛苦和沈重的悲觀籠罩著馮紐曼人生的最後幾年。它深深根植

於馮紐曼的心底，更甚於不幸婚姻和天才被浪費的感覺。

一九五〇年代初期，馮紐曼正是才華橫溢的年齡。一九五一年，歐本海默把馮紐曼在研究所的薪俸增加到可觀的一萬八千美元。在研究所以外的兼職收入也頗豐。他的女兒瑪麗娜已到荳蔻年華，正式出現在他們的新年社交舞會上，介紹給各界名流。

然而強尼和克拉拉已經很久不能和睦相處了。強尼在寫給妻子的一封信中，用類似賽局理論中猜測對方意圖的術語來描寫夫妻倆的衝突。開頭，他很抱歉又吵了一架，懇求她支持他，然後對婚姻中的互信或背叛發表了一些嚴肅的議論。強尼聲言，過去的誤解已經造成克拉拉對他有些害怕，她的行為正是出於害怕，而非理性。強尼提到自己也害怕克拉拉出了什麼他不希望看到的事。這是一封極度痛苦的信。

馮紐曼這種無望的感覺擴展到了人類本身。他看到科技使少數人掌握了愈來愈大的權力。用於戰爭的科技是一個明顯的例子，但絕不是唯一的例子。我們無法指望少數個人謀求大眾的利益，因而科技被錯誤地利用，產生一連串愈演愈烈的問題，看不到解決的辦法。想要逃避問題也不再可能了。就像馮紐曼指出的：「我們已經耗盡不動產了。」未來的戰爭和災難將是全球性的，人類能否倖免很值得懷疑。

一九五四年十一月，《財富》雜誌的編輯們請馮紐曼共進午餐，討論一篇文章中的想法。過後，編輯多諾萬根據馮紐曼的談話，整理出一份大綱寄給他，並寫道：「大綱中有些地方直接引用你的話；有些地方是根據你的意思寫的；有些地方是我寫的，

但我認為你也會說這些話。當然我不想把這些話強加給你。」這份大綱比最後登出來的文章更坦率也更憂鬱，體現了馮紐曼當時的思想：

整個世界、特別是美國正騎在一頭猛虎背上。牠有健壯的身軀、鋒利的爪子等等。但是我們知道怎樣從牠身上下來嗎？由此可以看出今後二十五年的世界將是非常不穩定、非常危險（也許時間更長一些，但是我們只要求你談二十五年內的事）……

大權在握的少數人可以毀滅世界的絕大部分──快速俐落，不費吹灰之力……

你對前景的長遠觀點是悲觀的。不知道這種悲觀主義是否源於你在中歐出生的背景？就算花一萬美元做精神分析也無法確定吧。無論如何，你是悲觀的，因為你本人無法想像一個能控制世界的不穩定和結束危險局面的世界組織，你也沒聽過任何人想像得出這種組織。

多萬諾建議文章的標題訂為〈一頭猛虎〉。最後該文刊於一九五五年六月號，題目為〈我們能倖免於科技嗎？〉。文內出現了大綱中就有的一個憂鬱的類比：「以人類在一九八○年發明出來的炸彈而言，地球小得危險，地球上的政治單位也岌岌可危……很快地，現有的國家將在戰爭中搖搖欲墜，如同曼哈頓島一般大小的國家在用一九○○年的武器作戰一樣不堪。」

原子能委員會委員

　　一九五四年十月二十三日，艾森豪總統任命馮紐曼為原子能委員會委員，年薪一萬八千美元。委員的職位使他必須辭去所有顧問兼職，所以這意味著馮紐曼的收入比過去減少。對這一任命，他抱有複雜的心情。烏拉姆在《一個數學家的回憶錄》書中回憶說：

　　強尼被授予原子能委員會委員的職位以後不久……我們有過一次長談。受到歐本海默事件的影響，他對這一任命有極大的保留……他說，他是經歷了許多不眠之夜後才決定參與原子能委員會……但是他又非常高興和自豪，因為身為在國外出生的人，他竟能獲得信任，出任對科學和技術的許多領域有巨大潛在影響的政府高級職位。他深知這個職務對國家有極大的重要性。

　　馮紐曼向研究所請假，並且獲准。

　　《紐約時報》判斷，馮紐曼的任命案是「向一大群對歐本海默的裁決感到不快的科學家所做的有效和解姿態」。《時代》雜誌說：「一些知名人士指出，馮紐曼是最有資格在世界上最重要的賽局中，坐在原子桌的一邊與蘇聯正面相對的傑出人物。」媒體請愛因斯坦評論，他說：「強尼是極聰明的人。」

　　《紐約時報》在馮紐曼被任命後，於一九五四年十月二十五日刊登了一篇簡短的介紹文。馮紐曼像平時一樣，針對原子能在和平時期的應用說了一些打趣的話，然後話鋒一轉，告訴《紐約時報》

的記者：「但是我相信，原子能要獲得便宜且有效的應用還需要很長時間——尤其是在我們國家，這裡的能源太便宜了。」文章描繪了這位體面人物的愜意樣貌：

這位匈牙利出生的數學教授和妻子克拉拉及愛犬英孚士坐在客廳。

他朝牆邊堆放的好幾百張古典音樂唱片點點頭，說自己是「反音樂」的，但妻子是音樂迷。

馮紐曼夫人也是數學家，但是他們十九歲的大女兒瑪麗娜，在雷地克里夫學院主修文科，對數學一點也不感興趣[01]……

馮紐曼博士自稱不吸菸、飲酒「很有節制」。他的妻子披露了他的「至愛」（她是這麼說的）是「餅乾、糖果、巧克力和各種甜食」。夫妻倆都喜歡匈牙利蔬菜燉牛肉和葡萄酒。

諷刺的是，反對馮紐曼任命案的某些人所持的理由，竟是他曾經支持歐本海默，因此可能是另一個對共產主義抱持學術幻想的傻瓜。《匹茲堡新聞郵報》的一篇社論稱這項任命「是一件奇怪的事……馮紐曼博士沒有任何記錄證明他有行政管理的經驗……」。郵報的記者推斷總統選中馮紐曼若不是為了安撫歐本海默的支持者，就是為了拉攏紐約州的共和黨選票。（白宮則宣稱馮紐曼是無黨派的。）

---

01 這話說得太早了。瑪麗娜一九五六年在班上以第一名畢業，後來成為著名的經濟學家和通用汽車公司副總裁。

一九五五年一月十日，參議院開始進行馮紐曼任命案的聽證會。馮紐曼自我介紹時坦白說自己是「堅決反共產黨的，而且比大多數人更崇尚武力」。他提到他在社會主義的匈牙利的最密切親戚「只是一些表兄弟」。一九五五年三月十四日，他的任命被批准。

此後，馮紐曼一家人遷居華府。他們住在第二十九街一五二九號一幢有著時髦喬治城風格的舒適黃色豪宅。寬敞的客廳中有兩個壁爐，日常的輕鬆娛樂也在那裡持續著。

當上委員後，馮紐曼成了公眾人物。有媒體特別報導他；他因為公眾事務而頻頻上電視。他每天都會收到內容千奇百怪的信，是那種明星科學家才會收到的。發明了各式各樣遊戲的人會寫信給他，希望他能提出行銷建議。有一個人聲稱自己發現了質數的「模式」，並認為馮紐曼也許想知道這個模式（信的日期是一九五六年九月十四日，現存國會圖書館檔案室）。

一九五六年，《好管家》雜誌發表了一篇關於克拉拉·馮紐曼及其丈夫的文章，題目竟然是〈嫁給一個相信思想能改變世界的男人〉。一九五〇年代的婦女雜誌有許多奇怪的例子，這篇文章便是其一；它們固執地想把一個並不吸引人的主題搞得有人情味。文章問道：「當妳察覺丈夫是地球上最聰明的人，那是什麼感覺？」接著又寫：「當克拉拉·馮紐曼這位住在華府的苗條棕髮女士看著她的丈夫，一個五十二年前出生在匈牙利的胖呼呼、樂哈哈的男人，她突然閃過一個念頭，那就是她也許嫁給了世界上最聰明的人。」

克拉拉告訴《好管家》：「順便說一下，他對於這個家的地理

知識幾乎等於零。在普林斯頓，有一次我請他替我端一杯水，過一會兒他空手而回，問我杯子放在哪兒。我們在屋裡生活十七年了耶……他從來也不碰一下錘子和螺絲起子，從來不做家務事。除了修修拉鍊以外。拉鍊壞了，他一弄就好。」

克拉拉談到他們的科學沙龍：「我傾聽著，對我來說這是世界上最引人入勝的談話。有時候我重遊曾經度過許多時光的舊地，比如法國的坎城，頭一兩天我會覺得很快樂，然後我就開始覺得食物和衣服的話題有些異樣，好像缺少了什麼重要的東西。」

《好管家》的文章以近乎黑色的幽默描述馮紐曼的某個研究項目：「近來馮紐曼博士很有興趣探討一個建議，這個建議是在北極和南極的冰原撒下染料，以減少地球上反射掉的能量，如此一來地球可以暖化幾度，成為完全亞熱帶的行星。初步的計算證明，只要用大致等於建造全世界鐵路所付出的代價，就能把主要的冰原有效地染色。由此他得出一個概念，即氣候戰這種新的戰爭形式是完全可能的，透過氣候戰，可以把敵國的氣候變得不利人居。」

克拉拉這樣談到強尼：「他無法想像退休以後在某處漂亮的小屋和花園中度過餘生，那無異於死亡。他是一個複雜的人，和這樣的人一起生活也是複雜的，但同時也有豐厚的回報。我喜歡數學世界和數學思維的清澈透明，在那裡，問題只有一個正確答案。我喜歡我們生活中的題材。我們喜歡彼此，雖然我們也有個人問題，但只會偶爾談一談，很快就轉到愉快的事。我與他一拍即合。其他人也當如此，只是我碰巧成了他的另一半，這件事本身就非常奇妙。」

希望的時刻

原子能委員會和艾森豪政府面臨的一個難題是裁軍。東西雙方都體認到一個矛盾的事實，就是自己的核武庫存並不能保障安全。雙方都宣稱沒有核武的世界會更好。但是合作裁軍要冒著被對方欺騙的風險——對方祕密把原子彈藏在別處。在一九五四年一月的總顧問委員會會議上，馮紐曼便以這一點反對那些主張裁軍的委員。會議記錄說，馮紐曼「指出我們相信蘇聯的祕密運作比我們強，與他們進行祕密軍備競賽只會處於劣勢。」

聯合國的裁軍委員會自一九五二年一月開始就陷入了僵局。每當西方國家提出一項裁軍計畫，蘇聯就投票否決。蘇聯回來提出自己的計畫時，西方大國也認為不可接受。

一九五五年，法國和英國的駐聯合國代表提出了一個新的裁軍建議，呼籲銷毀所有地方的核武器，並由一個國際機構監督執行。美國贊成這個計畫，只剩下蘇聯沒有明確表態。談判慢吞吞地進行著。美國、英國和法國代表對蘇聯連哄帶騙，訴諸理智和對人類的責任感。

一九五五年五月十日，一件意想不到的事發生了：蘇聯同意。蘇聯提出了自己的計畫，包含英、法提案中的全部條款！英國政治家諾爾—貝克稱這是一個「希望的時刻」。

西方大國對蘇聯的一九五五年計畫進行了詳盡的研究，以便弄清是否有什麼詭計或隱藏的條款，結果什麼也沒發現。兩天以後，美國代表宣布：「我們很滿意地看到，我們推動了很久、也在過去

兩個月重複許多次的概念，大部分已被蘇聯接受了。」

　　長長的休會使簽約工作延遲到八月底。這年仲夏，四大強國在日內瓦舉行了峰會。七月十七日，馮紐曼出現在美國國家廣播公司的電視特別節目「峰會」中。節目由霍普主持，不在現場的受訪者包括羅素、赫斯特、布林克利等名人。製片人請馮紐曼在攝影棚的一塊黑板前面擺好姿勢說：

　　你在這裡看到的是核反應能量的數學式。它是科學的事實，也是政治的事實。大家都非常關心核子武器的破壞力量，還有許多人認為如果核武當初沒有製造出來，世界會更好。

　　但是科學與技術必須保持中立……

　　該段節目以馮紐曼經常公開表達的觀點結束：「科學家開發出來的東西應該怎樣使用和控制，不是由科學家決定的，而是由全體人民及政治領袖來決定的。」

　　日內瓦會議令人鼓舞，會上還出現了兩件意想不到的事。蘇聯部長會議主席布爾加寧宣布，蘇聯將削減兵力四萬五千人；他希望西方國家響應蘇聯的舉動。

　　艾森豪則給了蘇聯——以及英國和法國的代表——一個更大的意外：他提出一個理想的建議：美蘇之間取消所有的軍事祕密。艾森豪建議雙方把各自的軍事祕密全部向對方敞開，「交換彼此全部的軍事設施藍圖，徹頭徹尾，一項不漏」。艾森豪又建議：「雙方都提供對方空拍全國設施的權利——我們向你們提供設施資料供你們

進行空中偵察，你們可以選擇怎麼拍照然後拿回去研究；你們也把相同的設施資料提供給我們進行這樣的檢查。」這個「開放天空」計畫可以使彼此相信對方沒有進行突襲的計畫。

艾森豪宣布完他的計畫，停了一下等待翻譯。正在此時，外面響起了隆隆的雷聲，一道明亮的閃電過後，燈光突然熄滅。艾森豪輕聲開了個玩笑：「我可不是有意讓燈光突然熄滅的。」翻譯人員在漆黑的大廳中把他的話翻譯出來。

蘇聯沒有回應艾森豪的建議。在第二天的自助餐會上，布爾加寧告訴艾森豪這個計畫行不通，因為把轟炸機藏起來太容易了。艾森豪回答：「如果你這樣認為，請告訴我們怎麼藏。」

在峰會以後的幾個星期內，無論是東方或西方都沒有回應對方的建議。美國沒有削減兵力，蘇聯沒有同意交換軍事祕密。兩國的新聞界都指責對方領袖只是謀取宣傳攻勢上的勝利。有人指出，蘇聯削減地面武裝力量的意義比美國這麼做的意義小，而美國的軍事祕密則比蘇聯的少。

一九五五年八月五日，艾森豪建立了一個裁軍的總統特別委員會。原子能委員會在此會中的代表是馮紐曼。九月六日，美國新派駐聯合國的代表史塔森宣布了一個令人沮喪的消息：美國「保留」對裁軍計畫的同意權。

究竟發生了什麼事沒人知道，至今仍費猜疑。一個明顯的猜測是，艾森豪政府根本無意達成裁軍協議，只是假裝成和平天使而已。艾森豪政府也許十分肯定蘇聯絕不會同意裁軍，因此他們可以裝模作樣而不必真正攤牌。下列事實證明了這一點：艾森豪後來在

「杜勒斯口述歷史」中承認,「我們知道蘇聯不會接受（開放天空的建議）。我們對此深信不疑。」可以肯定的是,如果美國領導人真的偏好現狀而不喜各自裁軍,那現實的處境便並非囚犯困境。

　　一九五六年三月,史塔森在聯合國發表演說,表明了美國在裁軍問題上的新立場:氫彈和威脅使用氫彈「構成了反對侵略的原子屏障」。氫彈是「和平的重要安全保證」,是「嚇阻戰爭的強力工具」。一九五七年四月,史塔森承認美國不再有任何興趣裁軍:「我們的觀點是,如果裁軍使武裝力量和軍事開支降到太低的水平,那麼……出現的將不是和平前景的改善,而是戰爭危險的增加。」他若有所思地承認:「曾經有一段時間,我們國家認真考慮採用非常極端的方法進行軍備控制和稽查,讓武裝力量、軍事開支和軍備都保持在一個非常低的水平。但我們最後的結論是,這種極端的軍備控制和稽查是不現實、不可行的,或者是無法達到的。」

疾病纏身

　　一九五五年夏天,馮紐曼到一個他常去的電力站視察工作。他在走廊的光滑地板上摔了一跤,左肩因此受了傷,疼痛長期不去。七月中旬他住進貝塞斯達海軍醫院做幾天檢查。他出院時「顯然處於令人滿意的狀態」,寫信給史特勞斯說:「我的身體看來沒有什麼問題……」

　　但是疼痛仍在繼續。他在貝塞斯達又做了一次檢查,這次醫院強烈懷疑馮紐曼得了癌症。接下來就如克拉拉寫的:「我們活躍而

充滿樂趣的生活模式，是以我丈夫不知疲倦和令人吃驚的思維為中心。這樣的生活模式突然走到了盡頭。」

馮紐曼得的是骨癌。他住進波士頓的新英格蘭浸禮會醫院動手術。主治醫生席爾茲‧華倫做了切片檢查，發現馮紐曼還有其他癌變，癌細胞已經進入血液並擴散到全身。進一步的檢查證明攝護腺是癌症的起源。

克拉拉寫道：「在接下來幾個月，我們的生活交替著希望和失望。有時我們相信肩痛只是疾病的表象，不用多久就能治癒，但是他強忍的無止境疼痛又把我們未來的希望一掃而空。」

有人猜想，馮紐曼的癌症是因為他近十年前去觀看比基尼島原子彈試驗時受到輻射污染。許多跟原子彈有關的物理學家因癌症而英年早逝。費米一九五四年死於癌症，時年五十三歲；歐本海默一九六七年去世時六十二歲。但我們當然無法由此做出結論，因為許多沒有接觸原子輻射的人也同樣死於癌症[02]。（美國國會圖書館保存的馮紐曼論文中夾著一張一九五六年六月十九日的電報，上面寫著：「埃尼威托克島上所有朋友向您致敬，祝您早日康復。」埃尼威托克島是氫彈試驗場。）

《生活》雜誌上的悼文提及，馮紐曼曾經問他的醫生：「事

---

02 我曾經想查一下在比基尼島原子彈試驗時在場的顯要人物是否還有人死於癌症。可惜，報紙上的訃聞大多數沒有提到死因。在九個已知死因的人中，有兩個是死於癌症：史迪威將軍和麥克里夫將軍，他們都是著名的戰爭英雄。史迪威一九四六年十月十二日死於肝癌，因為離比基尼試驗的時間太接近，顯然跟輻射無關。麥克里夫一九七五年死於白血病，享年七十七歲。另一位將軍布雷萊頓一九六七年時因為一項沒有公開的病動了腹部外科手術，術後第九天便因心臟病去世。九例死亡有兩例死於癌症，是美國當前的平均數，因此上述例子無法證明輻射會增加癌症的罹患率。

已至此，我該怎樣度過剩下的日子呢？」華倫醫生回答：「好吧，強尼，只要你覺得適當，我會盡我的職責一直照顧你。但同時我想說，如果你還有什麼重要的科學論文——有什麼科學新想法要說——我支持你立即著手。」

馮紐曼後來知道只剩下約一年半的壽命。他擬定了一個繁忙的日程表，會見來自彈道飛彈委員會、羅沙拉摩斯、普林斯頓和利物摩爾的各色人物，並向少數人透露他嚴重的病況。他的胳膊用懸帶吊著，有人問起時，他只是喃喃說鎖骨斷了。一九五五年十一月底，馮紐曼的脊椎骨也被發現出了毛病。有一天夜晚，當他和克拉拉離開一個派對時，他抱怨走起路來「搖搖晃晃」。醫生給了他一輛輪椅，從一九五六年一月起，他就一直被束縛在輪椅上了。

過去他每天只睡四至五個小時，現在睡得更長了，也戒了酒。一九五六年《好管家》雜誌上的一篇文章——避而不提死亡的主題——說他在派對上飲橘子汁（「他不太喜歡雞尾酒」）。他床邊的一架熱線電話直接連到他在原子能委員會的辦公室。一部高級轎車會來接他和他的輪椅去委員會開會[03]。

人們推測他行將就木，但都閉口不提。一九五六年一月十九日史特勞斯的一封信就是個例子：他在信中寫下，他欣喜地預期馮紐

---

03 坐在輪椅裡的馮紐曼是不是庫柏力克一九六三年的電影《奇愛博士或：我怎樣學會不再擔心並且愛上原子彈》中的主角原型呢？片中擔任「武器研發主任」的奇愛博士也坐著輪椅，從一家「布蘭德公司」接到國防研究案。這部電影跟其他諷刺作品一樣被人猜測來龍去脈，許多人被認為是主角的原型（尤其是馮布朗和泰勒），但其實此角應該參照過許多人選，而不只一人。電影編劇包括庫柏力克、彼得・喬治和特利・索仁，故事改編自彼得・喬治的小說《紅色警報》。扮演奇愛博士的彼得・塞勒斯在接受採訪時說，他的表演是源自對季辛吉的觀察。從捲曲的頭髮和眼鏡來看，奇愛博士的確像季辛吉，而不像禿頭的馮紐曼。

曼會徹底康復。普林斯頓的塔克於三月二十七日寫道，他從摩根斯坦口中聽到馮紐曼身體已有好轉。到了六月十一日，馮紐曼的祕書賈妮內克才對他的健康狀況略微顯露出一絲真相：她拒絕了來自亞斯本人文學院的邀請。她說，很不幸，馮紐曼的病情沒有恢復得如希望中快。

一九五六年初，馮紐曼已開始考慮「退休」計畫。為了在離開原子能委員會以後謀得職位，他陸續試探麻省理工學院、耶魯大學、加州大學洛杉磯分校和蘭德機構的意願。馮紐曼顯然自視甚高，估計這些機構雖然知道他病得厲害而且可能不久人世，也會急切地想聘他。馮紐曼詢問了這些單位的醫療保險和人壽保險，以及是否可以不用體檢而取得保險。加州大學洛杉磯分校的保羅・多德院長表示可以讓醫學中心最好的幾位醫生為他治病，他們同意免費診治。蘭德機構的考爾鮑姆表示願意為馮紐曼提供三萬七千五百美元的免體檢的人壽保險，並保證給予克拉拉一個終身的程式設計師職位。三月，馮紐曼接受了加州大學洛杉磯分校所提供的職務，但他始終沒有恢復到足以工作的健康狀況。

馮紐曼最後一次公開露面是在一九五六年二月，艾森豪總統在白宮授予他自由勳章。馮紐曼坐在輪椅裡聽總統宣讀充滿溢美的公告，然後對他說：「我希望我活得夠久以配得上這項榮譽。」艾森豪只能回說：「噢，你會的，你會和我們在一起很長的時間。我們需要你。」接著總統把飾有紅綢帶的勳章別在馮紐曼的西裝翻領上。

馮紐曼還有些未完成的科學研究，他著手開始處理。他興奮地想著大腦是否可做為未來電腦的模型。他談過建一部構造如最簡單

大腦的電腦。為此，耶魯大學曾邀請他在一九五六年的西利曼講座上，針對電腦和大腦的主題做一份報告——這是一項無比的榮耀，因為神經學不是他的本行。

西利曼講座安排在三月底。馮紐曼很想把這份報告當成他對科學的告別辭。克拉拉在《電腦與人腦》一書的前言回憶道：「然而到了三月，一切虛假的希望都破滅了，強尼再也不可能到任何地方旅行。耶魯大學一如既往給予理解與幫助，沒有取消講座，但是建議把手稿寄去，讓別人代他宣讀。強尼做了極大努力，但還是沒能按時完成計畫中的講稿寫作。由於悲劇命運的作弄，他再也不可能完成這份講稿了。」

一九五六年四月，馮紐曼住進了華特‧里德醫院，他的人生就停在那裡。他把醫院套房變成了辦公室。在他生命的最後時刻，仍有不少人為公事拜訪他，包括國防部長威爾遜以及空軍的許多高級官員。史特勞斯建議艾森豪頒發費米獎給馮紐曼，以表彰他在原子能領域的貢獻。馮紐曼是這個以物理學家費米而命名的獎項的第一位獲獎者，可以得到一枚金質獎章和五萬美元獎金——金額實在太高了，以致後來獲獎者的獎金被砍去了一半。史特勞斯在醫院向馮紐曼頒發了獎章。他後來寫道：「馮紐曼堅持這枚獎章要擺在身邊，只要他還有知覺。」

在一九七一年的紀念演說中，史特勞斯回憶：

最後有一幕戲劇性的情景，華特‧里德醫院出現了一次集會，大家圍在他的病床邊，聚精會神聽著他充滿智慧的最後忠告和建

議，這些人包括國防部長、幾個副部長，還有陸軍部長、海軍部長、空軍部長，以及各軍種的參謀長。中心人物是那位年輕的數學家，沒幾年前才從匈牙利移民到美國。我從未見過比這更戲劇性的情景，也從未見過人們更真誠地尊崇一位偉大的知識份子。

對馮紐曼來說，死亡來得非常緩慢。《生活》雜誌的訃告技巧性地描述：「馮紐曼從來不太關注的身軀比他的思維支撐了他更久的時間。」醫生發現癌症進一步擴散，但沒有告訴他。他的病勢如此沈重，已無法出席瑪麗娜六月在長島舉行的婚禮。七月三日，《紐約時報》披露了馮紐曼「重病」已經幾個月之久的消息。這一年夏天，馮紐曼安排了幾次會面，最後一次是七月十三日，當時他覺得身體好一些，會見了《財富》雜誌的編輯麥克唐納。但即使如此，馮紐曼的弟弟麥可事前還是寫了封信給這位編輯，警告他，馮紐曼在會見時可能無法連貫地說話。

馮紐曼的母親常常到醫院看他。一九五六年七月她自己也病了；兩個星期以後死於癌症，享年七十六歲。馮紐曼的家人試圖對他隱瞞消息，但他身為善於猜測別人意圖的能手，還是猜出發生了什麼事，並陷入新一輪的悲傷之中。

軍方盡一切可能延長馮紐曼的生命。史瓦茲將軍寫信給布雷德利將軍，詢問加州大學洛杉磯分校醫學中心進行的抗癌血清試驗的情形。布雷德利回信說，馮紐曼對國防有極大貢獻，他願意以一切可能的方法提供幫助；但他建議不要在馮紐曼身上用這種血清，因為它還在實驗階段。

馮紐曼陷入極度沮喪。他有時可以談點數學或歷史，或回憶幾年前談話的一字一句；但有時卻連家人或朋友都認不清。海姆斯寫道：「接下來，他精神徹底崩潰，非常恐慌，每天夜裡由於不可控制的驚恐而尖叫。」在敘述馮紐曼生平的一部短片中，泰勒說：「我想，馮紐曼無法思考時所受的痛苦比我見過的任何人所忍受的痛苦還更巨大。」馮紐曼的病痛強烈震撼了他的家庭，他的弟弟尼古拉斯曾告訴筆者，這使他和克拉拉兩人都立下了「遺囑」，若他們一旦處於類似狀況，禁止用大劑量的猛藥讓他們活著。

　　馮紐曼陷入癡呆似乎不是癌症的直接後果。華倫醫生說，除了受到劇痛折磨，馮紐曼的大腦並沒有其他變化。而當他痛到極點時，醫生會用迷幻藥來緩解；加上馮紐曼已命懸一線，這才造成了他智力嚴重衰退。一九五六年十月二十三日，克拉拉寫信給陶博教授，說強尼正在服用鎮痛劑。她感謝醫生使馮紐曼免受痛苦的煎熬。國會圖書館保存的馮紐曼論文中有一張沒有署名的紙條，上面描寫了他病中某個夜晚的情況（筆跡不是馮紐曼的），包括入睡和醒來的時間，服藥的時間；馮紐曼曾抱怨打嗝（但護士並未注意到他打過嗝），早上還對空軍事務表達了模糊不清的憂慮。這張紙條的結論是，此夜還算平靜，沒有出現呢喃的匈牙利語。馮紐曼的護理員是空軍派來的，為的是在他無意洩漏軍事祕密時可以即刻銷毀最高機密資料。

　　有關馮紐曼記憶力的故事，最後一則跟他弟弟麥可有關：麥可在醫院為他誦讀歌德的德文原版《浮士德》。當麥可一翻頁停頓，馮紐曼馬上背出後面幾句。

殞落

死亡即將逼近時，馮紐曼改信了天主教，這次是真誠的。《生活》雜誌報導：「一天早晨他對克拉拉說，『我要見神父。』他又補充一句，『但我要一位特殊的神父，他必須有足夠的智識水平。』」隨後一位本篤教會的史崔特馬特神父被找來為馮紐曼主持儀式並洗禮。馮紐曼在生命的最後一年常常見他。

有關馮紐曼死前改信天主教這件事，摩根斯坦告訴海姆斯：「他終其一生當然是徹底的不可知論者，最後卻突然轉向天主教——這與他健康時的思維方式和世界觀是完全不相容的。」但是改變信仰沒有為馮紐曼帶來更多的平靜。史崔特馬特回憶說，直到臨終，馮紐曼一直恐懼死亡。

一九五七年二月一日，空軍總參謀長特溫寧寫信給馮紐曼，感謝他在科學顧問委員會的貢獻，並邀請他接受續聘。一個星期後，一九五七年二月八日，馮紐曼就去世了。

10
Chapter
膽小鬼遊戲和古巴飛彈危機。

　　一九五〇年底，劍橋大學勞工俱樂部通過一個譴責該俱樂部主席羅素的決議。決議中尖銳批評羅素鼓吹對付蘇聯的核武戰爭。羅素發表了一個簡短的回應：「我從未鼓吹預防性戰爭，如果俱樂部成員稍微花點時間調查一下，就會弄清這個問題。」

　　羅素在一九五〇年代曾多次否認他鼓吹預防性戰爭，而這是第一次。在發表於一九五三年十月號《國家》雜誌的一封信中，羅素把整件事歸於共產黨的陰謀：

　　關於我支持以預防性戰爭對付俄國的故事是共產黨的杜撰。我曾經在一次集會上談話，參加的只有一個記者，而他是共產黨員，看起來是為一間正統的報社報導。他抓住這個機會中傷我，我雖然做了最大努力，卻無法消除這種傷害……倫敦的《新政治家》雜誌假設該報導為事實，直到我和律師拜訪雜誌編輯以後，才勸服他

們刊登一封我寫的反駁長信。讀者如何看待我的信是您的自由，而如果您讓那些還相信造謠中傷我的報導的任何人了解我這封信的內容，我將十分高興。

為什麼羅素這位預防性戰爭的主要倡導者要否認呢？顯然是因為局勢發生了變化。蘇聯的核武庫存擴大了；美國人有了氫彈；蘇聯也有了氫彈。做惡夢的不一定是突襲的受害者了；遭受突襲的敵國也許沒有什麼大礙，反而可能獲勝。現在雙方都有了第二次打擊的能力，一場任何形式的核戰爭都將是全面的大屠殺。羅素接下來應該是感到不安的，因為自己曾支持戰爭，現在卻積極投身反戰和裁軍運動。一九五八年他成為「核武裁減運動組織」的首任主席。兩年以後他辭去這個職務，主要因為組織的戰鬥性不足，不符合他的脾氣。一九六一年他因為發動要求裁減核武的靜坐示威而入獄。

在一九五九年一次 BBC 節目中，羅素終於承認他先前支持預防性戰爭的立場。採訪者約翰・弗里曼問他：「前幾年你倡議發動一場預防性戰爭以反對共產主義，反對蘇聯，這到底是真的還是假的？」羅素回答：

這完全是真的，而且對此我並不後悔。但它和我現在想的並非不一致。我一直想的是，在雙方都有核子武器的情況下，核戰是最大的災難，絕對的災難。二次大戰後曾有一段時間，美國壟斷著核武，而且根據巴魯克建議，美國願把核武置於國際共管之下，我想這是一個非常寬宏大量的建議，極有希望被全世界接受；我並非鼓

吹預防性戰爭，而是想給蘇聯施加極大的壓力，迫使它接受巴魯克建議，同時我也確實認為如果他們繼續拒絕這個建議，那麼可能確實需要付諸戰爭。那個時候核武只存於一方，因此處於下風的俄國很有可能會讓步。我當時認為他們會讓步的，而且我仍然認為那可以阻止兩個旗鼓相當的強權都擁有毀滅性武器的局面，這種局面正是造成現在可怕風險的根源。

如果迫不得已，羅素真的願意去轟炸蘇聯嗎？弗里曼問他。「我願意，」羅素答道，又加了一句：「除非你準備好攤牌，否則無法威脅對方。」

弗里曼追問為什麼，於是羅素又翻來覆去地否認自己贊成預防性戰爭。羅素說：「事實上，我已經完全不記得我什麼時候曾經想過採用以戰爭威脅的做法。」弗里曼只問到這裡。然而，事情已經很清楚，羅素怎麼會忘記他第一次否認之前幾個月所寫下的眾多演講稿、信件和文章呢？

膽小鬼遊戲

之所以談及羅素，是為了介紹他在賽局理論另一個難題「膽小鬼賽局」的角色。膽小鬼賽局跟囚犯困境一樣是許多人類衝突的一個重要類型。

這個由青少年玩起的大膽遊戲最初引起大眾注意是一九五五年的一部電影《養子不教誰之過》。在電影中，被寵壞的洛杉磯少年

駕駛著偷來的汽車到懸崖峭壁玩一種他們口中的「膽小鬼遊戲」：兩個孩子同時開車在懸崖邊緣疾馳，在車子跌下懸崖前看誰能最後跳出車子，先跳的就輸了，會被取笑「膽小鬼」。

電影中有個情節是一個孩子的衣袖被車門把手掛住了，跟車子一起直插進大海。電影連同遊戲引起了人們廣泛注意，部分原因是主角詹姆斯·狄恩在影片公映前不久，因高速駕駛一輛改裝車而車禍死亡。狄恩行駛在高速公路上的速度估計有每小時一百英里，不僅自己身亡，車上兩個乘客也受傷。

很顯然，膽小鬼這個遊戲是永遠也不會流行的，只有好萊塢例外。在往後的年代裡，它幾乎成為低成本「少年犯罪」影片中不可缺少的鏡頭。影評家吉姆·莫頓於一九八六年寫道：「在後來的影片中，膽小鬼遊戲的變形之多令人驚愕。通常它被用來解決掉『壞』小子——少年驅車在懸崖上疾馳、迎頭撞上火車、猛地撞在牆上或彼此相撞而喪命。好萊塢電影的編劇們挖空心思想出一些毀滅全國年輕人的新花樣，他們的創作才能真是面臨巨大壓力呀。」

羅素在膽小鬼遊戲中看出了核武僵持局面的一種隱喻。他一九五九年的書《常識和核武戰爭》不但詳細描寫了此種遊戲，還尖銳批評那些玩「地緣政治膽小鬼遊戲」的人。附帶一提，羅素所描述的遊戲現在被當成了「正宗」的膽小鬼，至少在賽局理論中是這樣，跳崖的電影版本反而靠邊站了。羅素是這樣寫的：

自從核武僵持的局面變得日益明朗，東西雙方的政府都採取一種被杜勒斯先生稱之為「邊緣主義」的策略。這種策略聽說來自一

種體育運動，是一些頹廢青年經常玩的。這種運動叫做「膽小鬼」！玩法如下：挑選一條長長的筆直大路，中間畫一條白線。兩輛汽車分別從兩頭出發，以飛快的速度面對面疾駛，每輛車內側的車輪不能離開白線。當兩車接近，互相碰撞以致車毀人亡的悲劇眼看就要發生時，如果其中一人猛打方向盤讓自己的車離開白線，那麼另一人在疾駛而過時就會衝他大叫「膽小鬼！」，讓他成為被恥笑的對象……

　　這個遊戲是沒有責任感的孩子們玩的，是頹廢和不道德的，只是讓遊戲者的生命去冒險罷了。但是當一些名聲顯赫的政治家玩起這種遊戲時，拿來冒險的就不只有他們自己的生命，還有千千萬萬人的生命了。有人認為兩邊的政治家中只有一邊表現出高度的智慧和勇氣，另一邊的政治家則應受指責。當然這很荒謬。雙方都應該為玩這種不可思議的危險遊戲而受到譴責。這種遊戲玩個幾次也許不致造成災難，但或遲或早人們會發現，丟臉事小，核武毀滅才可怕。當雙方都聽不到對方嘲弄的叫聲「膽小鬼！」時，核武毀滅的時刻就來臨了。當這個時刻來臨時，雙方的政治家將把世界帶向毀滅。

　　當然，羅素在這裡開了個玩笑，暗示美國國務卿杜勒斯的「邊緣主義」是有意識地取自膽小鬼遊戲。海曼・卡恩的《論熱核戰爭》一書把膽小鬼這一比擬的起源歸功於羅素。

　　膽小鬼遊戲很容易想成一個抽象的賽局。嚴格說來，賽局理論的膽小鬼難題發生在公路膽小鬼遊戲中那個最後的時刻。每個駕車

人必須考慮到他的反應時間以及車的轉向半徑（假定對兩部車和兩個駕駛員是一樣的）；於是到了那個時刻，每個駕車人都必須決定是否猛打方向盤轉彎。這個決定是不能挽回的，也必須在不了解對方決定的情況下獨立做出，因為沒有時間讓一個駕車人在最後一秒鐘的決定去影響另一個駕車人的決定。由於它的同時性，生與死的簡單明瞭，膽小鬼遊戲成了馮紐曼賽局概念中最純粹的例子之一。

在公路膽小鬼遊戲中，遊戲者對結果的偏好是很明顯的。最糟的結果是兩個遊戲者都不轉彎——砰！！——驗屍官從汽車殘骸裡把兩個人拖出來。

最好的結果當然是對方打了方向盤轉彎，你不打方向盤而顯示出男子氣概。你洋洋得意活下來了，而對方是「膽小鬼」。

當膽小鬼是第二糟糕的結果，但總比送死好。

在這個遊戲中存在合作的結果。如果雙方都打了方向盤，事情也不壞，兩個人都活下來，誰也不叫誰膽小鬼。報酬表可如下所示。數值表示任意的「點數」，0 代表最壞結果，1 代表略好一些，如此等等。

	急轉彎	朝前猛開
急轉彎	2, 2	**1, 3**
朝前猛開	**3, 1**	0, 0

膽小鬼和囚犯困境有什麼不同？在膽小鬼遊戲中相互背叛（兩

人都朝前猛開造成車毀人亡）是最可怕的結果。而在囚犯困境中，一方背叛而一方合作（成為傻瓜）是最壞的結果。

在囚犯困境中，不管對方怎麼做，參賽者最好背叛。人總是傾向把對方的決定視為既定的（另一個囚犯可能已經把祕密和盤托出，而警察隱瞞著這個消息）。因此問題就變成，為什麼不採取能保證有較高報酬的做法呢？

但在膽小鬼賽局中，不太可能遵循這樣的思維。這個賽局中的參與者是否能正確猜出對方將如何行動，關係很大。奇妙的是，雙方都願意選擇跟對方相反的行動方針。如果你肯定知道你的對手將驅車朝前猛開，你必然會轉彎——當膽小鬼總比死好；而如果你知道他會打方向盤，你放心朝前開就是了。當雙方都這樣想時，你怎麼做決定呢？

膽小鬼賽局有兩個納許均衡（表中用粗體表示，左下和右上方格）。這是納許理論不太令人滿意的另一個例子。你只需要保住兩條人命，但不需要兩個解。均衡點便是一人打方向盤轉彎、另一人不轉彎的情況（即左下和右上方格）。

我們來看右上方格的情況。假設你是橫行遊戲者，也就是轉彎的人。你是膽小鬼（得 1 分）。你後悔嗎？嗯，再看這張表，你希望對方打方向盤當膽小鬼，而你驅車一往直前（得 3 分）。但是馬後砲的第一條規則是只能後悔自己的策略，而不能後悔對手的策略。在對方驅車前進的情況下，你不會想驅車前進的，否則就會撞車（兩人都得 0 分）。因此在既定對方選擇的情況下，你這個選擇是最好的。

但是我們看到左下方格，你驅車往前疾駛而對手轉彎的結果也是一個均衡點。真的玩起這個賽局會發生什麼情況呢？很難說。根據納許理論，這兩個均衡點是同樣「合理」的結果。然而因為兩個參賽者希望的是不同的均衡點，因此很不幸，其結果可能根本不是一個均衡點。每個參賽者都可能選擇驅車朝前猛開──基於納許理論，它是一個理性的均衡解──然後合理地撞車！

再考慮下面這些變化：

A) 當你加速趨前、可能粉身碎骨時，你獲知愈來愈接近你的那個駕駛人正是你失聯很久的雙胞胎兄弟。你們兩個人都不懷疑另一個的存在，而且你很快就獲知你們兩個穿著同樣的服裝──都是童子軍軍裝迷──還都有一隻名叫麥斯的純種洛威拿犬。看啊，那輛正朝你疾駛開來的車子──也是一輛一九五七年份紅色敞篷跑車。顯然，雙胞胎兄弟想的和你完全一樣。這會使事情發生什麼變化嗎？

B) 假定你在遊戲中是具有完全邏輯思維能力的人（不管其定義如何），另一個駕車人也是這樣。在膽小鬼難題中，只有一件「合乎邏輯」的事可做，而你們兩人都不可能不知該怎麼做。

C) 假定沒有另一名駕駛人；只有一面大鏡子橫放在公路上。如果你不轉彎，你將撞上鏡子而翹辮子。

在以上這些情況中，轉彎都是有利的：如果另一駕駛人幾乎肯定採取跟你一樣的行動，這是較好的策略。當然在一般情況下，並不保證如此。

非常奇怪的是，非理性的參賽者在膽小鬼遊戲中反而會占上

風。請看以下這些變化：

D) 對方蓄意自殺身亡。

E) 對方是受遙控的傀儡，他的選擇是完全隨機做出的，百分之五十的機率轉彎，百分之五十的機率只會朝前開。

駕車自殺者顯然會朝前疾駛（這是可能的身亡策略），所以你必須理性地選擇轉彎。完全隨機的駕駛人則說明了膽小鬼遊戲和囚犯困境的另一個不同：面對一個你無法猜測其意向的對手，你只能選擇安全的策略，即打方向盤轉彎；也就是說，在膽小鬼遊戲的兩個策略中，轉彎（合作）有最大的極小值。但在囚犯困境中，背叛是比較安全的。

志願者的兩難困境

囚犯困境有多人參與的版本，膽小鬼難題也有，名為「志願者的兩難困境」。某個夜晚你坐在家裡，電燈突然熄滅了。你出去一看，鄰居家也都沒有了燈光。電力公司將派人來檢查並修理電路——假如有人打電話告訴他們這裡有故障的話。你會打電話嗎？唔——讓別人去打吧。

在志願者的兩難困境中，必須有一個人去做一件有利於每個人、卻很瑣碎的事。誰做都一樣，但是如果沒有任何人去做，那麼大家都將處於麻煩之中。

在兩個人的膽小鬼遊戲中，理想情況是有一個人當「志願者」，也就是為了共同的利益而轉彎。如果沒有人當志願者，兩個人都倒

楣。當兩個人都是志願者時，兩個人都會敲自己的腦袋，後悔沒有驅車直行。這個遊戲的 N 人版本如下表所示：

	至少有一個志願者	誰都不想當志願者
你是志願者	1	—
你不想當志願者	2	0

左上角方格中的 1 到左下角放大為 2，因為你既免去了打電話給電力公司的小小麻煩，也有別人去通知電力公司。

也許你會質疑這個例子有什麼好想的，打一通電話有那麼了不起嗎？那再讓我們調整一下報酬的數值。假設電話線也出了毛病，你必須在大雪紛飛中步行三英里才能通知電力公司，那麼志願者和非志願者的差距將拉得更大。你也許更願意讓別人去通知電力公司，同時你也更擔心其他人不願意那麼做。

再舉一個例子。你在管理非常嚴格的寄宿學校就讀。為了公然反抗校長，所有學生團結一致，把鐘樓上那個古老的鐘偷走了。第二天，校長非常生氣。他把所有學生召集在禮堂裡並許諾：如果有人在當天結束前告訴他鐘在哪裡，這個人或這夥人的學期成績將被記載為不及格；如果沒有人告訴他鐘在哪裡，那麼所有人的全學年成績都將是不及格。學生心裡都很清楚他們每個人犯有同樣的過失，所有人也都知道鐘在哪裡。但即使當替罪羔羊也比沒有人承認強。你會志願去當替罪羔羊嗎？

讓我們再深入討論一下。在志願者難題中，最壞的情況是沒有

志願者而獲得「災難」。若有一個人挺身而出犧牲自己，就可以為其他所有人提供「救生艇」，否則所有人都倒楣。但這裡有一個非常重要的區別，就是涉及其中的人不能透過抽籤、也不能透過協商決定誰去犧牲。

這種情況和第一章提到的一個兩難處境有些相似。你和你的九十九個朋友被關在一個問題箱中，每個人都被隔離，各自處在一個隔音的小臥室中，每個小臥室都有一個按鈕。如果你摁一下按鈕，你將被處死。但當牆上的末日宣判大鐘敲響十二下時，若還沒有人摁按鈕，那麼所有人都得死。

最壞的可能結果是沒有人摁按鈕。對你來說，接近最壞的結果是你去摁按鈕，慷慨赴死成為英雄。不幸的是，你的死是否值得是沒有保證的（也許另有其他人也按了按鈕），甚至你的死完全沒有好處（有那麼一丁點可能，所有人都按了按鈕，結果都死了）。因此，你最希望的結果是另外某個人而不是你去摁按鈕，讓你倖免於死。

志願者的困境到處都有。在美國都市中廣泛流傳的一個典型例子是一九六四年的吉諾維斯謀殺案。紐約婦女吉諾維斯在她的克優花園公寓的院子裡被人刺死，當時有三十八個鄰居目睹兇殺，聽到她的呼救聲，但沒有一個人向她伸出援手。賽局理論專家拉波普特於一九八八年寫道：「二次大戰期間出版的美國步兵手冊告訴士兵，當一個被開啟的手榴彈被投進戰壕時應該怎麼做：撲到手榴彈上以挽救其他人（如果沒有一個人「自願去做」，所有人將被炸死。只有幾秒鐘以決定誰是英雄）。」另一個軍事例子出

現在約瑟夫‧海勒的戰爭小說《第二十二條軍規》[01]。約塞廉面對一項自殺飛行任務時畏縮不前，上級責問他：「如果每個人都像你這樣那還得了？」約塞連回答：「那我更不應該有別的想法了。否則我不成了最大的傻瓜嗎？」

拉波普特還指出，火地島原住民語言中有一個詞「mamihlapinatapai」，意思就是「兩個人你看我、我看你，都希望對方去做雙方希望、但都不願意去做的事」。

志願者困境的實驗

志願者的困境可以當作聚會時的遊戲來玩。發紙條給每個人，讓大家在紙上寫「一元」或「十元」。如果至少有一人寫「一元」，則每個人都得到自己所寫的金額；但如果所有人都寫「十元」，則所有人一分錢都得不到。

一九八四年十月號的《科學八四》雜誌上宣布進行一次志願者困境的實驗：邀請讀者寄一張明信片來，上面寫明你想要二十美元還是一百美元。編輯部的初衷是：如果不多於百分之二十的明信片上要的是一百美元，那麼每個讀者將獲得他所要的金額。

在這樣的實驗中，每個人最起碼可以要二十美元。如果大家合作，都要二十美元，那麼每個人都贏二十美元。但總有些人貪婪地想要一百美元。你會想，如果貪心的人不那麼多，就讓他們去贏

01　Joseph Heller, *Catch-22.* 中文版由楊恝、程愛民、鄒惠玲譯。臺北：星光，1996。

一百美元得了，對別人沒有什麼傷害。陷阱在於，如果貪心的人太多，那麼所有人都什麼也得不到了。

在這個實驗中，以及在其他志願者困境中，麻煩在於許多貪心的參與者並不感到內疚。參與者有成千上萬，他不覺得正是自己的貪心使百分之二十這個門檻值被突破了。若貪心的總人數不到百分之二十，一個人貪心不會傷害到任何人；如果超出百分之二十，那也不是我一個人的責任。當然囉，如果所有人都這樣想呢……

出版《科學八四》雜誌的美國科學促進協會一開始曾試圖為這次實驗可能付出的巨額獎金取得倫敦勞合社的保險，但沒有成功，於是撤銷了提供獎金的承諾。社內作家歐門表示願意把自己往後的薪資拿出來當作「擔保」，但未被接受。協會於是規定這次實驗將不提供獎金，讀者只是被要求按規定去做，就好像有所說的獎金似的。

雜誌最後共收到33,511件回函，其中21,753人要求二十美元，11,758人要求一百美元，比例為百分之三十五，意味著協會本來將不必支付任何獎金。然而，很難說這個比例是否有代表性。比賽宣告是隨同一篇文章發表的，文章的內容可能使人們傾向合作；不過，出版者未來不敢支付巨額現金當然也會是一個因素。作家艾西莫夫在那篇文章是如此寫的：「要求二十美元的讀者會認為自己是『高尚的人』，要求一百美元則自覺不高尚，在這種情況下，每個人當然都想給自己貼一個高尚的標籤，因為這不需要付出任何代價。」

許多參加比賽的人沒有太注意比賽的規則，因此在要求一百美

元的人當中，除了一些有「預謀」的貪心人以外，也許有些是「天真」的人。有一個貪心的人便引用了《慾望街車》白蘭琪的話：「我總是寄望陌生人的好心。」

如果雜誌按每人的實際要求兌現獎金，總金額高達 1,610,860 美元。如果每人都只要求二十美元，則金額是 670,220 美元。若正好有低於百分之二十的人要求一百美元，參賽的 33,511 人將獲得的獎金總額達到最高，是 1,206,380 美元。

古巴飛彈危機

甘迺迪政府很能接受蘭德機構策略家的意見。海曼‧卡恩和丹尼爾‧艾斯堡首先指出美蘇衝突正是「膽小鬼難題」。

為什麼呢？一九六〇年初，兩國領導人都同意核戰在任何情況下都是最壞的結果。不幸的是，對第三次世界大戰的恐懼並沒有帶來合作的保證。就像在公路上的膽小鬼遊戲一樣，最不顧一切的一方占了優勢。

每當美國和蘇聯發生利害衝突時，總有一方或者雙方威脅使用武器。這並不是他們想要戰爭：如果有一方讓另一方相信這是當真的，那麼另一方可能讓步以避免全球性的大屠殺。赫魯雪夫便這麼說到核武戰爭（引自俄國民間說法）：「腦袋掉了以後再悲泣沒有頭髮就太遲了。」即使被掠奪也比戰爭強。

保證和平的唯一方法是讓更加好戰的一方為所欲為——雖然這似乎不是公平或合理的。蘭德機構的理論家們體認到，這個問題的

難處在於其本質，比起分析赫魯雪夫或甘迺迪的個性問題要複雜得多。

　　一九六二年十月的古巴飛彈危機，已經成為政治上膽小鬼難題的經典例子。在這次事件中，美蘇兩國比以往任何時候更瀕臨核戰的邊緣。它成為賽局理論歷史上最詭譎的事件，而九十高齡的羅素處於由他命名的這個難題的中心。

　　卡斯楚一九五九年推翻巴蒂斯塔統治後，美國對古巴的憂心就日益增加。卡斯楚信奉馬克斯主義，並開始接受蘇聯的經濟援助。美國深恐古巴成為蘇聯在西半球的一個據點——它是如此接近美國，離佛羅里達海岸只有九十英里。

　　卡斯楚奪取政權以後，許多古巴人流亡到佛羅里達，其中一些人發誓要推翻卡斯楚。甘迺迪政府資助了幾次的密謀。當中一次是遭到慘敗的一九六一年豬玀灣入侵，那次事件使甘迺迪的聲望大降。對古巴人來說，甘迺迪的形象更差，他已成為古巴政府最積極的敵人。

　　一九六二年夏天，美國的間諜飛機發現蘇聯人正在古巴建造核子飛彈基地。美國當然希望撤除飛彈基地。為了迫使蘇聯這樣做，美國似乎曾以戰爭做威脅——雖然沒有人真的想要一場戰爭。

　　蘇聯則很顯然想讓飛彈基地留在那裡；但是強硬的立場會冒戰爭的危險，這同樣也是他們不想要的。每一方都希望對方讓步。當時許多媒體發覺了這個局面，並做過不少評論。《新聞週刊》報導，赫魯雪夫對來訪的詩人佛洛斯特以近乎輕蔑的語氣說：「美國太『自由寬大』了，最後一決雌雄的時候絕不會去按任何按鈕。」在危機

過去以後，《新聞週刊》指出：「撤退幾乎總是在美國準備戰鬥的那一刻發生。」

十月二十二日，甘迺迪採取強硬路線。美國得知有更多的蘇聯船艦正在駛向古巴，於是甘迺迪宣布對古巴進行海上封鎖。赫魯雪夫立刻給予同樣嚴厲的反應：美國船若敢阻止蘇聯船靠岸，「我們將被迫採取一切必要的行動。」

羅素在這場危機中扮演了奇怪的角色，而那是源於一個事實：他喜歡寫信給報紙編輯甚至國家元首，把他想說的話全倒出來才舒服。一九五七年，羅素曾在《新政治家》雜誌上針對裁軍問題，發表致艾森豪和赫魯雪夫的公開信。赫魯雪夫立刻給予回應，而艾森豪則在兩個月以後才透過國務卿杜勒斯帶去了回信。

古巴上空的緊張空氣愈來愈濃烈時，羅素發表了一個聲明表達他的觀點。他認為美國是錯的。古巴同意讓蘇聯建設飛彈基地；美國有什麼權利說古巴可以建什麼、不可以建什麼呢？美國自己也有許多基地位在與蘇聯接壤的國家。羅素警告，危機可能升級為核武戰爭。他在一九六二年九月三日把他的聲明送給報社。

這項聲明沒有被發表。但是羅素沒有洩氣，他在十月十八日發了封電報詢問當時的聯合國祕書長宇譚，想知道自己是否可以在聯合國大會上發表演說。聯合國禮貌地拒絕了這個要求，說聯合國章程不允許。

當甘迺迪宣布海上封鎖後，羅素隨即採取行動。他製作並散發一份傳單，上面激動地寫著：

你要死了	不是自然死亡，但幾週內就會死，不是你一個人死，而是你的家人、朋友以及英國所有的居民，連同別處成千上萬的無辜人民都要死。
為什麼？	因為富裕的美國人不喜歡古巴人所選擇的政府，動用他們的部分財富散播中傷的謊言。
你能做什麼？	你可以上街、上市場，公開宣布：「不要屈服於凶殘和瘋狂的謀殺者。不要相信你們首相和美國總統說去死是你的責任這樣的話。要記住你的責任是面對家庭、朋友、國家、你生活的世界，如果你選擇了這樣的責任，世界才將是光明、幸福、自由的。」
記住：	屈從意味著死亡 只有抗議才能帶來生命的希望

伯臣・羅素

一九六二年十月二十三日

羅素還發出五封電報給世界上的領導人，包括甘迺迪、赫魯雪夫和宇譚。給甘迺迪的電報直言不諱地寫著：「你的行為是孤注一擲，並且威脅到人類的生存。沒有任何令人信服的正當理由。文明的人譴責它。我們不要大規模屠殺。最後通牒意味著戰爭……結束這種瘋狂行為。」

給赫魯雪夫的電報富有同情心：「我呼籲你不要被美國在古巴的不正義行為所煽動。世界將支持謹慎的人。催促聯合國給予嚴厲譴責。魯莽的行動可能意味著人類的毀滅。」

這些電報對事件的發展起了什麼作用嗎？羅素認為有。第二年，他出版了一本書談到他在這場危機中的角色，書名是《手無寸鐵者的勝利》。但是大多數評論者不買他的帳。英國報紙《觀察家》

諷刺:「這是老王賣瓜,自賣自誇」。政論雜誌《觀察家》把它看做一件「可憐又可鄙」的事。事實上,在許多歷史性的危機中,羅素的意見都受到了輕蔑。

不管羅素的言論有多偏頗,他的電報確實有人看而且照著做了。赫魯雪夫於十月二十四日透過塔斯社對羅素的電報給了一個公開答覆。蘇聯領導人的這封長信中包括下列保證:

……我理解你的憂慮和不安。我願意向你保證,蘇聯政府不會做出任何罔顧後果的決定,絕不會被美國毫無道理的行動所煽動……我們將盡能力所及的一切努力避免戰爭爆發……戰爭與和平的問題是如此生命攸關,因此我們應該考慮舉行一個高層會議以討論所有出現的問題,解除核熱戰被引發的危險。只要核子武器還沒有被啟動,避免戰爭就還有可能。但若美國人發動侵略,這樣一個會議就將變得不可能和沒有用了。

在這之後,電視、廣播和報紙的評論員紛紛湧向羅素在北威爾斯的家。輿論描寫羅素是一個「九十多歲的知識份子,穿著一雙毛絨拖鞋」。有人很好奇這樣一個上了年紀的人怎會捲入國際關係事務。十月二十六日,甘迺迪以略帶怒氣但措辭巧妙的方式回覆羅素的電報:

我收到了你的電報。我們現在正在聯合國中討論這件事。你批評了美國,卻對蘇聯祕密把飛彈運進古巴視而不見。我想你最好把

注意力對準竊賊，而不是抓到竊賊的人。

這封回信也很快被媒體公布出來。至此，羅素的電報已被當作危機中的一個滑稽消遣而反覆炒作。

若不看媒體的表演，赫魯雪夫的信還是令人鼓舞的。它比蘇聯領導人才剛給甘迺迪的信讓人寬慰得多。赫魯雪夫在給羅素的信中沒有提到古巴或蘇聯有權在古巴部署導彈，他主要關心的顯然是保住面子。蘇聯唯一提出的要求很小，小到不能再小了：停止封鎖，美國不發射飛彈。

在《甘迺迪在白宮的一千天》書中，作者史勒辛格[02]證實，美國政府把赫魯雪夫給羅素的回信看成挽回面子的企圖。他說，在十月二十四日：

我接到哈里曼[03]的電話，和往常一樣說得急促，他說赫魯雪夫在絕望中發出了一個希望合作以求得和平解決的信號……哈里曼給出的證據是：赫魯雪夫在給羅素的回信中建議舉行一次峰會……當天下午，最接近古巴的蘇聯船已經放慢了速度並改變航向。「這不是想打仗的人的行為，」哈里曼說：「這是一個乞求我們幫助以擺脫絕境的人的行為……我們必須給他台階……如果我們能巧妙做到這一點，我們就能使蘇聯內部說服赫魯雪夫去做這些事的頑固集團無所作為。但是如果我們不給他台階下的話，我們就將把事情鬧大到

02 編注：Arthur M. Schlesinger, Jr.，著名歷史學家，曾任甘迺迪的特別助理。
03 編注：Averell Harriman，民主黨員，知名外交官，在甘迺迪政府內歷任不少重要職務。

核武戰爭。」

　　這聽起來是羅素扮演了一個有用的角色。赫魯雪夫給羅素的回信「也許只是」挽回面子的手法，但在膽小鬼難題中，挽回面子正是所需要的東西。當一方能夠找到一個好的藉口做出讓步，難題就不成為難題了。世人之所以覺得離戰爭如此近，一個原因是甘迺迪在蒙受羞辱的豬玀灣事件之後，覺得他不可能那麼快做出讓步了。而對於赫魯雪夫來說，採取溫和的回電給東方和西方都備受尊敬的智者羅素，就比他的對手甘迺迪容易多了。問題在於，羅素是否真的扮演了一個重要角色？赫魯雪夫或許也能同樣發一封公開的回信給其他人，或者透過其他途徑試探。

　　不管怎麼說，那些認為羅素只是瞎攪和、最好讓專家處理此事的人，很快就找到了證據。羅素在無意中犯了一個大錯。

　　十月二十六日，羅素給赫魯雪夫又發了一封電報，感謝他的答覆。這次，羅素提出了一個可能的解決方案。他要求赫魯雪夫做出「單方面的姿態」──撤除古巴的飛彈基地──然後要求美方做出類似的響應，「例如，放棄華沙公約，並以此要求美國在土耳其和伊朗、甚至在西德和英國做出類似動作。」羅素的建議是指，美國也許會撤銷在上述國家早就建立的飛彈基地。羅素對自己並不熟悉的領域所提出的解決方案，顯然要求美國的付出遠遠多於蘇聯。

　　羅素本來就沒有資格代表美國談判。如果他是美國的談判代表，他就會知道在他發出第二個電報時，已經有一個臨時解決方案正在討論中了。蘇聯大使已經提議撤走在古巴的飛彈，也表示願意

發誓將來永遠不在古巴部署這種武器，唯一的條件是美國在聯合國監督下撤銷其在佛羅里達的飛彈。

這對美國來說當然是一筆好買賣。佛羅里達的飛彈主要用於攻擊古巴，如果古巴沒有蘇聯飛彈，它完全是多餘的。但羅素提到的在歐洲和中東的那些飛彈，則可以打中蘇聯、歐洲和大部分亞洲的目標。

於是很不幸的，十月二十七日，赫魯雪夫改變了調子，他透過塔斯社發出一封信，承諾撤銷古巴的基地，條件是美國撤銷在土耳其的飛彈基地。

後來有記載說，這是此次危機中蘇聯第一次提到土耳其，也是羅素除外的其他與危機有關的人第一次提到土耳其。這是不正確的。十月二十三日，蘇聯的國防部長馬林諾夫斯基在羅馬尼亞對某位西方外交官說：「在土耳其，美國人往我們的胸口插了一把匕首。我們為什麼不能在古巴，往美國的胸口也插上一把匕首？」可見羅素提到土耳其之前，至少有一個蘇聯領導人拿土耳其和古巴做類比。二十六日，蘇聯紅軍的報紙《紅星報》也建議以古巴和土耳其交換。我們不清楚這個建議是否由羅素當天發出的電報所引起的。

甘迺迪很快拒絕了有關土耳其的提議。協商中斷了。

第二天，羅素給赫魯雪夫又發了一個訊息。他提出了另一個解決方案──簡單地說，他的努力這次終於成功了。

美國拒絕以北約在土耳其的設施和蘇聯在古巴的設施做政治上的交易，完全是沒有理由的，是極其愚蠢的偏執狂的標誌……因

此，在我看來，你應該在由聯合國組織進行監督的保證下拆除蘇聯在古巴的設施，並同時反過來要求，在聯合國組織給予必要的保證條件下，美國也解除對古巴的封鎖……我還沒有公開這個建議，除非你同意這個建議，否則我不會公開。這個建議要求你做出犧牲，你也許覺得有些過分和無法容忍。

二十八日稍晚，在羅素發出電報幾個小時以後，赫魯雪夫同意拆除所有古巴的飛彈基地，並撤除在古巴所有的諜報人員。他基本上沒有對美國提出什麼要求作為回報。危機就這樣結束了。

羅素的《手無寸鐵者的勝利》暗示他的電報導致了蘇聯的讓步。傳記作家克拉克以懷疑的口氣寫到羅素的角色：「整件事令人極為印象深刻的是，危機的結束緊隨羅素的電報到來，就像『果』緊跟著『因』出現一樣。」

另一方面，赫魯雪夫和宇譚則在他們的信件或回憶錄中承認羅素的作用。宇譚在他身後、一九七八年出版的回憶錄中寫道：「當時我就認為，現在仍然認為，赫魯雪夫對我十月二十四日的第一次呼籲會做出正面的回應，是由於、至少部分是由於羅素對他不停地懇求，以及羅素欣賞『他的勇敢和明智的立場』。」

羅素的學生塞克爾認為，赫魯雪夫認為羅素特別有用，因為羅素敢於直率地表達其反美情緒。宇譚拒絕譴責美國在古巴危機中的角色，這不符赫魯雪夫的想法。赫魯雪夫很清楚，羅素對甘迺迪行動的批評非常尖刻，如果回應羅素的電報而藉此把公眾的注意力集中到羅素身上，那麼羅素的觀點就將廣為人知。羅素過去對蘇聯的

批評帶來某種信譽。他曾建議把原子彈扔到莫斯科去——因此沒有人會認為他是克里姆林宮的傀儡。

就像所有應用於外交關係中的賽局理論一樣，如何以膽小鬼賽局來說明古巴危機，取決於對許多可能情況的假設。一般的分析會輕率地認為，互不讓步將導致核子戰爭，實際情況則不像白天過後一定是夜晚那樣簡單。比較恰當的說法是，如果互不讓步將導致核戰的可能，或者說即使有一絲一毫發生這種可怕景象的可能性，都有必要加以嚴肅面對。當然，雙方對機率的估計各有不同，並且雙方是否都寧可丟臉也不願選擇戰爭，也不是件一清二楚的事。

一九六二年，羅伯特．甘迺迪[04]說：「我們最後一致同意，如果俄國人在古巴準備進入核戰，這意味著他們準備全面進入核戰，事情就是這麼簡單明瞭。所以我們最好馬上就攤牌，而不是六個月以後才攤牌。」

大多數外交關係的動機經常是用層層外交辭令包裹起來的。一九八七年，索倫森[05]針對古巴危機寫道：「總統畫定了明確的界線，說明他心中蘇聯目前與未來不該有的作為；也就是說，如果我們知道蘇聯在古巴放了四十枚飛彈，那麼在這一前提下，我們可以把界線畫在一百，並大肆宣傳我們絕不容忍古巴出現更多的飛彈……當時這條線之所以畫在零，一個原因是我們清楚知道蘇聯還沒有在那兒以任何方式部署任何飛彈。」

古巴飛彈危機並不是羅素最後一次成為世界注目的中心。雖然

---

04 譯注：甘迺迪總統之弟，當時的司法部長。
05 譯注：Theodore Sorenson，甘迺迪總統的文膽。

他和甘迺迪關係冷淡，卻在〈華倫報告〉公布後擔任「誰殺死了甘迺迪委員會」的主席。一九六〇年代末，羅素領導了反越戰的抗議活動。一九七〇年他在家中去世。

瘋子理論

在膽小鬼難題中，最令人費解的莫過於：非理性的參賽者反而或似乎「占便宜」。海曼・卡恩在《論逐步升級》書中說：「在『膽小鬼遊戲』中，有些年輕人採用一些非常有趣的策略。『技術高超』的玩家可能如醉了一般鑽進車裡，把威士忌瓶扔出窗外，讓所有人清楚他醉得多凶。他戴著一副完全塗黑的眼鏡，顯示出他幾乎什麼也看不清。當車子一開到高速，他便取下方向盤扔出窗外。如果他的對手看到了這一切，他就贏了。如果他的對手沒有看到這一切，他就慘了……」

卡恩說：「透過前面的敘述可以明白，為什麼許多人在國際關係中的所作所為就像年輕人玩『膽小鬼遊戲』一樣。他們相信，如果我們的決策者顯示出醉酒、瞎眼、沒有方向盤的樣子，跟蘇聯談判關鍵問題時就會『贏』。但我不認為這是有用或負責任的政策。」

卡恩宣稱，東西雙方在國家禮儀的差異，使蘇聯在冷戰的膽小鬼難題中處於有利地位。卡恩說，赫魯雪夫有時會在公開場合發脾氣，變得或假裝變得沒有理性，而美國總統是不可能這樣做的。

不過，尼克森顯然在越戰中也使用過這種策略。在一九七八年出版的《權力的終結》書中，曾是尼克森總統助手的作者霍爾德曼

寫道：

　　威脅是個關鍵，尼克森還為他的理論發明了一個名詞，我相信不管何處的尼克森憎恨者聽到這個名詞都會高興得笑起來。在經過一整天起草演說稿之後，我們沿著夜色朦朧的海灘散步。突然他說：「鮑伯，有了，我把它叫做瘋子理論。我想讓北越人相信我已經到了可以為了結束戰爭而做任何事的地步。我們只要故意把這樣的話洩漏給他們，『上帝保佑，你們要知道尼克森快被共產主義煩死了，而且他生氣時我們什麼也攔不住他——他已經把手放在核武按鈕上了』——這樣，胡志明本人兩天後就會出現在巴黎乞求和平。」

　　瘋子理論的問題在於雙方都可以玩這個把戲，這使本來就複雜的事更如一團亂麻。卡恩的結論是：

　　「膽小鬼遊戲」的衝突會逐步升級，如果它像下面這樣進行的話：不知道兩部車相隔多遠出發；不知道以多快速度彼此對開；不知道公路有幾條車道，以致雙方都不清楚是否在同一條車道上；當兩個駕車人互相接近時，雙方都發出威脅或承諾，同時也接收到對方的威脅或承諾；淚流滿面的母親們和面色嚴峻的父親們則分別在馬路兩側，母親要孩子小心謹慎，父親要孩子拿出男子氣概。

11
Chapter

其他的社會兩難。

　　到目前為止，我們已經了解人們會遇到的兩種非常重要的兩難困境。還有其他的嗎？

　　一九六六年，密西根大學的蓋爾和拉波普特對所有簡單賽局進行了分類。最簡單的賽局有兩個參與者，在兩個可能策略中做選擇。我們可以合理地相信這些 2 × 2 的賽局應該是特別重要和普遍的。囚犯困境和膽小鬼當然也是 2 × 2 賽局。報酬只是簡單分成幾個偏好順序而非特定數值的 2 × 2 賽局共有七十八個。

　　如果每一個參與者在條件相當的情況下有相同的報酬，這樣的賽局稱為對稱賽局：如果參與者 A 是唯一的合作者，他的報酬就跟參與者 B 是唯一合作者時的報酬一樣，依此類推。對稱賽局是最容易理解的，在社會互動中大概也是最重要的。全世界的凡人都大同小異，世上沒有什麼衝突比想要同樣東西的凡人之間的衝突更普通、更充滿辛酸了。因此讓我們看看一下這些對稱賽局。

對稱的 2×2 賽局只有四種報酬需要我們關注。以下用「CC」表示雙方合作時每人的報酬,「DD」表示雙方互相背叛時的報酬。一方合作、另一方背叛時,唯一的合作者的報酬用「CD」表示,唯一的背叛者的報酬則用「DC」表示。

2×2 對稱賽局的所有變化版本取決於四個報酬 CC、DD、CD 和 DC 的相對值。跟過去一樣,讓我們以參與者的偏好程度為它們排列順序(既然這是對稱賽局,兩個參與者必然有一致的排序)。讓我們進一步假定不同的報酬不存在「平手」,也就是參與者對任兩個報酬的偏好總有不同。

定好四個報酬的偏好程度之後,就出現了一個賽局。例如,當有以下關係時,

$$DC > CC > DD > CD$$

就意味著參與者認為 DC 結果好於 CC,CC 結果好於 DD,DD 結果又好於 CD,而這樣的賽局就是囚犯困境(一般對囚犯困境還有一個進一步的要求,就是 DC 和 CD 這兩個報酬的平均值小於 CC 報酬;但只有參與者已經指定報酬數值的情況下才有這個要求。我們這裡只對報酬排序)。

四個報酬有二十四種可能的排序,因此共有二十四種對稱的 2×2 賽局。這二十四種並非全是兩難賽局;在大多數情況下,正確的策略是很明顯的。

在囚犯困境和膽小鬼難題中,令人迷惑的是,個體的理性反

而破壞了共同的利益。任一方都希望對方合作，但他自己卻傾向背叛。

讓我們用一般的話來解釋其中含意。CC 勝過 CD，這表示當你選擇合作時，對手也選擇合作對你會比較好。DC 比 DD 好則是說，雖然你自己背叛，你仍希望對方合作。

在四種報酬的二十四個可能排序中，正好有一半是 CC 好於 CD，也正好有一半是 DC 優於 DD，而同時滿足這兩者的只有六種，分別是：

$$CC > CD > DC > DD$$
$$CC > DC > CD > DD$$
$$CC > DC > DD > CD$$
$$DC > CC > CD > DD$$
$$DC > CC > DD > CD$$
$$DC > DD > CC > CD$$

這六種情況並非全是難局。如果背叛結果總是不好，每個人都會想避免。所以真要成為兩難的話，必須存在引誘你背叛的因素——否則為什麼要背叛呢？

在囚犯困境中，有強烈引誘你背叛的因素：不管對方怎麼做，你的背叛對自己都比較好。這種引誘不一定那麼明顯，不見得一眼就能看出會造成困境。你可能只是有一種對方會準備怎麼做的預感，而你知道如果預感正確，背叛便對你有利。這就可能造成你背

叛，即使預感不對時你並沒有背叛的誘因。

因此，我們要求以下兩個條件之一獲得滿足：當對方合作時，你有背叛的誘因（DC > CC）；對方背叛時，你有背叛的誘因（DD > CD）——當然兩個條件都滿足也行。

這樣一來，上述六個賽局的前面兩個就被排除掉了。當報酬的偏好順序為 CC > CD > DC > DD 或 CC > DC > CD > DD 時，背叛的誘因完全不存在。不但相互合作是最好的結果，甚至不管對方怎麼做，合作都比背叛更能保證自己獲得較好結果。

還留下四種賽局，它們都非常重要，值得各取一個名字：

DC > DD > CC > CD	僵局
DC > CC > DD > CD	囚犯困境
DC > CC > CD > DD	膽小鬼
CC > DC > DD > CD	圍捕公鹿

這四種賽局在現實互動中都很常見，因此被稱為「社會難題」。四個社會難題還是密切相關的。把囚犯困境中兩個相鄰報酬的偏好程度交換一下，就可以導出其他三個賽局。囚犯困境是重心，其他三個彷彿圍繞它運行。把囚犯困境的懲罰性報酬和傻瓜報酬對調後就是膽小鬼。把囚犯困境的獎勵性報酬和誘惑性報酬相互交換便成了圍捕公鹿。僵局則是把囚犯困境的獎勵性報酬和懲罰性報酬對調後的樣子。下面讓我們觀察一下後面兩種新的賽局。

僵局

這四種賽局中，僵局是比較不棘手的，如下表所示（最壞結果的效用定義為零）：

	合作	背叛
合作	1, 1	0, 3
背叛	3, 0	**2, 2**

在僵局中，參與者很快猜到他應該選擇背叛。如同在囚犯困境中一樣，不管對方怎麼做，背叛總會得到較好的結果。與囚犯困境的區別則在於，僵局中的雙方偏好相互背叛大於相互合作。

參與者選擇背叛是希望得到 3 點。但即使雙方都背叛，也不算悲劇，都得到次佳的結果，也就是 2 點，比他們選擇合作要強。因此，僵局完全不是什麼難題，這裡完全沒有理由猶豫不決：你必須背叛。相互背叛是一個納許均衡。

僵局發生的情況是雙方無法合作，因為任何一方都不是真心想合作，只希望對方合作（變成傻瓜）。並非所有裁武協議的失敗都是囚犯困境的結果，那也許是雙方都不想真正裁武所造成的。很可能一九五五年美蘇之間的「希望時刻」正是僵局的一個實例。

圍捕公鹿

「圍捕公鹿」更像是兩難困境。它跟「膽小鬼」一樣讓人回

憶起青少年時期的兩難。學校放假前夕，你和朋友決定開一個天大的玩笑來結束這個學期：剪一頭搞怪的髮型去上學。在彼此的鼓勵下，你們兩人都發誓要剪這個髮型。

當晚你猶豫了。你預料到父母親和老師會對這種髮型做出強烈反應，因此開始懷疑你的朋友是否真的會照計畫去做。

不是你不想讓計畫成功實現：你和你朋友都剪了搞怪髮型（CC）當然是最好的結果。

麻煩在於，如果我一個人拿這種髮型去出醜（CD）就太可怕了，這將是最壞的結果。

但如果你不剪，而你的朋友剪了，他看來像一個真正的怪物，他難堪不已，你也高興不起來。這種結果（DC）比不上兩人都剪了搞怪髮型。

經過反覆思考，你得出結論：如果沒有一個人剪搞怪髮型（DD），事情不至於真的那麼糟。也許大家都把這件事忘了（媽媽就是這麼說的）。

在所有可能的結果中，你的首選是互相合作（兩人都剪這種髮型），其次是單方面背叛（你不剪，而你的朋友剪了），第三是相互背叛（都害怕而不剪），最糟的是單方面合作（你剪了怪髮型，你的朋友沒有剪）。假定你的朋友也有相同的偏好順序，而且理髮店九點鐘關門。你該怎麼做呢？

這當中有一件怪事是：它本來完全不應該成為難題。你當然應該合作，把頭髮剪了。如果你們兩人都這麼做，雙方都將獲得最好的回報。是什麼壞了這件好事呢？那就是你的朋友可能不那麼理

性。如果你的朋友臨陣退怯，你當然也想打退堂鼓。

這個賽局在理論文獻中有許多名稱，包括「信任的難題」、「保證賽局」、「協作賽局」等等，但這些沒有特色的名稱最後被富有詩意的「圍捕公鹿」所取代，它源自瑞士出生的哲學家盧梭在《論人類不平等的起源和基礎》書中的一個隱喻。

盧梭的著作把原始人理想化，他認為大多數社會弊病是文明本身的產物。他的哲學是基於對史前社會的揣測和不準確的概念。在《論人類不平等的起源和基礎》中，他嘗試為自己的論點提供「科學的」依據，因此舉了一些關於旅行者的民間故事為例，現今看來非常魔幻寫實。其中一則故事講的是貢獻給奧蘭治公爵腓特烈·亨利的紅毛猩猩，牠躺在床上睡覺，頭擺在枕頭上，會用茶杯喝水。根據紅毛猩猩對婦女發生性趣的報導，盧梭推測牠們是希臘神話中好色的森林之神。

在《論人類不平等的起源和基礎》的第二部分，盧梭推論，當人們為了打獵而組成暫時的聯盟時，最初的人類社會就開始了：

在追獵公鹿這類事中，每個人都很清楚知道自己必須忠實地堅守崗位。但如果碰巧有一隻野兔從他身旁跑過，我們不得不懷疑他會毫不猶豫地離開崗位去抓那隻兔子。一旦他抓到了自己的獵物，他也就不太在意同伴們因此失去原本的獵物了。

這裡的要點在於，任何人都不夠強壯，無法獨自一人制服一頭公鹿。一個人只能抓住一隻野兔。任何人都寧願要公鹿勝於要野

兔,但有野兔又比什麼都沒有強(如果太多成員跑去追野兔的話,獵鹿隊便將一無所獲)。

這個賽局的報酬矩陣如下:

	圍捕公鹿	抓野兔
圍捕公鹿	**3, 3**	0, 2
抓野兔	2, 0	1, 1

顯然,相互合作是一個納許均衡。不管怎樣,參與者都不可能有更好的結果。只有當你相信其他人會背叛時,才引誘你也去背叛。由於這個原因,當一個人有理由懷疑其他人是否有理性,或者在團體比較大、參與者眾多而人性難測,容易出現某些人背叛的情況下,此難題就顯得非常尖銳。

叛變可能成為「圍捕公鹿」難題:如果我們推翻船長布萊,大家都會比較好;但如果沒有足夠的船員一起行動,我們就將成為被吊死的叛變者。民選議員有時會支持一個議案卻不願投贊成票,除非確信議案會過關,因為他們不希望站在失敗的少數一方。一九八九年布希總統提出憲法修正案,想讓焚燒美國國旗成為一項聯邦罪名,某些美國參議員在表決時的投票行為就顯然有這種情況。大多數反對者認為這違反了言論自由,但同時他們又害怕投了反對票後議案仍通過,那麼在下一屆選舉時會被對手貼上「不愛國」或「喜歡燒國旗」的標籤。反對此憲法修正案的參議員拜登就引人注目地宣稱:「有超過四十五位參議員會投下反對票,前提是

他們知道投下的票將決定勝負。」

　　「圍捕公鹿」可說描寫了製造原子彈的科學家的道德困境。粗略地表述如下：沒有原子彈，世界也許更好（就像化學家尤列在一九五〇年的一次演說：「不管我在這個項目投入了多大努力，我個人非常希望氫彈沒能成功爆炸。」）但是因為我們的敵人在研製，所以我們也必須去研製。最好是我們有原子彈而我們的敵人沒有；兩邊都有原子彈也好過只有敵人有原子彈。

　　一九六九年，有關職業曲棍球運動員泰迪·格林頭部受傷的事件，《新聞週刊》寫道：

　　運動員不帶頭盔的個人因素有幾個。芝加哥的球星鮑比·赫爾說出了最簡單的因素：「沒意義。」但許多運動員真的相信頭盔會降低活動力，使他們不利於比賽，還有些人是害怕被對手嘲笑。只有像格林那樣的受傷所導致的恐懼，或者制定一個規則強迫運動員戴頭盔，頭盔的使用才會普及……有一個運動員總結了許多人的想法：「不戴頭盔很愚蠢。但是我不戴——因為其他人也不戴。我知道這很傻，但大多數運動員也是這麼想的。如果曲棍球聯盟要求我們戴，那麼大家都會戴，也就不會有人在意了。」

不對稱賽局

　　前面描述的社會難題都是對稱賽局，也就是兩個參與者具有相同的偏好。然而偏好不一定是相同的。很可能一個參與者有「囚犯

困境」中的偏好，另一個參與者有「膽小鬼」或「圍獵公鹿」中的偏好。這類混合型賽局也有一些已經成為人類衝突的類型。

「惡棍」賽局是「膽小鬼」和「僵局」的混和。某個參與者和「膽小鬼」中的參與者有相同的偏好：喜歡背叛，但害怕互相背叛。另一個參與者有「僵局」的偏好，也就是不顧一切地偏好背叛（當然，若對方合作，自己會更好）。這兩組偏好所構成的賽局看起來如下：

「膽小鬼」參與者 ＼ 「僵局」參與者	合作	背叛
合作	2, 1	**1, 3**
背叛	3, 0	0, 2

惡棍賽局的一個例子是顯示所羅門王智慧的那則聖經故事：兩位婦女都宣稱同一個孩子是她的兒子，當然，有一位是真正的母親，另一位是騙子。所羅門王提出把孩子劈成兩半的建議。聽到這個可怕的建議，一位婦女放棄了她對孩子的權利，所羅門王卻把孩子判給了她。真正的母親愛子至深，情願放棄以挽救孩子的性命。

換句話說，真正的母親有「膽小鬼」參賽者那樣的偏好。刀懸在孩子頸上，而難題就是選擇堅定不移（背叛）還是選擇讓步（合作）。真正的母親當然最希望自己獲勝——堅定不移地主張孩子屬於自己，而騙子讓步；但她面對的最壞結果是兩個女人都不讓步，於是孩子要被劈成兩半。

騙子則有「僵局」參賽者那樣的偏好。她顯然情願看到孩子被

殺死，而不願意看到孩子重回生母的懷抱。此賽局的名字「惡棍」就是這樣來的。「僵局」參賽者有能力做個背叛到底的惡棍，「膽小鬼」參賽者卻沒有能力阻止，所以真正的母親能做的只有忍痛割愛，選擇合作，放棄兒子。因此，讓步的女人是真正的母親。

「惡棍」是某種軍事對抗的模型：一個國家情願發動一場戰爭，而另一個國家把戰爭視作災難，不惜一切代價去避免。倘使這是個精確的模型，其結論將令人沮喪：好戰的一方往往志得意滿，而愛好和平的一方則為了保住和平而受掠奪。然而更糟的在後頭：實際上國家的偏好是易變的，感覺到自己受了掠奪的國家也許認為歸根到底戰爭不是那麼壞的。

如何讓合作是合理的？

《賽局理論簡易入門》作者莫頓・戴維斯說，普通人對囚犯困境的反應常常不是問應該怎麼做，而是問怎麼能證明合作是正當的。從文獻上看，這同樣也是許多賽局理論專家的反應。社會難題的文獻中包含許許多多的解決方案和處方，其中有一些顯示了神學家充滿希望的機智。討論囚犯困境的文章最多，也有非常多文章企圖證明在「膽小鬼」和「圍捕公鹿」中採用合作策略是正當的。如果在這些說法中有某個反覆出現的主題，那就是：迴避社會難題比解決它容易得多。

首先是「有罪的」論點：在囚犯困境中，引誘性的報酬是有瑕疵的東西，獲得它的代價是背叛某個人，所以你最好選擇合作，至

少你可以因此安眠。

這種分析是錯誤的，因為它引入了良心或內疚這種額外的「報酬」。再說，它又出現了混淆效用和有形收益的問題。這點非常重要，值得小心思考。

假若你參加一個囚犯困境實驗，獎金之高對你和另一位參與者都極有吸引力，比如說，依次為五百萬、三百萬、一百萬、零元，你將怎麼做？

如果筆者處於這個實驗，我會選擇合作，但是我壓根不會把它當作囚犯困境，因為我情願要相互合作的結果（雙方都得三百萬），而不是單方面背叛的結果（我得五百萬，對方得零）；三百萬元足夠我買任何想要的東西了，所以額外的兩百萬元提供不了太多的額外效用──也許遠少於我幫助另一個人也得三百萬元所獲得的滿足感。而我若會考慮背叛，也是因為害怕另一個人背叛。我當然情願要一百萬元（雙方都背叛）而不是一分錢也得不到（我合作而對方背叛），而且如果我確信對方也準備背叛的話，我不會因我的背叛而感到不安。因此，我的決定主要取決於我是否認為對方會背叛，這更像是心理學問題，而不是賽局理論了。

然而，這僅僅是囚犯困境的一半；它涉及了擔心的因素，還沒有涉及貪婪的因素。如果另一個參與者也選擇相互合作而不是單方面背叛，這個賽局就是「圍捕公鹿」了。不過，圍捕公鹿比起囚犯困境是比較不那麼棘手的賽局：相信對方是理性的理性參與者將選擇合作。

關鍵在於，一組有形的報酬並不足以保證囚犯困境的存在。對

於具有強烈同理心的人來說，不會有什麼囚犯困境。只有當兩個人的偏好按一定方式排序時才會出現囚犯困境。如果你的偏好永遠不同於這種模式──背叛引起的罪惡感超出在任何可能情況下你個人獲得的好處──那麼你永遠也不會發現自己處於囚犯困境。打一個簡單的比方吧，如果你從來不愛吃午餐，那麼你就從來沒有飢餓這回事。

當然，這解不開謎底。我們不容否認，許多人的選擇確實造成了囚犯困境。

有人認為溝通是「解決方案」，透過溝通能減少囚犯困境出現的次數。雙方應該溝通他們各自的意圖，並達成自願協議以求得合作。

你不會看到有多少論點支持這是可行的好建議。不過它倒是再次讓我們跳出囚犯困境有意限制的範圍。在真有可能進行事先協商並自願達成協議的情況下，確實不會出現囚犯困境。缺乏溝通，或者更確切地說，缺乏任何讓事先協議自動達成的方式，是囚犯困境的核心要素。一個能充分溝通和絕對誠信的世界不會出現囚犯困境，但這不是我們生活在其中的世界。

結論顯而易見了：只要可能，就應當避免囚犯困境出現！

我們已經看到了正當化合作的最常用方法，就是去問：「如果每個人都這樣做呢？」這個論點還可以進一步擴充成：不管你怎麼做，你的對手真的要合作，或者傾向於合作，所以你最好合作。

沒有人比拉波普特更努力尋求合作之道，他在《戰鬥、賽局和辯論》書中說：

每個參與者總會詳細研究整個報酬矩陣。他問的第一個問題是：「什麼情況對我們雙方最有利？」在我們的例子中，答案是唯一的：相互合作。他的下一個問題是：「為了達到這一選擇，需要什麼前提？」答案是：雙方都做出「不管自己怎麼做，對方也將怎麼做」的同樣假設。結論：「我是兩方當中的一方，因此我會這麼假設。」

　　許多人認為這類論點很有吸引力，其他人則不以為然。反對的論點可能像這樣：當我還是孩子時，媽媽告訴我不要到地下室去，因為那裡有妖怪。通往地下室的樓梯搖搖晃晃，常有些危險的東西掉在那裡，所以我最好相信有妖怪在地下室。但是，只因為你最好相信某件事，並不意味這件事是真實的。

　　囚犯困境只有在一種情況下才有望獲得解決，那就是每個人都相信另一個參與者的選擇將反映出他自己的選擇。然而，並非每個人都這樣相信，也無法強迫另一個參與者跟你有一樣的行為。

　　有人進一步發展了這一概念，聰明地推論，在囚犯困境中，你應該自覺地採用合作的策略，因為，嗯，因為我們對囚犯困境所了解的一切。凡事豫則立。既然我們已認清囚犯困境是怎麼回事了，也清楚人們按自己個人的理性行事為什麼會陷入麻煩了，於是我們每當處於囚犯困境時，就應該以合作解決問題。

　　上述概念認為，囚犯困境屬於邏輯學的灰色地帶。合作或背叛都無法被證明為正確的。你可能成為背叛類型的人，也可能成為合作類型的人。但是合作者的報酬比較好（至少在另一方也是合作者

的情況下）。這就是為什麼我們應該了解和選擇合作。

這種論點同樣也有支持者和懷疑者。一個問題是：若囚犯困境中有個鐵定選擇合作策略的人，那是否還能被稱為兩難？如果你用餐時總是選豬肝和洋蔥，那你根本就不需要菜單，因為你沒有什麼要決定的。如果你總是選擇合作，那麼你根本不需要看報酬表——因此也許你根本就沒有面臨難題。

讓我們回憶一下馮紐曼當初是怎麼把數字矩陣和人的感情拿來比較吧。賽局理論基本上是關於極大化的抽象問題。嚴格說來，拿賽局來比擬人與人之間的衝突，只是一個微妙的類比罷了。這就好比基礎算術教科書裡提到的兩個橘子加三個橘子等於五個橘子，但實際上，算術跟橘子根本就是風馬牛不相干的。

人們常常希望在比賽中有一些數值化的東西，像是錢或點數。大多數場合下，人們的行動是讓這些數值化的東西愈多愈好，因此就有了數值極大化的類比。如果人們不能確實極大化個人收益，類比就不成立，賽局理論就毫無用處了。一個始終放棄背叛帶來的好處的理性者，而他的這種行為又不能影響其他參與者的選擇時，他就不是在極大化自己的有形獲利。這本身並沒有什麼錯，卻意味著報酬表裡的數字沒有說出全部的故事。數值以外的某些東西起了更重要的作用。

報酬表中的數字應該反映你的真實偏好，把罪惡感、幫助別人的滿足感、甚至在囚犯困境中選擇合作的那種知識份子偏好都考慮進去。如果你在囚犯困境中總是傾向合作，這種選擇便使難題不再成為難題。也就是說，如果賽局中的某個參與者總是「不分青紅皂

白」地選擇合作，那賽局就不是囚犯困境了。

霍華德的超賽局

一九六六年，賓州大學的霍華德對合作的正當性提出了一種新的證明方法，別出心裁令人叫絕。按照他的看法，囚犯困境之所以為難，在於合作和背叛兩個策略不能確切表達參與者的全部意圖。

「背叛」後面隱含著什麼？這個世界是如此五彩繽紛，背叛也有「好」、「壞」之分。有些人冷酷無情地把背叛當作他的人生哲學，這是壞的背叛。有些人心裡其實想合作，而且一旦他認定對方會合作，他就會合作。他之所以背叛只是為了保護自己，這種背叛是好的背叛。

你沒有什麼更多的辦法去對付「壞」的背叛者，除非「以牙還牙」。這種背叛所造成的結果並不難接受。兩個「好」的參與者因為誤讀了對方的意圖而互相背叛，這才成了悲劇。囚犯困境的不解之謎在於：好心怎麼反而鋪就了通往地獄之路呢？

霍華德的回答是建立一種「超賽局」。在超賽局中，策略不是合作和背叛，而是你如何進行賽局的「意圖」。例如，一個「超策略」是「按你設想對方將要做的去做」。這與「不管對方怎麼做都選合作」就不同了。霍華德為賽局制定了四個超策略乘上十六個超「超」策略的賽局矩陣。他以此證明了相互合作是一個均衡點。

霍華德的想法獲得了一些人的高度好評。拉波普特一九六七年稱之為囚犯困境難題的「解決方案」。《美國科學人》雜誌上的一篇

文章甚至宣稱它終結了這個難題。但在那之後熱情開始消散。超策略其實只是一種花招，沒有改變什麼。霍華德矩陣中的「橫行參與者」和「縱列參與者」並不是真正有血有肉的人，而只是參與者關於他和對手將如何行動的一些猜想罷了。你盡可以猜想、再猜想，但最後仍然不是合作，就是背叛。在最後一刻引誘你去背叛的因素仍然存在。

以上所介紹的種種解決企圖，都沒有改變賽局理論專家的一致看法：在只有一次選擇機會的囚犯困境中，你可以做的合理的事就是背叛。因為背叛總能導致較高的報酬（既定對方的選擇之下），還因為一個人的選擇絕不可能對另一人的選擇產生影響，所以它是合理的。

然而人們確實會合作，在心理學實驗和日常生活中都有。德萊歇認為商業定價就是沒有溝通而合作的一個特別明顯的實例。在競爭特別激烈的行業中，例如航空業，一家公司降低票價能吸引更多乘客，毛利率雖減少但總利潤卻增加。削價競爭是背叛，維持原來的高票價是合作（這是從公司角度說的，而不是從乘客角度）。於是航空業常常進入一個價格循環，由一家公司帶頭降價，其他公司被迫跟進，導致一場價格戰，使所有航空公司利潤大減甚至沒有利潤，然後價格重新上揚。在價格戰期間之外，各航空公司的票價通常是一樣的。

航空公司的經理們顯然不會互通電話以協商票價。「謝爾曼和克萊頓反壟斷法」嚴格禁止美國公司之間的勾結定價行為。為了避免引起反壟斷法的訴訟，許多公司甚至禁止經理參加其競爭對手的

經理常出入的鄉村俱樂部。德萊歇認為這項法案製造了確實的囚犯困境，但公司間的合作（大家都維持在一個能獲得較大利潤的價格）反而更多了。

社會是建立在合作的基礎上，這個說法並不誇張。是否亂丟垃圾、亂丟菸頭、順手牽羊、見義勇為、說謊、節省電力等等——所有這些事都是個人利益和公共利益的兩難。有些評論家猜測「非理性」的合作是社會的基石，否則的話，生活將變得像霍布斯所指出的那樣，「冷酷、貧窮、骯髒、野蠻、短缺」。賽局理論專家也許正好抓住了使社會組織在一起的非理性線索。沒有它，一切都將解體。

人們為什麼合作？

看來人們的合作和組織的合作有很好的理由。現實生活中的大多數難題是反覆的難題。

反覆的互動大大改變了事物。假設你是準備賣掉一顆鑽石的小偷，你可以選擇老實交易或詐騙，而買主正好是你希望將來繼續交易的。在這種情況下，小偷有更好的理由老實做買賣，因為如果你欺騙買主，你將喪失圓滿完成下一筆交易的機會，因此你會很明智地決定：誠實是最好的策略——而這純粹是出於自利。

逆向歸納的矛盾

在佛拉德／德萊歇實驗中，威廉斯和艾爾欽合作了好幾次。為什麼不呢？每次合作，就贏得獎勵性報酬。我們可以很容易看出，在重複進行多次的賽局中，這是任何人所能期盼的最好策略。參與

者在這一輪賽局背叛也許會得到較好的結果，但絕不會有理性的對手會讓你總是背叛而他自己保持合作。背叛好比熱軟糖聖代，你現在嘗味道好極了，但時間一久就不是什麼好吃的東西。

我們再來看一下佛拉德／德萊歇實驗室怎樣收尾的（見本書第六章）。從第八十三回賽局開始，兩個參賽者已經學會合作了。但他們真的學會了嗎？為何在最後一回賽局（第一百回）他們又相互背叛了呢？兩人都解釋這是一個特例。在來回多次的賽局中——只要有來回多次的賽局——兩個參賽者一定會合作。但既然到了最後一回，為什麼不去盡力攫取你能得到的一切呢？你不必擔心對手往後還有報復，因為這是「最後一搏」，沒有下次了。

實際上，反覆進行的囚犯困境中的最後一回賽局就相當於一回合的囚犯困境，你應當背叛，就像在其他只進行一次的兩難中你會做的選擇一樣。

威廉斯在最後一回賽局傾向不那麼貪婪（見第十回他的評論）。你覺得他其實是展現了某種「騎士氣概」而不是什麼理性。如果他在最後一輪選背叛，至少會多拿到一元的報酬。

艾爾欽則把這種想法往前推進了一步。他預期威廉斯在最後一輪會背叛，也可能更早一些就背叛（見第九十一回的評論）。艾爾欽想搶在威廉斯背叛的前一輪就開始背叛。

嗯……如果理性的參賽者在第一百局必定背叛的話，這意味著倒數第二局是他最後一次做有意義的選擇（合作或背叛）。換句話說，在第九十九局中你最好也選擇背叛。你不必擔心對手會發狂並在第一百局背叛——我們已經確定他會這樣做。

我們之前的推理崩潰了！根據上一段分析，第九十八局成了有可能合作的最後一次賽局。但如果是這樣，你可以在第九十八局背叛而沒有任何不安。再從第九十八局回推，你在第九十七局也可以背叛。依此類推，第九十六局、第九十五局、第九十四局……直到第一局，你在每一次兩難賽局中都應該背叛！結論就是：反覆進行多次的囚犯困境和一次囚犯困境沒什麼不同！

這是一個令人失望的結論，很難讓人接受，跟實驗結果也大相逕庭，因此長期以來被認為是一個矛盾，即所謂「逆向歸納的矛盾」。其矛盾在於：「理性的」玩家每次都只獲得懲罰性報酬，比較不合邏輯的玩家反而透過合作取得較好的報酬。

另一件讓人難以接受的事是，這個矛盾只出現在重複次數為有限且已知的兩難賽局。如果雙方不知道要進行多少回囚犯困境，他們就無法運用逆向歸納，也就不可能從「最後一回」賽局倒推。由於不知道賽局要進行到什麼時候結束，他們就有更多理由去合作。如果兩難賽局的次數是無限的，沒有最後一次賽局，也就不會出現矛盾。因此，永生不死的生物是能夠合作的，但我們卻不能，因為我們終有一死！

賽局理論專家對逆向歸納矛盾的反應很複雜，比較多的人認為，逆向歸納只在抽象的討論中才「有效」，不適用於實際場合。

我們可以這麼看。馮紐曼只研究像「客廳遊戲」一樣規則已知的賽局。如果玩一個新的客廳遊戲，聰明的玩家可能會深思熟慮其規則，然後決定怎麼玩最好。馮紐曼把這種情況融入賽局理論的假設，換句話說，參與者研究透徹賽局的所有可能玩法，然後在比賽

第一步之前，便已經定下了無往不利的最佳策略。

然而在人類互動中更典型的賽局是，我們並未意識到自己是在玩賽局，進行到一半才恍然大悟。接著，我們可能仍不知全部的規則，也不知道賽局要持續多久。在次數不確定的賽局中，你不可能制定出對付所有情況的策略。你能寄望的最佳策略只是一種臨時策略，只能顧及後面幾步。棋手實際上採用的「策略」就是往前看幾步，而不是從某個遙遠的終局逆向歸納。人們在日常生活中採用的策略大多也是這樣，可以舉出不少例子。極端利己的人不會總是背叛別人，就是因為他明白不要「過河拆橋」。說不定哪天你會再遇見你這次背叛的人，而那時你卻需要他的合作。

逆向歸納矛盾的核心問題，就是這兩類賽局[01]其策略的混亂。納許把佛拉德／德萊歇實驗看作有一百回的有限賽局。在既定另一方怎麼做的情況下，這一方只有採取連續一百次背叛的策略，才能保證自己不會後悔。佛拉德與納許不同，他把實驗描述成一種「學習經驗」。他不期望參賽者會把這個實驗當作一個擴充的單一賽局，他只是不能確定他們在經過一定次數的嘗試錯誤的過程後是否能學會合作。這兩個觀點都有一定的道理，但佛拉德的觀點似乎更能描寫參賽者實際的內心過程。

在佛拉德／德萊歇實驗的後半部分，威廉斯和艾爾欽大部分時間都採取合作，除非另一人背叛。下一章我們將看到，這是一個非常好的賽局策略。

---

01 所有規則未知及次數未知的賽局。

12
Chapter

最適者生存。

一九八〇年代，賽局理論改變到一個甚至連馮紐曼也從未料過的方向。生物學和社會學成了賽局理論最活躍的應用領域。許多生物之間各種形式的合作和競爭在過去無法解釋，現在賽局理論提供了富有說服力的答案。

自然界經常十分殘酷和血腥，這是為生存而你死我活鬥爭的地方，是同類互相殺戮、只有最適者才能生存的地方。當有人談論獅子與羔羊共枕時，他談的不會是生態學的問題，而是超自然的事件。然而，大自然中確實有合作。

燕千鳥會飛進鱷魚的嘴裡去吃寄生蟲，但鱷魚不會傷害這種鳥。鱷魚擺脫了寄生蟲，也可以從鳥的行為得知是否有敵人接近，燕千鳥則可以飽餐一頓。鱷魚可以輕易「背叛」，吃掉燕千鳥，但為什麼牠們不這樣做呢？

這類合作的例子曾經長期使生物學家困惑。誠然，這是相互有

利的。如果每一頭鱷魚都把燕千鳥吃掉會怎麼樣呢？那就不會有燕千鳥留下來清除那些寄生蟲了。但這是一個知識份子式的論斷。大多數生物學家很驚奇鱷魚腦中也有類似的推理能力！同樣難以想像的是，鱷魚群體之中會有什麼道德準則禁止吃燕千鳥？是什麼使一隻鱷魚（牠不會關心「對整個物種的好處」）放棄送上門的美食呢？

穩定策略

「最適者生存」這句話很容易被誤解。聽起來似乎自然界有意識地選擇那些最強壯、最聰明、最多產或最凶殘的物種。

會落入這種誤解的陷阱，是因為人類正好屬於能力特出的稀有物種。我們是這個星球上最聰明、最會掌握各種技術的物種。這使我們可以自誇是進化的唯一目標。然而，今天仍然存在的每一個物種都有各自的族譜，跟人類一樣源遠流長，而牠們絕大多數不那麼明顯的聰明、強壯、多產或凶殘。

從最廣泛的意義上說，物競天擇法則意味著，我們觀察到的自然現象是傾向穩定的。我們能看到天空中的星辰，因為星辰久遠以來就一直在那兒。星辰是無所謂聰明與否的，也不會生殖，但是它們極為穩定地在那裡幾十億年，我們不能不承認這是一種自然現象。

在地球上，少有物理結構可以無限存在著。然而，大自然摧毀山脈、河流、白雲、海浪的同時，幾乎又以相同的速度產生新的山脈、河流、白雲和海浪。這些新的山、河、雲、海跟逝去的是如此

相像，因此我們認定它們是同樣的。許多非生命的現象就是如此維持著。

另一種維持現象的方式是複製自己，也就是生物在做的事。個體會死去，但同類的其他個體還在。我們今天看到的各種生物體，就是其基因一代接一代成功複製自己而維持下來的。

遺傳密碼允許了生物把物質特性連同行為特性傳下去。擁有遺傳行為的個體存活得更久，或能產生更多的後代，因此其行為更能維持下去。

在自然界中，我們最熟悉的一種合作是親子行為。這是顯而易見的。會築巢和餵食小鳥的鳥類，比沒有這種遺傳本能的鳥類，其後代生存下來的顯然更多。如果一隻鳥對自己的後代不管不顧，也就是「背叛」，牠自己也許更強壯，能活得更久，但這種背叛的基因傳給後代的可能性更少。如此一來，在長遠的過程中，哺育下一代的基因逐漸取代不顧下一代的基因。

但這只是特殊例子。一般來說，鳥類都會幫助直系後裔，讓基因一代一代傳下去。在毫無相關的個體之間的合作則是另一回事。很多時候，背叛自有好處。

假定有一個物種，由於本能而共享食物。他們只有一個固定數量的食物源，所以會很公平地分配，在食物匱乏的情況下還會留出一些供將來使用。這是一種集體的理性行為，用以滿足集體的需要。

在自然界中，偶爾發生的突變會改變遺傳密碼。在世代相傳中，偶爾會誕生一些沒有分享食物的本能基因的個體。我們把這樣

的個體統稱為「貪吃鬼」。貪吃鬼總想吃個飽，不知道分享食物，也不會為了將來而節省一些食物。貪吃鬼不為共享者留下什麼食物。（在此物種中，任何剩餘食物都是公有財富，不是分給吃得少者。）

每隔幾年就發生一次旱災，使食物的供應大減。無情的旱災使該物種的許多個體餓死。只有貪吃鬼不會挨餓，因為牠們攫取了盡可能多的食物。因旱災而餓死的幾乎無一例外是共享者，所以每一次旱災之後，貪吃鬼在這個物種中的比例就提高一些。倖存者所生下的新一代中，有貪吃鬼基因的比例也高了一些。

在許許多多代之後，可以預期這個物種中幾乎所有成員都是貪吃鬼了，知道分享食物的反而絕種了。

你也許說貪吃鬼比共享者「更適於」生存。他們最終完全擴張了勢力，從這個狹窄的意義來看確實是「適者」。但「適者」這個詞容易引起誤解。全是貪吃鬼的物種並不比原先全是共享者的物種更能度過旱災。相反的，更糟。分享並儲存食物是度過荒年的最好辦法。只有當貪吃鬼與共享者並存時，前者才比後者好；一旦共享者絕滅了，貪吃鬼就失去了優勢。

有沒有可能透過突變又產生一些共享者，然後使該物種重新回到能共享食物的狀況呢？不可能。在貪吃鬼的世界裡，孤單的共享者沒有任何優勢。在貪吃鬼的一統天下中，任何突變誕生的共享者在第一次旱災中就會死掉。

貪吃鬼的例子可以大體說明生物學家所謂的「演化穩定策略」，也就是當物種中的幾乎所有成員都做出某種行為，沒有其他的突變

行為可以取代，這種行為就可以遺傳而保持下來。

共享食物（在上述故事中）在演化上是不穩定的，因為少數幾隻貪吃鬼就能「接管」所有的共享者。我們在世界上能觀察到的行為都屬於演化穩定策略。

演化穩定策略不一定是「合理的」、「公平的」或「道德正確的」。它們只是穩定的，如此而已。

基因中有背叛嗎？

自然界裡也有囚犯困境的難題（特別是白搭便車的難題）。只要有個體自身的利益與團體的利益相反，就有這樣的難題。同一物種的成員有同樣的基本需求，當食物、飲水、棲地、配偶非常稀少時，某個體的收獲可能便是群體的損失。

前述一群物種分享固定食物的例子，就很像白搭便車的難題。從賽局理論的報酬表來看會更清楚：

	大多數其他動物吃公平的一份	大多數其他動物飽餐一頓
吃公平的一份	（2, 2） 所有動物都得到一些食物，還剩餘一些留給將來	（0, 3） 我獲得的食物比其他動物少，而且沒有任何剩餘留給未來；我吃得不多，所以其他動物獲得多一點
飽餐一頓	（3, 0） 我獲得充足的食物，並略有剩餘；其他動物由於我飽餐一頓而略微吃虧	（1, 1） 大家全獲得充足食物，但沒有任何剩餘留給將來

括號中的數字表示任一動物以及群體中其他動物的偏好。這個難題的成立只需要兩個簡單的假設：第一，在其他情況相同下，每個動物的理想不是飽餐一頓，而只想眼前少吃一點，留一些食物以供將來所需（如果每個動物都有自己的食物儲藏所，牠們就會這樣做）；第二，每個動物的偏好是食物多多益善。

因此，對於每個個體來說，最好的結果是自己成為唯一的貪吃鬼：讓其他動物克制自己，並留一些食物給將來吧！而最壞的結果是成為唯一的非貪吃鬼，讓其他動物將自己沒吃的食物吃掉。

你也許會問，怎麼知道這些不會說話的動物偏好什麼呢？

賽局理論其實完全不需要處理偏好。我們可以假定上表的數字代表「生存值」。當飢餓的威脅來臨時，動物如果現在能飽餐一頓，而且因為同伴的克制而有食物剩餘，那是最有希望存活下來的（左下方格）。為了存活，退而求其次的是所有動物都顯示出克制並節省食物。再其次是沒有食物留下來，最壞的情況則是現在就填不飽肚子。

物競天擇所「偏好」或「選中」的行為是使生存值最大的行為。我們只要知道這點就能利用賽局理論的數學，即使分析對象並沒有有意識的選擇或偏好。「得分」最高的動物是最有希望存活並繁殖下去的。貪吃鬼將活下來，分享食物的同類則死去而遭取代。這裡我們再次看到囚犯困境中合理的非理性。理性分享食物的策略輸給飽餐一頓的策略，從而使結果變得最糟糕。

在演化過程中，許多其他類型的背叛行為會自然產生。人類當然也和其他物種一樣是演化而成。看來這可以解釋人類種種蠢事的

由來。背叛是一種演化穩定策略，合作卻不是。這就是真實的世界，就是人們行事的方式。馮紐曼有一次說：「抱怨人們自私和不守信用是十分愚蠢的，就像抱怨為什麼除非電場形成迴路否則磁場無法增加一樣。」[01]

那麼背叛基因真的存在嗎？

這是問題十分複雜。當然，並非所有類型的背叛都有生物學基礎。人類的偏好和生存值常常是完全不同的兩碼事。許多人愛財如命，這與生存或生育能力沒什麼關係。但即使如此，對金錢或其他物質的貪婪，仍然可能是鼓勵人們在食物、飲水、交配這些事上自私的基因所帶來的副作用。

演化穩定策略可能不只一種。在一回合囚犯困境中只有兩個策略；但在反覆進行的囚犯困境賽局中，可能有任意種策略，它們是根據對手過去的行動來決定每一步該怎麼做（合作或背叛）。所以極微妙的策略是有可能出現的。

自然界中的大多數兩難賽局是反覆進行的。共享一個食物源的同一群動物同樣會多次面臨著飽餐或分享的兩難。因此生物學家對反覆進行的囚犯困境賽局特別感興趣。

艾瑟羅德

至今為止，有關反覆進行的囚犯困境賽局中的策略，最著名的

---

01 此一比喻的後半部分是馮紐曼的聽眾很熟悉的一個物理學定律。如果本書讀者不熟悉物理學定律，我們可以換一種說法：「抱怨人們自私和不守信用是十分愚蠢的，就像抱怨地球為什麼是圓的一樣。」

研究是一九八〇年由密西根大學政治學教授艾瑟羅德所進行的一系列電腦「錦標賽」。研究報告發表在《衝突解決期刊》，後來又收入艾瑟羅德一九八四年出版的《合作的競化》書中。這項研究被認為是賽局理論最有意義的發現之一。

　　和其他許多學者一樣，艾瑟羅德進入賽局理論領域也很偶然。在芝加哥大學念書時，他主修數學，聽過知名政治學教授凱普蘭的課。他在朋友的推薦下讀了魯斯和萊法的書《賽局與決策》，此書第一句話就深深吸引了他：「在人類的所有著作中，充斥著對利益衝突的描寫；也許只有上帝、愛情和內心掙扎等題目才受到可與之相比的關注。」

　　艾瑟羅德後來到耶魯大學攻讀政治學博士，論文題目正是關於「利益衝突」：魯斯和萊法從來沒有對它明確定義過。目前艾瑟羅德在密西根大學公共政策研究所任職，是政治學和公共政策學教授，實際上他的專業興趣橫跨從生物學到經濟學的廣泛領域。

　　是什麼因素使得反覆進行的囚犯困境與一回合囚犯困境不同呢？艾瑟羅德生動地說，就是「未來的幽靈」。為了保證將來合作而現在便合作，是合理的行為。但是沒有人對待將來會像對待現在一樣認真。參與者總是主觀地把當前的利益看得更重，而看輕未來可能的損失。俗話不是說「眾鳥在林，不如一鳥在手」嗎？

　　如果在反覆進行的兩難賽局中，只有當前這一次被認為重要的話，那麼它其實便是一回合的兩難賽局，參與者必會背叛。但如果參與者把未來的收益看得跟當前的收益同樣重要，那麼就存在真正的重複兩難賽局，可能出現許多針對不同情況的策略。

艾瑟羅德邀請了許多知名的賽局理論專家、心理學家、社會學家、政治學家和經濟學家，為一場由電腦進行的比賽提供重複囚犯困境賽局的策略。當然，用電腦只是為了方便，比賽其實就好像人們圍坐在桌旁賭博，根據各自預定的策略去贏得撲克牌的賭金。

每次賽局當下所選擇的策略，都是基於賽局互動的完整歷史（也就是雙方從開始到前一次賽局的所有策略）而定。每次賽局的報酬表以點數表示如下。

	合作	背叛
合作	3, 3	0, 5
背叛	5, 0	1, 1

艾瑟羅德的比賽是類似一種網球或保齡球的循環賽，每個電腦程式要和其他所有被提交的電腦程式較量，也要和自己較量，同時也要和一個隨機選擇合作或背叛的程式較量。這種徹底的混合是必要的，因為策略有不同的「個性」，例如，永遠選擇合作的策略和自己較量時表現很好，但跟永遠選擇背叛的策略配對廝殺時，得分就差到不行了。艾瑟羅德統計了每個策略與所有其他策略較量時的得分情況。

每個重複兩難賽局由 200 個獨立的賽局組成。在每個獨立的賽局中最多可能贏 5 分，因此理論上的得分範圍是從 0 到 1,000，最低得分（0）跟最高得分（1,000）發生在永遠合作的策略和永遠背叛的策略相遇的情況下，前者每次得 0 分，後者每次得 5 分。不

過，真正比賽中並沒有出現這種情況。

現實中，比較可能拿到的好分數是每局 3 分，所以總分是 600。當兩個採用永遠合作的策略相遇時便能拿到這個分數。如果採用永遠背叛的策略，只能保證至少拿到 200，比不上 600；為了獲得比 200 高的額外分數，就得想辦法不時拿到獎勵性報酬或引誘性報酬。交手的策略不同，每個策略的得分也不同。為了獲得總分，艾瑟羅德對每個策略的所有得分求取平均。

讓我們看一下進行重複囚犯困境賽局的一些方法。艾瑟羅德有時在上課時讓兩個大學生比賽。辦法是：讓兩人站在黑板前，同時選擇策略並寫在黑板上，如選擇合作，寫 C，如選背叛，則反著寫 C（兩者寫在黑板上的聲音一樣）。艾瑟羅德在這種試驗中很快發現了某些常用策略的風險。狡猾的參賽者很快採用背叛，一開始可能嘗到一些甜頭，但之後容易陷入懲罰性報酬的覆轍。老實的參賽者通常採用合作，因此常常獲得傻瓜報酬，他們很難勸誘對方也合作。

最簡單的一個策略如下：

· **永遠背叛**。這種參賽者不管什麼情況絕不放棄背叛。這就是逆向歸納所建議的策略。它是最安全的策略，任何人不可能占你的便宜，所以你不可能得到傻瓜報酬。

與此相反的策略是：

· **永遠合作**。如果每個人都採用這種策略，那便皆大歡喜。合作雙方每次都獲得獎勵性報酬，這是任何人在長期重複賽局中可以期望的最好結果。難的是，對方不一定那麼高尚，所以永遠合作的

參賽者永遠等著吃虧。

另一種可能策略是：

・隨機選擇合作或背叛。這種策略沒有太多可說的，不過我們還是提一下其可能性。艾瑟羅德在**隨機選擇**程式中讓合作和背叛各占 50%。

以上的策略沒有一種表現如想像中好。它們都是「盲目」的策略，預先決定好了怎麼做，而沒有考慮對方怎麼做。然而，考慮對手怎麼做的好處是非常可觀的。

假定在幾十個回合後，你已經確信對方採用**永遠合作**策略，往後固定會合作。果真如此，你的運氣就來了。面對一個永遠合作的對手，你應該背叛，期待每次都獲得引誘性報酬，這是在重複囚犯困境賽局中的最好結果。

假定對方不是永遠合作，而是永遠背叛，那麼你應該也永遠背叛，因為這至少能讓你獲得懲罰性報酬，比獲得傻瓜報酬好。

這兩種情況是所有可能性中最簡單的。一般來說，對方將根據你的行動採取相應行動。問題在於：當你知道了自己的策略將影響對方的選擇，你最好的行動方案是什麼？

這個問題探討了以行動來溝通的可能性。參賽者不被允許互相發送訊息。他們不可能遞紙條、進行交易或訂立協議。從表面上看，這是相當嚴厲的限制。若是參賽者被允許開祕密會議，那應該會有幫助，例如俄亥俄研究中便允許了一次。在祕密會議上，就可能有人說：「讓我們理智些吧！獎勵性報酬是我們雙方都可以指望的最好結果，所以讓我們合作吧，即使在最後一輪中也如此。」或

者這樣說：「合作吧！否則的話，哼！即使你背叛一次，我會從此一直背叛。」

參與者在賽局中只能透過行動「說話」。這種受限的「語言」只能容易地傳達某種類型的交易或威脅，除此之外就難於傳達了。

上述「不合作便報復」的威脅很難只透過行動傳達。除非對方背叛，否則你沒有機會報復，你的威脅就很難被看見。一旦對方真的背叛，你在往後的重複兩難賽局中便必須背叛以實現你的威脅。因此，對方將沒有空間去糾正其錯誤：一旦他背叛，他只能永遠背叛，不可能再有別的選擇。「不合作便報復」的策略最容易導致不可改變的相互背叛，而不是讓你如願強迫對方合作。

一報還一報

在艾瑟羅德辦的第一次比賽中，一共有十四種策略提交給他。其中有些是相當複雜的程式。最長的電腦程式有 77 行編碼，但它在所有提交策略中成績最差，平均得分只有 282.2（採用**隨機選擇**策略的程式則比它略差，平均得分為 276.3）。

最高得分來自採用最簡單策略的程式，是由拉波普特提交的，名為**一報還一報**。在過去以真人做實驗的賽局中，此策略也表現很好。

一報還一報只有四行電腦程式編碼，簡單說來就是如下：第一輪合作，以後各輪都採取上一輪對方的策略。

為什麼**一報還一報**這麼有效呢？因為**一報還一報**是個「高尚」

的策略。在賽局理論術語中，所謂「高尚」的策略是絕不首先背叛的策略。**一報還一報**以合作開局，因為賽局剛開始，你只能假定對方是無辜的。只要對方以德報德繼續下去，我絕不背叛。**一報還一報**策略永遠也不會出現麻煩，它本身已經很令人滿意，不能畫蛇添足了。此策略在對手也採取同樣策略時的效果最好，雙方都以合作開局，會永遠合作下去，因為沒有動機刺激任一方做出別的舉動。

但是過於渴望合作的策略經常要吃虧。所以**一報還一報**也會反擊：它以背叛來回應對方的背叛。記住，在第一輪之後，**一報還一報**是模仿對方的任何舉動，比如對方在第五輪背叛，那麼我在第六輪背叛。這於是提供了對方合作的誘因。

一報還一報的另一個重點是「寬宏大量」。對方在選擇背叛並因此獲得懲罰之前，不可能「得知」**一報還一報**提供了合作的誘因。**一報還一報**並不因為對方一次「越界」就再也不合作，而「願意」在對方每次合作時重啟合作。因此**一報還一報**並不是冷酷無情的。

賽局理論圈內人並不會對既高尚又提供誘因的取勝策略感到陌生，許多人便提交了擁有這兩種性質的策略。令人驚奇的是，**一報還一報**還有第三個性質：簡單。

一報還一報威脅著：「你希望別人怎麼對待你，你就應該怎麼對待別人。否則，哼！」沒有一個策略能發出這麼複雜的威脅。而且威脅必然是隱含在此策略選擇的行為中：重複對手最近一次的行動。威脅的用意在於「希望」對方「了解」**一報還一報**在幹什麼。如果對方了解了，就會知道背叛只會傷害自己。

並不是所有的策略都能對**一報還一報**的威脅做出反應。然而，

由於**一報還一報**的威脅是盡可能簡單明白的，這就保證了極大多數的對應策略能夠「理解」它。訓練獵犬有一條規則，就是在牠犯了什麼錯後立刻懲罰。策略跟獵犬一樣也只有短暫的注意力集中時間，因此**一報還一報**必須在下一輪兩難賽局中立即對背叛「懲罰」。這比起更複雜的策略，比如說數到十才生氣（容忍一定次數的背叛再報復的策略），要優越得多。我們可以相信，一個非常聰明的策略必然會理解另一個策略是否在做這樣的威脅，儘管不是所有的策略都很聰明。**一報還一報**會成功是因為它的威脅是最簡單的，因此也是最容易加以回應的。

　　一報還一報還有另一個重要的性質，就是它不必成為祕密。執行**一報還一報**策略的人不需要害怕對手猜到他在玩這種策略。他甚至希望對手認識到這一點。當你面對**一報還一報**時，除了合作沒有更好的辦法了。這使**一報還一報**成為非常穩定的策略。

　　一報還一報的平均得分為 504.5。與各種其他策略較量時，它的最低得分是 225，最高是 600。

　　艾瑟羅德舉辦的第一次競賽還無法完全證明**一報還一報**的優點，因為一個策略的得分多半取決於其他策略，而且此競賽中的策略種類不見得已代表了所有可能的策略。這些策略是由專業人員挑選出來想獲得高分的，反映了當時怎樣進行重覆囚犯困境賽局的一些觀點。這些觀點可能正確，也可能不正確，也不一定是所有可能策略中的「典型」。因此只能說，**一報還一報**是在和專家提交的賽局玩法進行較量時，表現還不錯的一個策略。

　　接著，艾瑟羅德進行了第二次競賽。他向所有人報告了第一次

競賽的結果，讓大家知道**一報還一報**表現很好。意思是讓大家來挑戰，擊敗它。最後，他從六個國家收集到六十二個策略。雖然大多數策略試圖打敗**一報還一報**，但它再次成為**贏家**。於是這才充分證明了一報還一報在跟各種對手策略抗衡時，是最佳策略或接近於最佳的策略。

對於艾瑟羅德來說，最驚奇的發現之一就是**一報還一報**贏了，而且竟從來沒有「掠奪」過其他策略。艾瑟羅德解釋：「我們總是用自己的得分來跟別人的得分比較，但這並非獲得高分的方法。**一報還一報**不能打敗任何人，但它仍然贏得了這次競賽，這真是奇異的新觀念。在西洋棋錦標賽中，想要勝出卻從未打敗別人是不可能的。」

一報還一報在其他社會兩難賽局中也是好的策略。在重複的圍捕公鹿賽局中，重複讓參與者有了誘因去合作，這跟重複的囚犯困境賽局非常相似。不過，重複的膽小鬼賽局卻意外地變得更麻煩一些。

為什麼呢？設想你正在玩膽小鬼遊戲，已經決定採用急轉彎的策略（這是一個大多數人都贊同的策略）。你不可能透過此策略獲得最好的報酬，但那卻是保證不會撞車和喪命的唯一辦法。你衡量形勢，覺得急轉彎已是唯一「合理」的選擇了。

麻煩在於，這使你獲得「膽小鬼」的不好名聲。你每次都猛打方向盤轉彎，所以你的對手可以放心在公路中央疾駛，獲得最好的可能報酬，而你只獲得次壞的報酬。這裡肯定有什麼出了錯，因為在重複賽局開始時，你們兩人的處境是完全一樣的。

另一方面，如果你樹立起了硬漢的形象，永不打方向盤，那麼別人不轉彎就等於自殺。因此，重複進行這個賽局看來是鼓勵不轉彎的策略。但如果每個人（都很重視自身名譽）都下決心不打方向盤，每個人都會撞車。

只有**一報還一報**這種條件式的策略，能夠讓重複膽小鬼賽局的參與者得到合理的結果：做一個高尚的人，在撞車前急轉彎，同時也鼓勵對方急轉彎。在膽小鬼賽局中，背叛的威脅是一種很有效的策略。被背叛就輸了，所以每個人都有興趣去說服對手不要背叛。當對手採用**一報還一報**策略時，保證合作的唯一方法是善意地進行合作，否則，這次背叛的收穫將因對手未來背叛所造成的損失而抵消。

一報還一報的麻煩

一報還一報雖然表現優異，但不能由此得出結論說它是所有可能策略中「最好」的。策略沒有絕對好或絕對壞之分，一切還得看情況。一個策略的表現有多好，取決於與它交手的其他策略。

一報還一報確實有幾點缺陷。它相對於不回應其威脅的策略就沒有什麼優勢。在和**永遠合作**策略交手時，**一報還一報**在每次賽局中都合作並獲得三分。其實它可以背叛，每次得五分。事實上，跟任何一種自行其是、不理對手的策略對抗時，最好的行動就是背叛。背叛總能獲得較高的報酬，而不理對手的策略不會因此報復。

一報還一報或多或少是建立在對手試圖獲得好分數的假設之下。在第一局以後，**一報還一報**總是重複對手的策略。如果它是面

對**隨機選擇**那樣的「無心」策略，表現就不是那麼令人滿意了。

一**報還一報**的另一個問題是「回聲」效應。在提交給艾瑟羅德的策略中，有一些和**一報還一報**非常相似，不同之處僅在於，它們試圖偶爾背叛以取得更好的結果。假定有種策略叫**近乎一報還一報**，讓它和真正的**一報還一報**對抗。兩者開局以後都是合作的，然後**近乎一報還一報**突然冒出一個意想不到的背叛，造成**一報還一報**在下一輪以背叛回擊，而**近乎一報還一報**恢復常態合作。但在下一輪中，**近乎一報還一報**將回應上一個背叛，於是兩個策略將無休止地輪流背叛和合作下去，如圖示：

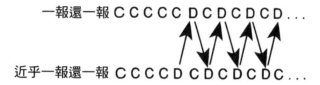

在「回聲」過程中，每個策略在一次賽局中平均得 2.5 分（傻瓜報酬 0 分和引誘性報酬 5 分的平均值），少於每個策略相互合作時得的 3 分。

「回聲」效應並不是一種特殊而嚴格的策略所產生的毛病。看看現實的衝突，有多少是之前雙方宣稱他們只在受到攻擊時才報復？

有些**一報還一報**的毛病比較容易解決，例如它跟不回應其威脅的策略交手時所存在的問題。假定你正和一個不熟悉的對手玩重複囚犯困境賽局。我們已經知道**一報還一報**是一個好的策略，所以就

假設你不折不扣地**一報還一報**吧。你只有在確信自己掌握了對手的規律後，而且覺得自己能取得更好的結果時，才考慮不用**一報還一報**。

當你對付**永遠合作**的策略時，背叛就有價值了，它可以獲得引誘性報酬而不只是獎勵性報酬。訣竅在於你要能夠從**一報還一報**或類似策略中區分出**永遠合作**策略。用**一報還一報**跟另一個**一報還一報**或**永遠合作**策略交手時，都會導致不間斷的一串合作。此時，要查明對手是否**永遠合作**的唯一辦法，便是用不同的策略去試探一下──也就是背叛。

經過一百個回合而對手總是合作後，你可以試一下**近乎一報還一報**策略，背叛個一次。然後注意對方在下一輪的反應（下一輪你仍然合作）。如果對方放過你，不以背叛反擊，那你就可以開始一直背叛下去，直到對方也背叛。如果對方以背叛回應你的背叛（就像**一報還一報**那樣），那麼趕快退回合作，你為試探付出的代價只有 1 分（你背叛那一輪贏 5 分，下一輪對手施以「懲罰」，你一分未得；若這兩輪你都合作的話，每輪得 3 分，共 6 分。所以你的代價是 1 分）。注意，由於你不報復對方被「誘發」的背叛，於是就避免了前面提到的「回聲」效應。

上述方案使你比**永遠合作**策略占了上風。而它在跟**一報還一報**對抗時，也幾乎像**一報還一報**一樣好，只為了試探對方而受懲罰丟了一分。如果你有理由相信對方執行的不是**永遠合作**策略、就是**一報還一報**策略，機率近乎相等，那麼此方案便是一個好方法。

但認為對方的策略可能是**永遠合作**，這是合理的嗎？賽局理論

的一個重要前提是，對方會選擇他的可能最佳策略。而我們知道**永遠合作**根本就不是一個很好的策略。認定你的對手必然採用**永遠合作**，甚至認為他有一定的機率會採用**永遠合作**，都僅僅是一種如意算盤。因此，我們不應該過於強調某一策略在跟**永遠合作**較量時的表現，不管它的表現有多麼好。

正規的**一報還一報**才比較有可能是對手的策略。我們知道在艾瑟羅德舉辦的競賽中，它表現不錯。**近乎一報還一報**策略因為要拋出一次背叛以試探對手是否在用**永遠合作**，所以在與**一報還一報**較量時，它少了一分，不如單純的**一報還一報**。要打敗**一報還一報**不像表面那麼容易。

艾瑟羅德的競賽中包括一些設計得很技巧的策略，能檢測出可被掠奪的對手。某些策略還替對手的行為建立一個持續更新的統計模型，以預測對手在合作以後或背叛以後的策略是什麼，並相應調整其自身的選擇。

這聽起來很美妙。這些策略確實可以掠奪**永遠合作**和**隨機選擇**這類對威脅沒有回應的策略。麻煩在於，沒有人提交無回應的策略，除了艾瑟羅德納入的**隨機選擇**。而且這些「巧妙」的策略從總體上說都沒有好於**一報還一報**，它們就像瑞士刀一樣，藏有許多不同的工具，但你從來也不需要，還因為重而不便攜帶。大多數成功的策略都不是很容易被人掠奪的，想刺激它們以觀察其反應的行動，通常是得不償失。

一報還一報能成功的一個關鍵是：它對背叛的懲罰是和罪行相當的：以牙還牙，以背叛回應背叛。也許，這不是最佳安排，更嚴

厲一些或更寬大一些的懲罰是不是會更好呢？

來一報還兩報是嚴厲懲罰的策略：在對手某次背叛之後選擇連續背叛兩次。**來兩報還一報**則是較寬大的策略：在對手某次背叛之後不予理睬，只在對手連續兩次背叛後才選擇背叛。

來兩報還一報的成效確實不錯。可惜艾瑟羅德第一次實驗時沒有採用，但是他的報告中提到了它，認為如果它參與了第一次實驗，可能會贏。

來兩報還一報參與了第二次實驗，但是表現平平，遠差於一報還一報。這說明了當策略是設計來與**一報還一報**較勁時，**來兩報還一報**就太溫和了。

來一報還兩報則在另一個戰場表現不好。當它和偶爾背叛的**近乎一報還兩報**交手時，背叛引起了比平常更糟糕的「回聲」效應。一次背叛引起雙方互相背叛直到賽局結束。

來一報，90% 還一報這類的策略可以使回聲效應減到最少。此策略與**一報還一報**類似，唯一例外的是它對背叛的報復有 90% 的機率，偶爾會放過一個背叛而不予懲罰。就像乒乓球被打過來打過去，直到某一方有一次沒有打著而使回合終止一樣，賽局中的背叛是你來我往，直到一方因為 90% 規則而漏掉一個背叛。然後雙方又重歸合作。**來一報，90% 還一報**這樣的規則在不確定環境中是很有用的（不易確定對方行動策略的訊息）。如果訊息愈可靠，那麼報復的機率應該設定得愈高。

人造的天擇

艾瑟羅德舉辦的第三次競賽最發人深思。他想知道：如果他的電腦化策略具有某種人造的天擇能力時，結果會如何？

在重複囚犯困境中的一個策略就是一種行為模式，也是一種個性。假設有一個活細胞的群落，每個細胞都有其遺傳行為。兩個靠近的細胞不時發生互動。這種互動強迫它們在個體利益和共同利益之間做出選擇。細胞聰明得能把對方「記住」，還能記住它們上一次互動時是如何行動的。其生存值就仍用分數來表示。一個細胞表現的好壞既取決於自身的行為特性，也取決於環境——也就是它的策略和周圍細胞的策略交手時的表現。

為此，艾瑟羅德進行了一系列競賽（重複進行的重複囚犯困境），以各式各樣的策略開始。每一場比賽（包括許多回合的囚犯困境）之後，電腦會讓各個策略進行「複製」，複製的數目取決於該策略的得分數。如此一來，參加下一場比賽的將是新生代的策略，而且成功策略的複製較多，不太成功策略的複製較少。艾瑟羅德預期，在經歷許多代以後，較成功的策略會變得更加普遍，而不太成功的策略則會滅亡。最後的贏家將是跟其他成功策略以及跟自身策略交手時表現最好的策略（行為模式或個性）。

在最初幾代中，**隨機選擇**這樣較弱的策略確實很快就被淘汰了。變得普遍的策略包括**一報還一報**和類似策略，還有一些高度掠奪性的策略。

有趣的事情發生了。經過若干代以後，掠奪性策略因為自己的

獵物（被掠奪的策略）滅絕而陷入了麻煩。它們快「餓死」了。掠奪性策略與**一報還一報**或其他非掠奪性策略較量時，會落入相互背叛的循環，得分少得可憐。於是掠奪者的數目愈來愈少。在模擬實驗中，**一報還一報**最終成為最普遍的策略。

這就有力地證明了**一報還一報**是自然的優勢策略，十分接近生物學家所謂的演化穩定策略[02]。**一報還一報**不但與自身交手時成績很好，還能迫使其他策略跟自己合作。在一個幾乎全是由**一報還一報**的個體所組成的群體中，每個個體除了**一報還一報**以外，沒有別的策略能有更好的結果了。不論背叛的時間、對象，只要搞一次背叛都將受到懲罰，所以最有利的策略就是無時無刻不合作（除非你碰到某個人先背叛）。

艾瑟羅德也從理論上證明，在不利的環境中也可能出現合作。**一報還一報**在對抗**永遠背叛**那樣極具掠奪性的策略時成績很差。但是如果一個**一報還一報**的群落能夠讓大多數互動發生在內部成員之間，那麼**一報還一報**就比**永遠背叛**策略好得多。

假定有一個群落幾乎全由**永遠背叛**成員組成，只有極少數的**一報還一報**成員。開始時，**永遠背叛**們會欺詐那些**一報還一報**成員。過一會以後，幾乎每一個**一報還一報**成員都和每一個**永遠背叛**成員互動過至少一次，於是在隨後的互動中，**一報還一報**成員們將重複

---

02 嚴格來說，**一報還一報**並非演化穩定策略。根據定義，演化穩定策略面對突變時應該是穩定的。但**一報還一報**策略在跟高尚策略交手時總是合作，因此無法把自己和**永遠合作**以及其他高尚策略區別開來。如果這樣的策略經過突變出現在一個**一報還一報**的種群中，它們可能無限期共存下去，因為它們都會贏得許多生存所需的分數。有些策略甚至比**一報還一報**還略勝一籌，很有可能最終取而代之。可以想像的是，重複囚犯困境賽局存在著一個演化穩定策略，它和**一報還一報**非常相似。在大多數時間裡，它的行為模式和**一報還一報**完全相同。

永遠背叛成員們的背叛，其行為方式將基本上與它們一致。

在正常情況下，**永遠背叛**成員在每輪賽局中只得一分，即使是在與**一報還一報**成員交手時也是如此，因為在兩者第一次互動以後，**一報還一報**成員也背叛了。

一報還一報成員在每次和**永遠背叛**成員互動時同樣也得一分（在第一次交手被騙以後），但每當它們與同類成員互動時，彼此會合作而各得三分。這意味著**一報還一報**成員每次互動的平均得分高於一分。這樣下去，**一報還一報**成員數相對於**永遠背叛**成員數就會增加，而群體中**一報還一報**成員愈多，該策略的優勢就愈大。以這種方式，小小的**一報還一報**群落最後便可能把一大群不合作的成員排擠掉。

鏡中魚

許多物種顯示出合作的行為，縱使其個體有背叛的誘因。是什麼維繫著這種合作呢？艾瑟羅德的發現雖然只是一種猜測，卻顯示了有條件合作（類似**一報還一報**）的行為可以自我保護，以對抗簡單的背叛。從此以後，生物學家就一直試圖在合作的物種中證明牠們有類似**一報還一報**的行為特性。

相關實驗中，最簡單也最出色的是由德國生物學家米林斯基進行的。米林斯基對一種刺魚表現出的合作行為大感興趣。當刺魚受到大魚的威脅時，牠們會派出一支「偵察小隊」游近大魚然後游回來。生物學家相信，這種偵察性訪問有助於刺魚弄清那條大魚的

「身分」，例如牠的飢餓程度及攻擊性。

偵察性訪問類似一場大膽的賽局。幾條刺魚比一條刺魚更容易游近大魚，因為大魚一次只能攻擊一條，所以身在魚群裡是安全的。如果刺魚聚集在一起，牠們就能分擔風險，還可以偵察到更多的訊息而受益。

這種行為是怎樣經過天擇而形成的呢？讓我們追溯刺魚的遠祖還沒有偵察行為之前的情況。突變產生的「好奇」基因使一條刺魚自作主張游近大魚，然後又生下了具有這種基因的小刺魚，一看見大魚就想靠近把牠看個明白。然後──大魚一張口，好奇的刺魚從此消失……

刺魚的偵察行為只有在彼此合作時才有意義。即使如此，總會有些「白搭便車」的引誘：有某些刺魚一遇見大魚就後退，讓其他刺魚游近，使自己的風險減到最小，但同時仍然獲利。天擇顯然更偏愛「懦夫」而不是「領袖」。最後，所有的魚都成了這樣的懦夫，好奇的行為就全消失了。因此，我們不但很難看出刺魚的偵察性訪問行為是怎樣演化成的，也很難看出：這樣的特性演化出來以後，怎麼會是穩定的？

米林斯基注意到，刺魚游近潛在捕食者的行為是分成幾個短暫而謹慎的階段。牠們先往前游幾公分，然後停一下。通常偵察小隊的其他成員都這樣做。於是偵察行動的每一個階段便類似一個囚犯困境賽局。刺魚雖然沒有腦袋，不像人會思考，但米林斯基猜測，每一條魚其實最「偏好」畏縮不前，想讓其他刺魚去接近大魚，這樣牠可以避免受大魚攻擊，又能從其他刺魚獲取的訊息中獲益。刺

魚的第二順位選擇是與其他刺魚合作，和小隊一直往前游，公平地分擔風險。這一選擇顯然優於所有刺魚都背叛並放棄偵察的情況，否則刺魚們就不會有偵察的企圖了。而最不情願的結果當然是被同伴遺棄，獨自面對危險。

因為偵察行動是分階段進行的，這就成了反覆出現的兩難。在偵察路上的每一步，如果同伴沒有遺棄自己，刺魚就可以再一次「安心」。只有當小隊的全體成員不斷合作，大家才能一起游近大魚。

米林斯基在實驗中巧妙地用了一面鏡子，以模擬刺魚的合作和背叛。他把一條刺魚放在一個矩形水槽的一端，另一端有一塊玻璃，玻璃後面有一條與河鱸很相似的大魚，河鱸的主要美食就是刺魚。

還有一面鏡子放在矩形水槽的側邊。刺魚當然不知道鏡子是何物，所以米林斯基想讓刺魚把鏡中的倒影當作另一條刺魚。每當刺魚游向可能要捕食牠的大魚時，鏡中的魚也游同樣的距離。

另有一面鏡子則用來模仿背叛。模仿合作的鏡子去掉後，放一面鏡子呈斜角，讓刺魚在水槽的一端遠離大魚時，牠的鏡中倒影會很靠近大魚；而當刺魚游近大魚時，牠又看到倒影像「懦夫」一樣掉轉尾巴游開。

米林斯基發現刺魚的行為與**一報還一報**一致。刺魚以合作開始——朝可疑的大魚飛快地游去幾公分——然後會按照鏡中倒影的動作來決定下一步。面對合作的鏡子時，倒影隨刺魚一起行動，這使得刺魚大膽地游近大魚。面對背叛的鏡子時，刺魚會停止向大魚靠近，或者有時還會繼續往前游，但非常小心翼翼，就像牠們偶爾

獨自行動的樣子。

熱帶美洲的吸血蝙蝠是科學界中另一種因**一報還一報**行為而著稱的動物。吸血蝙蝠的用餐方式說明牠沒有人類那樣的情感，但是，飽餐一頓的吸血蝙蝠有時會把血吐進棲息中、還沒有吸血的同伴嘴裡去。這種利他主義的行為有時也能在沒有親緣的蝙蝠身上看到。於是生物學家大為驚奇。飽餐一頓的吸血蝙蝠像裝滿了一箱燃油的飛機，可以消耗更多的卡路里以保持活力，牠們不像飢餓的吸血蝙蝠那樣急需補充食物；後者如果連續兩晚找不到東西吃，就會由於旺盛的新陳代謝而死掉。但什麼因素阻止了吸血蝙蝠消化多餘的食物，反而施捨出去呢？一毛不拔的吸血蝙蝠理應有較高的生存率，並取代具有利他傾向的吸血蝙蝠，不是嗎？

當時在加州大學聖地牙哥分校任職的威爾金遜做了一個實驗。他讓吸血蝙蝠在進食以前關在籠子裡直到飢腸轆轆。結果顯示，曾經被其他吸血蝙蝠餵食的蝙蝠往後更願意貢獻血液，其意願的強弱取決於蝙蝠互相了解的程度。互相熟悉的蝙蝠更願意合作以期在將來持續互動。

合作與文明

我們都像刺魚和蝙蝠，在不自覺中應用賽局理論。人類社會就是一個重複互動的群體。某些互動存在著自身利益和集體利益之間的選擇。相互合作出現的頻率，是社會運作效率的一個指標。

文明在人類歷史上最重要的作用就在於促進合作。隨著農業發

展，人們形成了固定的居住地。一旦人扎根於開墾地以後，社會就發生了變化。人開始有鄰居，有時時要打交道的街坊、村民等等。欺騙鄰居的人難以指望今後會有人和他合作；欺騙所有鄰居的人將被驅逐出去。農作物長在地上，商店有堆在地上的存貨，這使得人們不再容易捲鋪蓋搬家。因此大多數人認為，在大多數時候，合作是比較容易的事。

　　文明的許多標誌是促進合作的。姓名、語言、信用卡、汽車牌照、身分證⋯⋯等等的發明，都有助於把一個人和他過去的行為聯繫起來。如此也才有可能採用條件式策略。大多數法律禁止各種背叛行為。魯斯和萊法在《賽局與決策》書中說過：「有人認為，政府的重要功能之一就是在有人因追求其自身利益而迫使社會處於不樂見的形勢時，宣布社會『賽局』的固有規則必須改變。」

　　然而人類的歷史並不是合作日益增加的歷史。賽局理論也有助於理解這一點。**一報還一報**並不是唯一條件式的演化穩定策略。其他策略一旦占領地盤，可能更加穩定。

　　賽局理論專家賴帝納和摩根研究了「標籤」的作用。所謂的標籤是可以用來識別參與者的任何東西，在人類社會中，它可能是性別、種族、社會階級、國籍、俱樂部會員、工會會員等等。

　　設想一個社會分成兩個集團：紅方和藍方。幾乎社會上的每個人都遵循這樣的策略：「差別對待的一報還一報」（Discriminatory Tit For Tat，簡稱 DTFT）。這種策略在面對同一集團的人時與「一報還一報」完全相同，在對付另一集團的人時則總是背叛。

　　當兩個紅方的人第一次互動時，兩個人都合作。當兩個藍方的

人第一次互動時，兩個人也都合作。但是當一個紅方和一個藍方互動時，兩個人都背叛（「因為你不能相信那些傢伙」）。

賴帝納和摩根證明這種安排是穩定的。如果有人盲目採用正規的一報還一報策略，結果會差於 DTFT 的堅持者。假定一個紅方和一個藍方第一次互動，藍方苦思後決定採用合作（就像在常規的一報還一報中那樣），而紅方幾乎肯定採用 DTFT，即背叛，那麼藍方將獲得傻瓜報酬，比堅持 DTFT 的報酬要少。

這並不意味著當每個人都執行一報還一報時，DTFT 會比一報還一報更成功，因為紅藍雙方每次互動都獲得懲罰性報酬，而不是獎勵性報酬。然而 DTFT 一旦建立了，基礎就是穩定的，因為它會對試圖建立「一報還一報」的個體施以懲罰。

具有某一標籤較少的一方因 DTFT 而受到的傷害，大於具有這一標籤較多的一方。如果紅方是大多數，那麼大多數紅方將與另一個紅方互動，在這種情況下，DTFT 與一報還一報並無多大區別，只在少數情況下紅方才與藍方互動。而藍方由於是少數，將經常與紅方互動，每次都將獲得懲罰性報酬。在多數和少數差別極大的極端情況下，少數派的成員幾乎總是獲得懲罰性報酬，而多數派成員幾乎總是獲得獎勵。

這為分離主義提供了賽局理論的依據。類似唐人街和猶太區，印度分為穆斯林邦和印度教邦，英國清教徒建立麻薩諸塞灣居地，馬庫斯·加維和黑人穆斯林的分離主義，摩門教徒建立猶他州等等，都是限制少數派與不信任他們的外部群體互動的例子。

現實世界中的一報還一報

　　許多人希望艾瑟羅德的發現能用於分析人類衝突，甚至希望政治家和軍事領袖們採用「務實的一報還一報」，從而使世界上大多數的問題一夕間統統解決。

　　艾瑟羅德自己卻沒有高估這種天真的想法。當筆者問他是否認為他的發現可以轉化成對政治家的忠告時，他堅定地說這不是他的目標：「我的目標是幫助人們更清楚認識事物，而世上的事物是極不相同的。包括賽局理論在內的任何形式化的模型，其價值在於，你可以利用它們而更清楚地看出事物運作的某些原理。但也只是某些原理，你一定還會留下許多問題，其中有些可能是非常重要的。」

　　想要提倡在外交事務中應用一報還一報策略的部分問題是，在某種意義上說，大多數有理性的人雖然不知道這個策略，但實際已經這樣做了。有責任感的領導人不會去惹起麻煩，也不會輕易被激怒。現實的困難在於不清楚什麼時候應當合作，什麼時候應當背叛，但又必須做出決定。在現實世界中，某人到底是按合作或背叛的方針行事，有時候是不太明顯的，許多行動可能介於這兩個極端之間。而且我們經常不清楚對手做了什麼。當你不知道對方做了什麼時，就不可能採用任何條件式策略。

　　一九五〇年代以來，美國和蘇聯都在發給對方公民旅遊簽證的事項上採用「一報還一報」政策——在艾瑟羅德的研究之前就存在了。這顯然是一報還一報策略自然形成的一個例子。一九九〇年，當美國駐列寧格勒的外交官被拒絕進入立陶宛之後，美國國務院取

消了蘇聯駐舊金山的副總領事卓洛托夫到內華達州一個小型學院發表一個沒有爭議的演說的許可。國務院發言人史坦納解釋：「這不是報復。這只不過是以同樣的方式所做出的一種反應。他們否決了我們的申請，所以我們也否決了他們的申請。這是兩國之間已經執行很久的一條規則。」

在一個不確定的世界裡，類似一報還一報的策略也許是解決方案，但也許更是問題產生的一部分。在很多實際衝突中，雙方都宣稱是對方挑起了衝突，自己不過是一報還一報而已。衝突就這樣不斷升級。唇槍舌劍導致真刀真槍的實戰。每一方都會毫不猶豫指責對方跨越了戰爭的門檻，就像是自己有權力宣布戰爭的門檻在哪裡。羅素宣稱，在世界歷史上只有一場人們知道其原因的戰爭，那就是特洛伊戰爭。羅素解釋說，那場戰爭是為了一個美麗的女人；而這以後的所有戰爭都缺乏合理的解釋，也沒有產生什麼其他解釋。在艾瑟羅德的抽象賽局中，關於誰首先背叛的問題從來沒有被提及；就這點而言，艾瑟羅德的抽象賽局是不夠現實的。

在一九八五年十月號的《世界政治》期刊中，伊夫拉考慮過這樣一個問題：**一報還一報**或類似策略是否可能阻止一次大戰。他的結論是否定的。他說：

……**一報還一報**策略要求雙方基本上相信同樣的歷史，否則，由於每一方都要懲罰對方最近一次「不可饒恕」的違規行為，而使雙方陷入你來我往無休止的報復。然而，由於各國相信同樣歷史的事是極罕見的，因此，**一報還一報**策略的效用在國際事務中極

為有限。通過互惠以促進國際合作的策略，因此需要對等的行動以抑制沙文主義所虛構的荒誕說法，以避免歪曲一個國家對過去的看法……

總之，在一九一四年不存在成功應用**一報還一報**策略所必需的各種條件。歐洲沒有適於**一報還一報**策略的土壤。在國際事務中，這些條件經常是不具備的；一九一四症候群只是國家通病的變種。因此，如果寄望**一報還一報**策略卻不先建立它的必要條件，我們將不可能促進合作，甚至可能造成更嚴重的衝突。

在當今的外交活動中，賽局理論用得多嗎？答案是少得可憐。艾瑟羅德認為：「我想你可以說謝林的著作[03]很有名，而且也許有助於形成某些軍備控制的概念。但在政府高層，你可能根本無法找到一位能夠說清楚囚犯困境是什麼的國務卿。」

但艾瑟羅德也發現賽局理論的影響在日益加強：「賽局理論的某些想法目前在公共領域非常流行。我想每個人其實都知道什麼是非零和賽局，你可以在《新聞週刊》上直接用這個名詞而不必做任何解釋。我們是如此習慣於按零和賽局來思考問題，因此單單這一點就足以證明我們的智力有了重大進展。」

---

03 編注：這裡指的是《入世賽局》。

13
Chapter

美元拍賣。

在長時間為原子彈計畫而終日忙碌之後，羅沙拉摩斯的科學家終於可以在社交晚宴放鬆一下。閒聊偶爾會轉到其他星球是否有生命的話題。物理學家費米提出了一個問題：其他星球上是否存在具有智能的生命？若有，他們在哪裡？為什麼我們偵測不到他們的任何訊號？當時沒有任何人能回答他的問題。

馮紐曼後來回答了。他的答案記載於史特勞斯的《人與決策》書中。史特勞斯說，在廣島事件後不久，「馮紐曼半認真、半玩笑提出了一個觀察報告，說天空中出現的超新星——那些神祕的星球突然變得極亮極亮，然後很快變成天空中的灰燼——可以證明其他星系中有感知能力的生物已經達到了他們科學知識的極限。雖然無法解決如何共同存在下去這個問題，至少他們透過宇宙集體自殺而成功地在一起。」

有人說人類是地球上唯一能夠意識死亡的生物。而原子彈的誕

生更是第一次尖銳地讓人們認識到，人類本身也有滅亡的可能。馮紐曼玩笑式的評論的力量在於，他看出只需一個人就可以造成巨大的災難。希特勒曾經說過他需要一種能毀滅整個世界的炸彈，這個故事被蘭德機構的海曼・卡恩在分析熱核戰爭時多次引用過。在歷史的長河中，偶爾出現一些壞領袖和壞決策是不可避免的。當前的熱核戰爭是否能徹底滅絕人類（它不見得能釋放出一顆超新星的能量）並不是重點，因為馮紐曼發覺武器的威力是以指數方式增長，只要再過幾代（與地球的歷史相比這只是一個瞬間），武器的能量就有可能與星球的能量相比擬了。

也許所有的文明都竭力避免全面戰爭，他們勉強擋住了一次再一次的災難，在武器裁減方面也取得了短暫的成功。然後最後一次危機降臨了，在這次危機中，預先防止整個星球大屠殺的集體理性呼聲太弱了——而這就是為什麼我們無法偵測到外太空智慧生物發出的任何無線電訊號。

認知科學家霍夫斯塔特不那麼悲觀，他認為宇宙中可能存在兩種類型的智能社會，類型 I 的社會成員在一回合囚犯困境賽局中合作，類型 II 的社會成員則採行背叛。霍夫斯塔特認為類型 II 的社會最後會自我爆炸。

即使是這樣一種微弱的樂觀主義也大有問題。物競天擇大概在宇宙的任何地方都是按幾乎相同的方式作用。我們在地球上看到反覆無常混合的合作和背叛，可能在別的世界也不斷發生。如果天擇偏愛在一回合囚犯困境賽局裡選擇那些背叛的生物，那麼所有智能物種的遺傳基因都會使他們這麼做。

恐怕霍夫斯塔特說的是一種更廣泛的天擇。我們可以想像：天擇只產生類型 II 的社會，一旦它達到全面科技危機的狀態，必須找到一種方法把自己轉變到類型 I 的社會，否則只有走向滅亡。問題在於他們是否成功。

逐步升級

馮紐曼有一次談到氫彈時曾對歐本海默說：「我不認為武器有所謂做得太大。」戰爭的歷史就是置人於死地的武器不斷升級的歷史，但是沒有哪一方會說他想要這種武器。中世紀能刺透盔甲的弩就被認為是這樣一種可怕的武器，因此中世紀的王國曾經請求教會宣布它為非法。化學家諾貝爾發明出比黑色火藥威力大得多的炸藥，是為了使戰爭恐怖到難以想像，從而開創和平歲月。原子彈和氫彈的製造者，從歐本海默到泰勒，雖然政治觀點極為不同，但都以各自的方式認為這將帶來世界政府並終結戰爭。

然而實際情況是：前所未有的可怕武器不但被人們使用，更刺激著軍備競賽。「歷史不斷重複著自己。」這項說法在軍事歷史中也許最真實不過了。

十九世紀末，英法兩國開始建造軍艦以保衛自己，防止對方侵犯。德國很快注意到這一點，並發現自己落後了。到世紀交替之際，德國皇帝已經把德國戰艦數目增加了一倍。德國堅稱這是為了防禦，而不是為了進攻。英國開始警覺到德國的威脅，但他們不是單純建造更多的軍艦，而是啟動了一個應急計畫，生產更強大的軍

艦。一九○七年，英國海軍部為無畏戰艦舉行了揭幕儀式，這是一艘比以前任何戰艦速度更快、裝備更精良、有更多火力的戰艦。海軍上將菲希爾誇口，一艘無畏戰艦可以擊沉整個德國海軍。

德國人別無選擇，只能建造自己的無畏戰艦。一旦雙方都有了無畏戰艦，力量的天平再一次傾向擁有數量優勢的一方。英國和德國開始了生產最多無畏戰艦的競賽。德國贏得了這場競賽（競賽至一次大戰爆發為止），使英國實際上處於不太安全的地位。拜華特在《海軍和國家》一書中抱怨：「採用無畏戰艦政策，我們只是喪失了對未來敵人的許多優勢，卻沒有獲得任何回報……到一九一四年，英國海軍的力量相對於德國海軍的力量下降了百分之四十到五十，這是無畏戰艦政策的直接後果。」

從許多方面來看，原子彈正是這個故事的最新一章。原子彈花費了大量金錢，但從長遠來看，卻沒有使任何人更安全。「歷史不斷重複自己」的寬慰想法被以下事實打破了：歷史並不能準確無誤地重複，氫彈比無畏戰艦或弩可怕得多。

一九五一年十一月二十一日，馮紐曼寫了一封信給史特勞斯，批評理查森在權威的《自然》雜誌上寫的論述戰爭原因的文章。馮紐曼說：

我同意他所表述的一個觀點，那就是在戰爭的預備階段，在一定程度上是一個相互刺激的過程，任一方的行動都刺激了對方的行動。然後一方對另一方的反應又加上去，造成後者採取比「上一輪」更進一步升級的行動，如此等等。換句話說，這是兩個組織

之間的關係，其中每個組織都必須系統地對敵方挑釁的反應做出解釋，為自己進一步的挑釁提供理由，經過幾輪放大以後，這就最終導致「全面」衝突。

由於這個原因，作為衝突「預演」的挑釁行為，也就是最初的挑釁行為及其動機，變得愈來愈模糊不清了。這與普通人生活中的某些情感關係或神經過敏行為非常相似；而與普通人生活中發生的更理性的對抗則不那麼相像了。如你所知，我也相信觀察到，衝突與情緒衝動或神經過敏有某些相似之處，並不意味著衝突是可以消解的──而且我尤其認為，美蘇衝突極有可能導致武裝的「全面」碰撞，因此最大限度的備戰是絕對必要的。

馮紐曼可能低估了賽局理論表現「神經過敏」的非理性行為的能力。「美元拍賣」賽局中就有這種不斷升級的離譜行為，也許是我們遇過最古怪、最不切實際的賽局；然而從更深層的意義上來說，美元拍賣賽局又是我們這個核武時代的最真實寫照，比我們此前介紹過的任何一個兩難賽局更深刻地證明了賽局理論在解決某些社會問題中的重要性。

舒比克的美元拍賣

舒比克和他在蘭德機構以及普林斯頓的同事喜歡在閒暇時設計新穎的賽局，用舒比克的話就是：「我們能不能找到某種病態現象，就像一種定義完善的賽局？」他們要的賽局是真正可以去玩的遊

戲。舒比克告訴筆者：「我不相信不能在客廳中遊戲的賽局。」

一九五〇年，舒比克、納許、夏普利和豪斯納發明了一種遊戲叫「大傻瓜」。這是一種邪惡的遊戲，用撲克牌來玩，遊戲中一些遊戲者必須與其他一些遊戲者結成同盟，但為了取勝通常又必須背叛。在派對上試驗這種遊戲時，人人玩得很認真。（舒比克回憶說：「曾經有夫妻兩人玩了這個遊戲後互相生氣，竟分別搭計程車回家。」）

舒比克提出了這樣一個問題：是否有可能把「上癮」融入一個賽局中？正是這個問題引出了美元拍賣賽局。舒比克不能肯定是誰首先發明了這個賽局或是幾個人共同發明的。但無論如何，由於舒比克在一九七一年發表了它，因此一般把他當作這個賽局的發明人。

在他一九七一年的論文中，舒比克把美元拍賣描寫成「一個極為簡單、非常有娛樂和啟發性的客廳遊戲」。一張一美元紙幣要當眾拍賣，規則有兩條：

1)（和任何拍賣一樣）鈔票歸最高報價者。新的報價必須高於上一次報價，在規定時限內沒有新的報價則拍賣結束。

2)（不同於蘇富比拍賣公司的規則！）報出第二高價者也要付出他最後一次報價的款項，但什麼也得不到。你當然不想成為第二高的出價人。

舒比克寫道：「這個遊戲當然希望有許多人參加，經驗顯示，進行這個遊戲的最佳時機是在派對上，因為那時大家都喝了許多酒，情緒高漲，興高采烈；此外，至少在兩次報價之前，誰也不會

去認真計算結果會怎麼樣。」

舒比克的兩條規則很快讓大家瘋了。拍賣者問：「有人出十美分嗎？五美分？」

是的，這是一張一美元的鈔票，所有人都希望以一美分的代價得到它。所以許多人都喊一美分。拍賣者接受了這個報價。現在任何人都有機會喊二美分而得到它，不喊才蠢呢。於是，第二次報價讓第一次報價的人處於不舒服的地位，因為他成了次高報價者。如果拍賣這時結束，他將要白白付一美分。所以他特別有理由報出一個新的價——「三美分！」如此等等……

這怎麼收場呢？你也許想到這張一美元的鈔票最終恐怕要以全額即一美元的代價落到某個人手裡了——多可憐，沒有任何人賺到便宜。你如果這樣想，那就太樂觀了。

假定最後有人真的喊出 1 美元的報價。這使另一個報 99 美分或略少的人成為次高報價者。如果拍賣以 1 美元結束，這個人將要白白付出 99 美分。所以這個人必然被迫出價 1.01 美元。如果他贏了，他只損失 1 美分（付出 1.01 美元得到一張 1 美元鈔票），這比損失 99 美分要好。

因此在競拍中，出價一美元成為拍賣的高潮。舒比克寫道：「當報價達到一美元這個關卡後，出現了停頓，人們開始猶豫。然後速度又突然加快，進入決鬥狀態，直到緊張空氣瀰漫，競拍又慢了下來，最後逐漸平息。」

不管在競拍的哪個階段，次高報價者都能用比當前最高報價高出一美分的新報價壓住對手，使自己的地位暫時獲得改善，但他的

處境只會愈來愈壞、愈來愈壞！這個別出心裁的賽局導致競拍者懊悔不已，因為報價最高的人為了這張一美元鈔票付出的遠多於一美元，次高報價者則白白付出遠多於一美元的代價。

電腦科學家明斯基知道這個賽局以後，在麻省理工學院把它推廣開來。舒比克寫說：「這個賽局的試驗證明，可以用遠遠多於一美元的價格『賣出』一張一美元紙幣，支付總額在三至五美元之間是常有的事。」說得最好的也許是菲爾茲，他說：「參加賽局的人個個都瘋了一樣，如果第一次出價沒有成功，沒有取得那張美鈔，他會一而再、再而三往上出價，直到最後才放棄，明知道這很傻但沒用。」

舒比克的美元拍賣賽局說明，在某些情況下，很難應用馮紐曼和摩根斯坦的賽局理論。美元拍賣賽局的概念非常簡單，並不包含任何令人驚奇的特點或隱藏訊息，它本應成為賽局理論教科書中的「案例」。

同樣的，它本來應該成為有利可圖的賽局。它在競拍人面前以一美元招攬，可不是虛幻的。此外，沒有人強迫你競拍。理性的參與者肯定不會損失什麼。出價高出一美元許多倍的參與者顯然是在「非理性」地行動。

更難的是你能說出他們錯在哪裡嗎？可能問題在於理性的和非理性的競拍者之間很難畫出一條清楚的界線。舒比克寫道，對美元拍賣這個賽局，「單單用賽局理論去分析，恐怕永遠也無法確切解釋其過程」。

現實生活中的美元拍賣

也許你認為美元拍賣純屬胡鬧，因為它與真正的拍賣不同。那麼，忘掉拍賣吧，以下可以讓你了解現實生活中的美元拍賣：明知是無底洞，還要將大把大把的錢往裡扔，無非是想撈回一點，免得先前扔進去的錢血本無歸；或者只是因為無路可退和想保住面子。

你是否打過長途電話到一間業務很繁忙的公司，響了很久卻沒有人接聽？遇到這種情況你怎麼辦？你可以掛掉，白費了昂貴的長途電話費。或者你可以耐心等著，每過一分鐘多付一分鐘的長途電話費，但最終無法保證是不是有人接聽。這也是一個很現實的兩難，因為它沒有任何非常簡單但有意義的解決辦法。如果你真有什麼要緊事非得和該公司的什麼人說，又沒有時間在不太繁忙的時候去打電話，那麼在無人接聽時，你還真下不了決心掛掉；但讓你耐心等著，不管等多久也同樣叫人為難。也許是機房出了什麼毛病呢，那電話就永遠也不會接通了。不管怎樣，你很難決定要等多久。

在人潮如流的迪士尼樂園裡，人們為了雲霄飛車而排成長長的隊伍，一等就是一個小時以上，但真的坐上雲霄飛車後，幾十秒鐘就下來了。有時你甚至不相信排隊等了這麼久就為了玩一丁點時間。而原因在於，經過精心設計的曲折隊伍使遊客看不出來隊伍到底有多長，你耐心隨著隊伍朝前走到一定地點，拐個彎，看見新的一條線。等到你能確切估計出隊伍有多長的時候，你已經等了很久，捨不得放棄了。

艾倫・特格發現，類似美元拍賣的許多情況經常是為了獲利而產生的。他在一九八〇年出版的《投資太多而難以放棄》一書中指出：「當我們在電視機前看一部電影，本來只是想看看它到底好不好看，到頭來，即使很不好看，也捨不得把它關了，因為我們已經看了這麼久，所以最好繼續看下去，看它的結局是什麼……電視台很清楚，一旦我們開始看它，就捨不得把它關掉，所以他們經常增加片子的長度，還在片子中間插播商業廣告。如果電影只剩二十分鐘，我們很少會把它關掉，即使每隔五分鐘就要出現商業廣告。」

　　對工人和管理層都不利的「罷工」和美元拍賣也有許多相同之處。雙方都願意再多拖一段時間；如果他們現在就讓步，那麼損失的工資或者損失的利潤就白白丟掉了。相似的例子還包括建築設計競爭（若干建築設計事務所同時投入大量時間和人力設計一個雄偉的新建築，但只有一個贏家的設計被採用）和專利競賽（互相競爭的多家企業都投入大量研發資金於一個新產品，但只有首先獲得專利的那一家可以從中獲利）。修理一部老舊汽車；再多打幾圈牌以挽回損失；在等公車時總想再等幾分鐘，最後才決定放棄而招呼一輛計程車；留在一個很糟的工作裡；維持一段很糟的婚姻。所有這些都是美元拍賣。

　　就如我們所見，在歷史的某些時刻都出現過這種兩難。對越南衝突最流行的看法——尤其人們心理上普遍歸咎詹森總統和尼克森總統——實際上純粹是一個美元拍賣賽局。「打贏」這場戰爭，以維護美國的利益，至少要證明死了那麼多人、花了那麼多錢是正當的，幾乎是不可能的。於是，主要的議題變成要拿出更強硬的態

度，取得名義上的勝利——「體面的和平」，使陣亡將士沒有白死。舒比克認為越南戰爭是美元拍賣的一個極好例子，但他不認為是越戰讓人想出這樣的賽局。他相信該賽局的誕生早於他一九七一年的論文，也許在越南戰爭最後階段前不久。

時間再近一點的波斯灣戰爭與美元拍賣也有異曲同工之妙。伊拉克總統海珊在一九九一年一月向南方的前線部隊發表演說時宣布：「……伊拉克的實質損失已經如此巨大，因此現在可以選擇的路只有戰鬥到底。」見《洛杉磯時報》一九九一年一月二十八日的報導。

舒比克說明，海珊的立場正是一個領袖處於這種形勢下缺乏遠見的怪異例子。在越南衝突中，雙方都對堅持取勝抱有一定的希望。而在伊拉克衝突中，雙方的力量對比是非常不平衡的。伊拉克軍隊的技術裝備極端落後，人數也只是聯合國盟軍的幾分之一。任何人都可以預見伊拉克被擊潰，只有海珊除外。把海珊當成瘋子驅逐下台是很容易的；不幸的是，這樣的瘋子並不罕見。人們並不善於預見其他人對自己的行動將如何反應，這就很容易使他看不到後果。

類似美元拍賣的衝突在動物世界中也不難看到。在同種動物之間發生的領地爭奪很少導致死亡，有時候牠們只是進行「消耗戰」或「摩擦戰」，格鬥者彼此對峙並做出威脅的姿態，最後其中一方感到疲倦而離開，承認失敗，願意堅守陣地最久的動物就贏了。動物付出的「代價」只是時間（時間本來可用於追逐食物或異性，或照料後代）。雙方付出的代價是相同的，只是願意堅持更久的一方

最後贏了。

美元拍賣與重複囚犯困境也有某些相似之處。報出最高價是背叛，因為這雖然有利於報價者本人短期的地位，卻有害共同的利益。每一次新的報價都使潛在的收益降低一分。雙方反覆背叛的結果導致兩敗俱傷。

對於通常用重複囚犯困境來處理的某些衝突，有時候美元拍賣是一種更好的模型。逐步升級以及雙方都毀滅的可能性是軍備競賽的特徵。「勝者」是造出最大和最多原子彈的國家，安全程度提高了；然而「敗者」不但沒有提高安全程度，「浪費了的」國防預算也得不到報償。結果，次強的超級大國情願花更多的錢以「縮小武器差距」。

美元拍賣也揭示了為什麼難以採用類似**一報還一報**的策略。每個競拍者都以背叛去回應別人的背叛！停止競拍就是允許自己被欺騙掠奪。

你也許認為問題在於競拍者不具有艾瑟羅德所定義的「高尚」。那就譴責第一個背叛的人——第一個出價者吧！但是我們怎能去批評他呢？要是沒有人出價，九十九美分的獲利就會白白浪費掉啊。

許多衝突就是以這種方式開始的，一次原本無可非議的行動，在一個逐步升級的兩難中，回過頭來看竟然成了最先的「背叛」。美國和蘇聯的核武軍備競賽就是這樣開始的，當初美國製造原子彈是為了打敗希特勒，一個正在試製原子彈、徹頭徹尾的戰爭狂人。很難說這有什麼錯。一九五四年七月一日，參與原子彈工作的科學家布羅諾斯基曾經在《傾聽者》雜誌中指出：

當時（一九四五年秋）長崎的破壞程度就使我的心在淌血，即使現在我談起它時仍然如此。我驅車走了三英里，周圍一片廢墟，這是人類在一秒鐘之內造成的。現在，九年之後，氫彈要讓當年的破壞程度相形見絀，把一英里的破壞變成十英里的破壞，而民眾和科學家們互瞪著雙眼問：「我們怎麼會製造出這麼恐怖的惡夢呢？」

　　我想首先談一談歷史問題，因為這方面的歷史只有少數人知道。鈾的裂變是在戰爭爆發前一年被兩個德國科學家發現的。幾個月以後，就有報導說，德國禁止從剛占領的捷克輸出鈾礦。歐洲大陸、英國和美國的科學家都想知道德國人所說的祕密武器是否就是原子彈……希特勒如果壟斷了這樣的炸彈，就會立刻使他取得勝利，從而統治歐洲和整個世界。科學家們非常清楚原子彈的破壞力，對此非常害怕。他們首先害怕原子彈把世界變成荒漠，其次害怕被奴役……愛因斯坦一生都是和平主義者，也不輕易把他的良心放在哪一方。但是他顯然很清楚，沒有人能在原子彈這個問題上置身事外……一九三九年八月二日，在希特勒入侵波蘭前一個月，他寫信給羅斯福總統，說他認為應該製造原子彈，並且擔心德國已經在試製原子彈。這就是為什麼在戰爭的後期，英國、加拿大和美國的科學家通力合作製造原子彈。他們憎惡戰爭不亞於非專業人員，不亞於士兵……原子科學家相信他們是在和德國人競賽，其結果可能決定戰爭的勝負，即使是在最後幾個星期。

　　一旦原子彈被造了出來，就沒有辦法收回了。美國的原子彈迫使蘇聯和其他國家也開始製造自己的原子彈，這反過來又迫使美國

去造氫彈，然後蘇聯也造氫彈，然後雙方又大量造原子彈、氫彈。最後的底線在哪裡呢？

美元拍賣的各種策略

在舒比克的試驗中，競拍者的行動完全是自發的。他們對自己行動的了解還不如往後好幾十篇仔細研究他們的學術論文。在美元拍賣中你應該怎麼做？你應該參加競拍嗎？

就像在許多實驗中那樣，並不是每個人都認真對待美元拍賣。有些人讓別的競拍者遭受損失只是為了搗亂，或為了好玩。也有人喜歡顯示出「紳士風度」，讓某個人獲得那張一美元紙幣。為了實現舒比克的意圖，我們必須假定每個競拍者只有興趣讓自己獲得最大利益（或者在必要時使自己的損失最小），此外，金額數字對所有競拍者都是有意義的。

先看只有兩個人出價的情況。假定最低出價為一美分，每次最少增加一美分，兩人輪流出價，新的出價必須高於上一次的出價，否則就是放棄，讓對方贏得那一美元。現在你是第一個出價的，讓我們依次看一下第一次出價的各種可能性：

出價一美分。這是最低出價。如果對方足夠「高尚」，放棄出價，你將獲得最大利潤（九十九美分）。這也是「最安全」的出價：如果對方超出你，你又不想繼續出價，那麼你只損失一美分。因此出價一美分意味著可能的最大收益和最小風險——你還能有什麼更高的要求呢？

不幸的是，對方有一百個理由要壓倒你一美分的報價，因此開局的一美分叫價最後會落到什麼結果是完全不清楚的。

　　出價二美分到九十八美分。在這個範圍內的任何出價都還使你有利可圖，但對方都會封住它以獲取利益。因此很難說將發生些什麼。

　　出價九十九美分。這是還可能獲利的最高報價。因為不允許低於一美分的加碼，所以對方可選的最低報價是一美元，或者選擇放棄。對方要是報出多於一美元的價，那才傻呢，因為虧定了（吃這個虧是不必要的，因為他可以選擇放棄而不盈不虧）。但也沒有什麼因素鼓勵他出價一美元，因為要是拍賣到此結束，他只落得不盈不虧，而如果你隨後出更高的價，他將冒損失一美元的風險。

　　因此如果對方比較保守，對你也沒有敵意，那麼你第一次出價九十九美分可以有一美分的獲利。

　　出價一美元。這一點道理也沒有。它使所有競拍者獲利的希望立即化為烏有。這種故意出高價的做法排除了對方出價的一切可能，因為對方現在最低的出價只可能是 1.01 美元，絕對要吃虧。對方如果感興趣的是收益最大，他只有放棄。

　　出價多於一美元。顯然是愚蠢之舉。

　　此外還有一個策略，那就是——

　　放棄（雖然還沒有人出過價）。這樣你贏不到什麼，但也不擔什麼風險。如果你競拍這一美元，你會有一點風險，因為如果另一人非理性地出更高的價，你將得不到這一美元，所以放棄肯定比競拍強（不管它有多大價值）。為什麼要為不屬於你的東西去冒險呢？

　　如果你放棄，把機會留給對方，他將出價一美分，獲得那張美

鈔，獲利九十九美分，至少你沒有破壞他的好事。

在上述所有可能的開局出價中，只有九十九美分讓你能獲得保證一美分的獲利。但若對方是非理性的，甚至這一美分的利潤也無法確保，反而有損失九十九美分的輕微風險。

這個結論使多數人大為驚訝，以為是錯誤的。可能有九十九美分的獲利機會怎麼會白白浪費掉呢？是的，有人可以拿走這九十九美分，但很遺憾，不是你，而是對方，條件是你放棄。

把所有可能都列出以後，讓我們重新來考察一下第一個策略，即第一個出價者出一美分。第二個競拍者為什麼不明智一點，乾脆放棄，讓第一個人贏九十九美分呢？他可以這樣想：沒有人能確保自己出一個新的報價就一定會獲利。因此，一個理性的競拍者不是應該會發覺這是愚人的遊戲，因而拒絕比現有報價更高的報價嗎？

如果新的報價在二美分到九十九美分這個範圍之內（一美分是第一次報價，而不是最高的新報價），那是可能獲利的。但如果有人再出新的報價，獲利也許就不保了。因為第一個報價的人已經至少投入了一美分，新報價讓對方至少有一美分落入圈套，因此這刺激他至少要打成平手、不盈不虧，從而報出新的價格，蓋住你「有利可圖」的報價。這一下反而使你落入圈套了，從而進入不斷升級的瘋狂循環。

理性的出價

綜上所述，美元拍賣非常值得賽局理論做深入分析。實際上，

如果所有競拍者都清楚自己擁有多少有限的資金，那麼美元拍賣就有「理性」的解。在只有固定資金的情況下，你出價最多能出到這個數，因此就有可能列出所有可信的出價序列。一旦完成了這樣的計算，就有可能從最後一次出價往前回溯。奧尼爾和萊寧格分別在他們的論文中做了研究。

萊寧格在他一九八九年的論文中考慮過可以連續出價的情況（即允許有不足 1 美分的零頭）。讓我們看一個具體情況。賭注和平常一樣是 1 美元，每個競拍者擁有的資金假設是 1.72 美元。按照萊寧格的研究結果，正確的第一次出價應該是資金被賭注除的餘數──1.72 被 1 除得餘數為 72 美分。

乍一看，這似乎有些傻。但請看：出價 72 美分使第二個競拍者傾向在 72 美分到 1 美元之間出價，這是他有利可圖的出價範圍。同時這也是讓第一個競拍者遭到打擊的範圍，因為只要在這個範圍內報價，就壓倒了他，不但使他拿不到 1 美元的賭注，還要倒賠 72 美分。但第二個競拍者真的這樣出價的話，第一個競拍者情願、而且能夠把他的資金全拿出來，出價 1.72 美元（拍賣至此結束──第二個競拍者沒有足夠的錢超過它），因為他如果不這樣做，他將損失他最初的出價（白白損失 72 美分）；而他以全部資金去出價雖然會付出 1.72 美元，但收回 1 美元是有保證的，只損失了 72 美分，並不會更糟糕。

實際上，第一個競拍者出價 72 美分是在威脅對方：「退出吧！讓我拿到 28 美分的利潤。否則，我會拿全部資金出價，讓你輸定了──這可完全不是我的責任。」

第一個競拍者的這種策略不但能使自己獲利，而且是第二個競拍者無法阻止的，因為新的報價必須高於現有報價，所以他不可能報低於 72 美分的價；而由於第一個競拍者的威脅，他又不能做想做的事，也就是在有利可圖的範圍內去報價。如果他有推理能力的話，他也不可能用他的全部資金 1.72 美元去報價以便打敗他的對手——他雖然贏得了那 1 美元，卻付出 1.72 美元，做了賠本買賣。因此第二個競拍者的最好策略就是放棄。

不管競拍者擁有的資金是 1.72 美元，還是 2.72 美元，甚至是 1,000,000.72 美元，「理性」的第一次報價都是 72 美分。決定出價策略的始終是那個餘數。假定資金是 1,000,000.72 美元，當第一個競拍者報價 72 美分以後，第二人想在 72 美分到 1 美元之間報價，但害怕第一個競拍者會回報 1.72 美元。如果第二個競拍者不顧一切做出有利可圖的報價，那麼第一個競拍者就會以 1.72 美元的報價對他進行報復。於是，第二個競拍者第一次報價（從 72 美分到 1 美元）的金額就落入圈套了，這促使他在 1.72 美元到 2 美元之間做出一個新的報價，讓第一個競拍者的 1.72 美元落入圈套。但這又促使第一個競拍者報出 2.72 美元的高價以重新奪回主動權。

競拍以這種方式進行下去，每個競拍者的處境都愈來愈壞，但各自都有動機將報價進行到底……直至第一個競拍者達到報價的極限，付出 1,000,000.72 美元換來一張 1 美元的紙幣！

現在我們可以看出第一個競拍者為什麼必須出價 72 美分了。他當然希望出價低一些，以便增加獲利。但如果他真這樣做，第二個競拍者會馬上出價 72 美分，然後按上述「第一競拍人」的策略

行事而取勝了。

如果兩個競拍者的資金數不等，其中一人可花的錢比另一人多，那麼情況就完全不同且更單純了。錢多的那個人──即使多一美分──永遠可以壓住對方出價，如果他被迫這樣做的話。因此，他可以（而且必須）以一美分起價，認定他比較窮但有理性的對手會發覺這是一場愚蠢的拍賣戰。

賽局理論什麼時候會失靈？

就像波斯灣戰爭所顯示的，賽局理論並不是永遠發揮作用。不是有句玩笑說：「高中畢業以後，就沒有代數這回事啦。」包括賽局理論在內的數學，經常是遠離現實生活的。

我認為舒比克所引出的教訓就是，只要事關真正的美元拍賣，那麼賽局理論所推薦的策略是沒有擊中要害的。令人驚嘆的清晰邏輯推理，無法在真正的拍賣或地緣政治危機中派上用場。

即使所有相關的事實都已知，美元賽局還是很像下棋。下棋有合理和正確的方法，但如果你認為對手將以這樣的方法跟你下棋，那就大錯了。沒有人有辦法看得很遠，以賽局理論式的答案去下棋。在美元拍賣中也很少有人能預見很遠的未來。

這還只是問題的一部分。在真正的美元拍賣中，有多少人出價也是不確定的。在美元拍賣的實際試驗中，競拍者只能猜測他的對手有多少錢。但賽局理論的逆向分析需要從一開始就知道喊價的極限。如果喊價的極限是不確定的，那就沒法進行逆向分析。

為了將賽局理論用於軍備競賽那樣的真正美元拍賣，你必須確切地知道各國願意和能夠花在國防上的錢有多少。但沒有人能夠做到，只有靠猜測。試圖定出單一的數字實在是太過簡化了。錢是分幾年花的，輿論也變來變去。現在決心要加強國防的國家，幾年後可能由於無法忍受高額軍事預算及沈重的賦稅而改變決心。

可以肯定的是，任何事情的估計和測量都是不精確的。在許多科學分支中，準確的測量對於應用理論並不重要，比如地球和月亮的質量，其精確值到底是多少我們並不知道，但這不妨礙我們把火箭引導到月亮上去。天體質量的這種微小不確定性，也只是引起火箭軌道的微小不確定性，無礙大局。

賽局理論解決美元拍賣的方法卻不尋常：你必須確切知道哪個人的資金較多，或者（如果資金相等）也必須確定被賭注相除後的餘數。但在資金大小不確定的情況下，理性的出價並不是成比例的不確定，而是全面的不確定。這就是一個「理論無能」的例子：垃圾進去，出來還是垃圾。

前面幾章中，我們區別了馮紐曼的通用策略以及有限或臨時性策略。美元拍賣的問題並不僅在於我們不知道賽局的限制因素。在重複囚犯困境中雖然也有一些限制因素是未知的，但仍然存在好的有限策略。無知是福：**一報還一報**比納許**永遠背叛**的通用策略好。然而，在美元拍賣中，找不到好的有限策略。

你在美元拍賣中和一個（或一些）不認識的人競拍，你不知道自己以及別人有多少錢。在這種情況下，拍賣當然也可以進行，至

少有若干次出價（或放棄），甚至可能持續更久一些。但你需要的是一種在無知中的好策略。該策略可以讓別人放棄、讓自己獲利，或者即使搶不到時也可以使任何可能的損失最小。

就如我們所見，這顯然是不可能的。美元拍賣的結局比重複囚犯困境悲觀得多。在現實情況下，參與者由於無法期望能看到幾次報價之後的結果，除了拒絕參加競拍以外，沒有別的選擇。但你很難說這是一個好辦法，因為明明有獎金等著你拿。

但是更大的不幸在於，我們常常沒有發覺自己在進行美元拍賣賽局，直到已經報過幾次價以後才發現，但為時已晚。難題在於：當你已成為次高報價者以後，是否再出一次新報價？如果不報，那就是承認失敗，接受損失，並結束逐步升級的循環。但是為什麼你要成為損失的一方呢？為什麼不是由剛才抬高了報價的那傢伙去承擔損失呢？如果說結束這種逐步升級的參與者更加「理性」的話，為什麼美元拍賣恰恰懲罰了理性呢？

艾倫·特格認為，一個逐步升級循環可以用某種藉口中斷，讓一方或雙方保住面子。在一場拖沓進行的美元拍賣中，雙方也許都發覺他們處於沒有贏家的局面，但如果放棄又害怕別人把他們當傻瓜。在這種情況下，他們都願意以任何理由結束僵局。於是其中一方也許突然宣布真正的議題是 X，雖然這從來不是真正議題，但知道對方會立刻心領神會表示同意。對方同意了 X，於是結束了逐步升級的局面。當然，這純屬個性、群體心理以及運氣，而不是賽局理論，和理性毫無關係。

最大數賽局

霍夫斯塔特發明的一個賽局也諷刺了逐步升級的窘境，它被叫做「誘人的彩票」或「最大數賽局」。

許多比賽不限參加次數。我們大多數人都會做做白日夢，想寄出幾百萬個抽獎表格以增加獲獎的機會。最大數賽局就是這樣一種比賽，任何人都可以免費參加，而且一個人可以參加無限次[01]。但每個參與者必須獨立行動，規則嚴格禁止以團隊方式參與、聯手合作、進行交易，以及參與者之間進行任何方式的聯絡、溝通。

每一個遞交的抽獎表格有同等機會勝出。在開獎那個晚上，比賽的主辦者隨機抽出一個號碼並宣布幸運的獲獎人，按照比賽規則，他或她可以獲得上百萬元的獎金。

當慷慨的主辦人說不限參加次數時，他們是當真的，你可以盡情寄出一百萬個、一千萬個、一億個參加表格，悉聽尊便。你可以如此理解比賽怎樣進行：假定已有一百萬人參加活動（全是正人君子），每人只寄出一個表格。然後你加入，寄出了一百萬個表格，使總數達到兩百萬個。你中獎的機率是兩百萬分之一百萬，

---

01 被誤導的人們買了大量彩票以圖中獎的故事層出不窮。大家熟知的數量最大的一次免費彩票發生在一九七四年，那是麥當勞舉辦的一次抽獎活動。加州理工學院的三個學生克萊恩（Steve Klein）、諾維柯夫（Dave Novikoff）和梅格達爾（Barry Megdal）寄出了共約一百一十萬張的抽獎券，約占總數的五分之一，使他們贏得了一部旅行車、三千美元現金，以及約一千五百美元的免費餐卷，其他參與抽獎的多數人則所獲無幾。媒體報導許多人感到自己明顯被愚弄了，雖然規則中確實寫明每人可以寄出抽獎券的數量不限。加州橘郡的一個男士寫信給麥當勞說：「我們很失望聽到你們的抽獎活動被一小撮『天才』破壞的消息！毫無疑問，今後所有這類活動都應該有一定的防護措施，免得像這次一樣被『小流氓們』用類似的詭計破壞。」和這位男士有同感的人，最好不要參加最大數賽局！

或 50%。但如果有另一個人也參加進來，正好在截止時間前寄出了八百萬個表格，總名額便成了一千萬個，你中獎的機率將降為一千萬分之一百萬，或 10%，寄出八百萬個表格的人則有 80% 的中獎機率。

顯然，誰寄出的表格數愈多，誰就愈占便宜。你希望寄出的表格數比其他人都多，最好多到比所有其他參與者的表格數加在一起還多。當然，所有人都想這麼做。但是你寄出多少表格有一個實際的限制：你必須費工夫填寫並寄出，而郵資也是個問題……

沒問題！規則說你必須做的事情，就是寄出一張三乘五寸的卡片，上面填上姓名、住址以及你希望提交的抽獎表格數。比如說你想提交一百萬兆個表格，那就在卡片上寫下「1,000,000,000,000,000,000」寄出去就行了。事情就這麼簡單。你甚至可以不寫這麼多個 0，而使用科學符號，將 10 的 18 次方以指數寫成，甚至是「googol」（10 的 100 次方）。

但此處有個陷阱。

在抽獎的宣傳廣告上，有一個不起眼的星號，提醒你注意一條字印得很小的說明：獎額是一百萬元除以收到的總表格數。還說，如果一個表格也沒有收到，則不發獎。

想一想吧，如果有一千人參加，每人提交一個表格，總數是一千，獎金是一百萬元除以一千，即一千元。這當然也夠你高興的，但已經不是一百萬元了。

如果只有一個人無恥地提交了一百萬個表格，最大可能的獎金數就暴跌到不足一元了，因為至少會有一百萬個表格（也許多得

多）。如果有人認了一億個名額，獎金將不足一分錢；如果表格數多於兩億個，「獎金」相除後經過四捨五入，就全泡湯了！

最大數賽局的狡詐之處，在於它巧妙設置了一個圈套，讓個人利益和集體利益處於對抗的地位。儘管如此，這個賽局並非騙局。主辦方確實把整整一百萬元放在公正的監管帳戶中，等著獲獎者兌現——當然如果只收到一個名額的話。他們也準備把一百萬元的某一適當部分發給中獎人。如果真的沒有人獲獎，那可是很遺憾的事。

你應該怎樣參與這個賽局呢？你願意參加嗎？如果願意，你願意提交多少個表格數？

你也許同意這樣一種看法，就是想提交兩億個名額是沒有任何意義的。是的，任何人的這種單方行動實際上把獎金一掃而光了。好，再把這個理由擴展一下。你覺得值得花時間寄表格的最小金額是一美元嗎？或者你認為時間還更值錢？你可以估計一下填一張卡片要花多長時間（包括考慮如何填的時間），乘以最低工資，再加上郵資，便得出參加這一競賽的代價。提交一個使獎金降到你的利潤門檻以下的表格數，一點也說不過去。

也許最佳計畫是只提交一個表格。也許其他人也都這樣做。果真如此，那麼每個人至少都有一個「公平的機會」。

也許你根本不應該參加比賽。這樣一來，沒有人會說你沒有做好分內事以保持較高的獎金。然而問題是：最大數賽局跟所有彩券一樣，如果你不參加，你就不會贏；更壞的是，如果每個人都決定不參加，那就沒有一個人會贏。

在一九八三年六月號的《美國科學人》雜誌上，霍夫斯塔特宣布了一場最大數賽局，讓所有人參加，只要在一九八三年六月三十日午夜前寄出一張明信片，而獎金是一百萬美元除以總抽獎數。《美國科學人》同意提供所需的全部獎金。

結果一如所料。許多讀者想的是贏，而非贏得最多獎金。遊戲實際上變成了這樣的競賽：看誰能說出一個最大的整數，而把自己的名字登在雜誌上（「中獎者」贏得的獎金只是一美分的無窮小部分）。共有九個人提交了 googol 個表格數；十四個人提交了 googolplex（10 的 googol 次方）個表格數，把前面九個人的機會一掃而光。有些人用極小極小的字體（必須拿放大鏡才數得清楚）在明信片上寫滿了 9，結果證明是一個比 googol 大、但比 googolplex 小得多的數。其他人有用指數的，有用階乘的，有用自己定義的運算符號來說明更大的數，還有在明信片上塞滿複雜公式和定義的。霍夫斯塔特無法確定其中哪個是最大的數，因此沒有人的名字能登在雜誌上。當然，誰贏得獎金已經無關緊要了，因為獎額已四捨五入為零。《美國科學人》如果真要開出有那個精確獎額的支票，恐怕得雇一位數學家用中獎者所使用的難以理解的符號和公式去填寫支票，但這張支票不會有銀行接受的！

貪心是最大數賽局的重要部分，但它不是讓人想出最大數而被視為聰明的誘因。在真正的最大數賽局中，參加者的動機仍然是使個人的獲利最大。怎樣玩這個遊戲的問題仍然沒有解決。

但不管怎樣，只有一個人贏是肯定的。因此，遊戲的最好可能結果就是把整整一百萬美元付給中獎者。這發生在只有一張表格提

交的情況下。如果允許參與者制定出一個共享財富的計畫並協調彼此行動──這是不被允許的──他們肯定會安排只讓一個人提交一張表格。

最大數賽局幾乎是志願者困境的對照。在志願者困境中，你希望除了一個人之外的所有人志願不提交表格。理想情況就是以抽籤決定讓哪一個人提交表格，但遺憾的是這需要參與者之間明確地溝通，卻又是規則所不允許的。

這個賽局似乎是純屬背叛的那一種，沒有辦法合作。實際上並非如此。確實有集體理性的方法進行最大數賽局（或志願者困境）。這個方法就是混合策略：用一個隨機方式（例如擲骰子）來確定一個人以及每一個人是否當志願者。

每個人可以擲他自己的骰子，完全和其他人不相干，也不需要任何溝通。比如在有三十六個參與者的情況下，每個人擲兩顆骰子，誰擲出二點就提交一份表格[02]。

聽起來很好。但人們在內心深處是不會接受這種「理性」安排的。在《美國科學人》辦的這場樂透遊戲中沒有這種情況，也很難想像任何有生命的群體、有呼吸的人類會那樣行動。人難以抗拒欺騙的誘惑。你擲下兩顆骰子，它出現了二點──哦，不，其中一顆碰到了邊緣，一翻身，成了三點！你不能提交。但誰知道你是否自己扮演幸運女神，讓骰子又翻回二點？沒有人知道！每個人在自己

---

02 實際上，最好稍加調整一下機率。給 N 個人中的每一個人 N 分之一的機率會帶來一些麻煩，即有相當大的機會無人勝出去參加。根據機率法則，在 N 是二位數的情況下，這種機會約為 37%，也有大致相當的機會造成兩三個或更多人都勝出。一個比較好的計畫是讓每個人有 N 分之 1.5 的機會勝出，從而減少無人提交表格的機率，其代價是略微增加了多人提交表格的機率。

家裡擲骰子並且獨自行動，誰知道你擲骰子到底幾點？沒人知道！

因此這種理性的安排絲毫沒有使結果產生變化。如果每個人都企圖蒙混過關，每個人都提交，那麼獎金仍然化為烏有。它跟志願者困境一樣，甚至更糟。在志願者困境中，每個人受到的懲罰是根據背叛者在參賽者中的比例而定。在最大數賽局中，即使只有一個背叛者都會毀了大家的機會。

所以你該怎麼辦呢？你還會去擲骰子和計算點數（明知其他大多數人都不會這樣做，有人已經在卡片上寫下了盡可能多的九）嗎？或者你自己也乾脆在卡片上填滿九？唯一合理的結論就是：最大數賽局是無望的處境。

真空中的羽毛

美元拍賣和最大數賽局有一些共同的特徵。短視的理性強迫參與者破壞共同的利益。當富有智慧的參與者試圖做出集體理性的事時，很容易吃虧。這是在囚犯困境中面對的同樣問題，在其他一些更複雜的問題中，我們發現這也是反覆出現的。

舒比克寫道：「囚犯困境難題是永遠也解決不了的──或者說早已解決了，因為它並不存在。」他的意思是，在一回合的兩難賽局中，理性的參與者將背叛；這種賽局所要反映的就是個人利益可以毀滅共同利益。舒比克認為，人們對這類社會難題的迷惑不解，就相當於一般人在看到羽毛和鉛球在真空中以同樣速度落下時的驚奇。我們直覺難以接受這兩種現象，但「原因」很簡單，那就是我

們的常識錯了。

一個賽局無非就是在矩陣中填上數字——完全任意的數字。賽局可以有任意制定的規則，所以你可能設計出某樣賽局，讓對理性有固定概念的一方受到懲罰。這跟你宣稱可以設計出一台懲罰理性的機器一樣，沒什麼大驚小怪的。比如說可以造一個鋼鐵做的活板門，如果有「犧牲者」掉下這個活板門，他就進入一個測試理性的迷宮，如果在規定時間內他順利通過迷宮，機器就拿走他的錢包。

矛盾在於，我們對理性的概念並非固定。當某種「理性」行為失敗時，我們期望「真正理性」的人把事情重新思考一遍，提出新的行為。在這種「開放式」的理性定義下，我們難以接受理性會「擱淺」。在一回合的囚犯困境中，賽局理論所承認的理性是相互背叛，嘗試以其他形式的理性去取代都會失敗。

現實世界的兩難是基於對自己和他人福祉的主觀評價。如果世界還有希望，正因為感覺和評價是可以變化的。冷戰宣傳把「敵人」描繪成毫無心肝的自動殺人機器，這就是預先把人民置於囚犯困境中。若有能力把「對手」看做同伴，就會把名義上的囚犯困境轉變為不那麼惱人的賽局了。對於囚犯困境，唯一令人滿意的解決辦法就是避免囚犯困境。

這就是我們為什麼要藉助法律、道德，以及所有其他能促進合作的社會機制。馮紐曼認為，人類是否能長久生存，取決於是否能提出更好的辦法，促進比現在既存的合作更多的合作。這一點上，他大概是對的。時鐘滴答走著，一刻也不等待。

參考書目。

Abend, Hallett. *Half Slave, Half Free: This Divided World*. Indianapolis: Bobbs-Merrill, 1950.

Axelrod, Robert. *The Evolution of Cooperation*. New York: Basic Books, 1984. 《合作的競化》，胡瑋珊譯。臺北：大塊文化，2010。

Bascom, William. "African Dilemma Tales: An Introduction". In *African Folklore*, edited by Richard M. Dorson. Bloomington, Ind., and London: Indiana University Press, 1972.

Blair, Clay, Jr. "Passing of a Great Mind". In *Life*, February 25, 1957, 89-90+.

Blumberg, Stanley A., and Gwinn Owens. *Energy and Conflict: The Life and Times of Edward Teller*. New York: G. P. Putnam's Sons, 1976.

Bott, Raoul. "On Topology and Other Things". In *Notices of the American Mathematical Society*, 32 (1985) no. 2, 152-58.

Bronowski, Jacob. *The Ascent of Man*. London: British Broadcasting Corporation, 1973. 《人之躍昇》，孔繁雲譯。臺北：久大文化，1989。

Clark, Ronald W. *The Life of Bertrand Russell*. Harmondsworth, England: Penguin

Books, 1978.

《羅素傳》，張時譯。臺北：牧童，1978。

Courlander, Harold, and George Herzog. *The Cow-Tail Switch, and Other West African Stories.* New York: Henry Holt & Co., 1947.

Cousins, Norman. *Modern Man Is Obsolete.* New York: Viking, 1945.

Davis, Morton D. *Game Theory: A Nontechnical Introduction.* New York: Basic Books, 1970.

Davis, Nuel Pharr. *Lawrence & Oppenheimer.* New York: Simon & Schuster, 1968.

Dawkins, Richard. *The Selfish Gene.* 2d ed. Oxford: Oxford University Press, 1989.

《自私的基因》，趙淑妙譯。臺北：天下遠見，2009。

Dickson, Paul. *Think Tanks.* New York: Atheneum, 1971.

Fermi, Laura. *Illustrious Immigrants.* Chicago: University of Chicago Press, 1968.

Feynman, Richard P. *"Surely You're Joking, Mr. Feynman!": Adventures of a Curious Character.* New York: W. W. Norton & Company, 1985.

《別鬧了，費曼先生！——科學頑童的故事》，吳程遠譯。臺北：天下遠見，2003。

Flood, Merrill M. "Some Experimental Games". Research Memorandum RM-789. Santa Monica, Calif.: RAND Corporation, 1952.

Goldstine, Herman H. *The Computer from Pascal to von Neumann.* Princeton, N.J.: Princeton University Press, 1972.

Goodchild, Peter. *J. Robert Oppenheimer: Shatterer of Worlds.* Boston: Houghton Mifflin, 1981.

Grafton, Samuel. "Married to a Man Who Believes the Mind Can Move the World". In *Good Housekeeping*, September 1956, 80-81+.

Guyer, Melvin J., and Anatol Rapoport. "A Taxonomy of 2 × 2 Games". In *General Systems* (1966) 11: 203-14.

Haldeman, H. R., with Joseph DiMona. *The Ends of Power.* New York: Times Books, 1978.

Halmos, Paul. "The Legend of John von Neumann". In *American Mathematical Monthly* 80, no. 4 (April 1973): 382-94.

Heims, Steve J. *John von Neumann and Norbert Wiener: From Mathematics to the Technologies of Life and Death*. Cambridge, Mass.: MIT Press, 1980.

Hobbes, Thomas. *Leviathan*. New York: Macmillan, 1958.

《利維坦》，朱敏章譯。臺北：臺灣商務，1972。

Hofstadter, Douglas. *Metamagical Themas: Questing for the Essence of Mind and Pattern*. New York: Basic Books, 1985.

Kahn, Herman. *On Escalation: Metaphors and Scenarios*. New York: Praeger, 1965.

——. *On Thermonuclear War*. Princeton, N.J.: Princeton University Press, 1960.

Keohane, Robert O. *After Hegemony: Cooperation and Discord in the World Political Economy*. Princeton, N.J.: Princeton University Press, 1984.

Kraft, Joseph. "RAND: Arsenal for Ideas". In *Harper's*, July 1960.

Luce, R. Duncan, and Howard Raiffa. *Games and Decisions*. New York: John Wiley & Sons, 1957.

Lutzker, Daniel R. "Internationalism as a Predictor of Cooperative Behavior". In *Journal of Conflict Resolution* 4 (1960): 426-30.

——. "Sex Role, Cooperation and Competition in a Two-Person, Non-Zero-Sum Game". In *Journal of Conflict Resolution* 5 (1961): 366-68.

Marshall, George C. Quoted in *Foreign Relations of the United States*, 1948, III:281.

Maynard-Smith, John. *Evolution and the Theory of Games*. Cambridge: Cambridge University Press, 1982.

Milinski, Manfred. "TIT FOR TAT in Sticklebacks and the Evolution of Cooperation". In *Nature* 325 (January 29, 1987): 433-35.

Minas, J. Sayer, Alvin Scodel, David Marlowe, and Harve Rawson. "Some Descriptive Aspects of Two-Person Non-Zero-Sum Games. II". In *Journal of Conflict Resolution*, 4 (1960): 193-97.

Moran, Charles. *Churchill, Taken from the Diaries of Lord Moran*. Boston:

Houghton Mifflin, 1966.

Morgenstern, Oskar. *The Question of National Defense*. New York: Random House, 1959.

Morton, Jim. "Juvenile Delinquency Films". In *Re/Search* 10 (1986): 143-45.

Neumann, John von. "Can We Survive Technology?" In *Fortune* (June 1955): 106-8+.

——. "Communication on the Borel Notes". In *Econometrica* 21 (1953): 124-25.

——. *The Computer and the Brain*. New Haven: Yale University Press, 1958. 《電腦與人腦》，蔡耀明譯。臺北：臺灣商務，2000。

——, and Oskar Morgenstern. *Theory of Games and Economic Behavior*. Princeton, N.J.: Princeton University Press, 1944.

Newman, James R. *The World of Mathematics*. New York: Simon & Schuster, 1956.

Neuman, Nicholas A. von *John von Neumann as Seen by His Brother*. Meadowbrook, Pa. (P.O. Box 3097, Meadowbrook, PA 19406), 1987.

Oye, Kenneth, ed. *Cooperation Under Anarchy*. Princeton, N.J.: Princeton University Press, 1986.

Payne, Robert. *The Great Man: A Portrait of Winston Churchill*. New York: Coward, McCann & Geoghegan, 1974.

Penzias, Arno. *Ideas and Information: Managing in a High-tech World*. New York: Norton, 1989.

Pfau, Richard. *No Sacrifice Too Great: The Life of Lewis C. Strauss*. Charlottesville: University of Virginia Press, 1984.

Rapoport, Anatol. "Experiments with N-Person Social Traps I". In *Journal of Conflict Resolution* 32 (1988): 457-72.

——. *Fights, Games, and Debates*. Ann Arbor: University of Michigan Press, 1960.

——. "The Use and Misuse of Game Theory". In *Scientific American* (December 1962): 108-14+.

Rousseau, Jean Jacques. *A Discourse on Inequality*. Translated by Maurice Cranston.

London: Penguin, 1984.

《論人類不平等的起源和基礎》，李常山譯。臺北：唐山，1986。

Russell, Bertrand. *The Autobiography of Bertrand Russell*. Boston: Little, Brown, 1967-69.

《羅素自傳》，賴永松、宋瑞譯。臺北：水牛，1989。

——. *Common Sense and Nuclear Warfare*. New York, Simon & Schuster, 1959.

——. *Unarmed Victory*. New York: Simon & Schuster, 1963.

Schelling, Thomas C. *The Strategy of Conflict*. Cambridge, Mass.: Harvard University Press, 1960.

《入世賽局：衝突的策略》，趙華、高銘淞等譯。臺北：五南，2006。

Scodel, Alvin, J. Sayer Minas, Philburn Ratoosh, and Milton Lipetz. "Some Descriptive Aspects of Two-Person Non-Zero-Sum Games". In *Journal of Conflict Resolution* 3 (1959): 114-19.

Seckel, Al. "Russell and the Cuban Missile Crisis". In *Russell* (Winter 1984-85): 253-61.

Shepley, James R., and Clay Blair, Jr. *The Hydrogen Bomb*. New York: David McKay, 1954.

Shubik, Martin. "The Dollar Auction Game: A Paradox in Non-cooperative Behavior and Escalation". In *Journal of Conflict Resolution* 15 (1971): pp. 545-47.

——. "Game Theory, Behavior, and the Paradox of the Prisoner's Dilemma: Three Solutions". In *Journal of Conflict Resolution* 14 (1970): 181-93.

——, ed. *Game Theory and Related Approaches to Social Behavior: Selections*. New York: John Wiley & Sons, 1964.

Smith, Bruce. *The RAND Corporation*. Cambridge, Mass.: Harvard University Press, 1966.

Stern, Philip M., with Harold P. Green. *The Oppenheimer Case: Security on Trial*. New York: Harper & Row, 1968.

Stock, Gregory. *The Book of Questions*. New York: Workman Pub., 1987.
《答案，在你心中》，吳玉譯。臺北：商周，2006。

Straffin, Philip D., Jr. "The Prisoner's Dilemma". In *Undergraduate Mathematics and Its Applications Project Journal* 1 (March 1980): 102-3.

Strauss, Lewis. *Men and Decisions*. Garden City, N.Y.: Doubleday, 1962.

Teger, Allan I. *Too Much Invested to Quit*. New York: Pergamon Press, 1980.

Teller, Edward, with Allen Brown. *The Legacy of Hiroshima*. Garden City, N.Y.: Doubleday, 1962.

Truman, Harry S. *Years of Trial and Hope*. Garden City, N.Y.: Doubleday, 1956.

Ulam, Stanislaw. *Adventures of a Mathematician*. New York: Scribner's, 1976.
《一個數學家的回憶錄》，黃燕寧譯。新竹：凡異，2008。

——. "John von Neumann 1903-1957". In *Bulletin of the American Mathematical Society* (May 1958): 1-49.

Williams, J. D. *The Compleat Strategyst*. New York: McGraw-Hill, 1954.

中英名詞對照。

《賽局理論與經濟行為》(*Theory of Games and Economic Behavior*)
布羅諾斯基 (Jacob Bronowski)
大中取小定理 (minimax theorem)
佛拉德 (Merrill Flood)
德萊歇 (Melvin Dresher)
塔克 (Albert W. Tucker)

第 2 章　約翰‧馮紐曼

威格納 (Eugene Wigner)
愛德華‧泰勒 (Edward Teller)
歐本海默 (J. Robert Oppenheimer)
烏拉姆 (Stanislaw Ulam)
尚‧勒瑞 (Jean Leray)
狄拉克 (P. A. M. Dirac)
史特勞斯 (Lewis Strauss)
哥爾斯廷 (Herman Heine Goldstine)
赫德 (Cuthbert Hurd)
安齋博忠 (Hirotada Anzai)
維納 (Nobert Wiener)
理查‧費曼 (Richard Feynman)
海姆斯 (Steve J. Heims)

第 3 章　賽局理論

霍爾姆斯 (Paul Richard Halmos)
波萊爾 (Ésmile Borel)
〈遊戲理論〉(la théorie du jeu)
〈客廳遊戲的理論〉(Zur Theorie der Gesellschaftspiele)
賽局的標準形式 (normalized form)
效用 (utility)

拉波普特 (Anatol Rapoport)

夏普利 (Lloyd Shapley)

舒比克 (Martin Shubik)

第6章　囚犯困境

霍夫斯塔特 (Douglas Hofstadter)

艾爾欽 (Armen Alchian)

萊法 (Howard Raiffa)

MAD (Mutual Assured Destruction，確保互相毀滅)

MIRV (Multiple Independently-Targetable Reentry Vehicle，多目標彈頭重返載具)

原子能委員會的總顧問委員會 (General Advisory Committee，GAC)

第7章　一九五〇年

約翰遜 (Louis Johnson)

薛普利 (James R. Shepley)

布萊爾 (Clay Blair, Jr.)

尤列 (Harold C. Urey)

梅耶 (Joseph E. Mayer)

富克斯 (Klaus Fuchs)

紐爾‧戴維斯 (Nuel Pharr Davis)

貝特 (Hans Bethe)

沙卡洛夫 (Andrei Dmitrievich Sakharov)

麥克勞伊 (John J. McCloy)

莫里斯‧托賓 (Maurice J. Tobin)

洛布 (William Loeb)

史塔森 (Harold Stassen)

海外戰爭退伍軍人協會 (Veterans of Foreign Wars, VFW)

安德森 (Orvil A. Anderson)

囚犯的兩難

PRISONER'S DILEMMA by William Poundstone
Copyright © 1992 by William Poundstone
Chinese (Complex Characters) Trade Paperback copyright © 2007
by Rive Gauche Publishing House
Published by arrangement with International Creative Management, Inc.
through Bardon-Chinese Media Agency, Taiwan
ALL RIGHTS RESERVED.

左岸 | 科普161

囚犯的兩難：賽局理論與數學天才馮紐曼的故事

Prisoner's Dilemma: John von Neumann, Game Theory, and the Puzzle of the Bomb

作　　　者	威廉・龐士東（William Poundstone）
譯　　　者	葉家興
總　編　輯	黃秀如
責 任 編 輯	王湘瑋
特 約 編 輯	高凱琳
封 面 設 計	江孟達
內 頁 設 計	張瑜卿
電 腦 排 版	宸遠彩藝
社　　　長	郭重興
發 行 人 暨 出 版 總 監	曾大福
出　　　版	左岸文化事業有限公司
發　　　行	遠足文化事業股份有限公司
	231 新北市新店區民權路108-3號6樓
電　　　話	02-2218-1417
傳　　　真	02-2218-1142
客 服 專 線	0800-221-029
E - M a i l	service@bookrep.com.tw
網站	http://blog.roodo.com/rivegauche
法 律 顧 問	華洋國際專利商標事務所　蘇文生 律師
印　　　刷	成陽印刷股份有限公司
初　　　版	2007年4月
再 版 一 刷	2012年1月
定　　　價	380元
I S B N	978-986-6723-61-2

有著作權 翻印必究（缺頁或破損請寄回更換）

國家圖書館出版品預行編目資料

囚犯的兩難：賽局理論與數學天才馮紐曼的故事

威廉‧龐士東（William Poundstone）；葉家興譯.
-- 再版. -- 新北市新店區：左岸文化出版：遠足文化發行, 2012.01
面；　公分. (左岸科普；161)

譯自：Prisoner's Dilemma: John von Neumann, game theory, and the
puzzle of the bomb

ISBN 978-986-6723-61-2 (平裝)

1. 博弈論　　2. 傳記　　3. 美國

785.28　　　　　　　　　　　　　　　　　　　100025079